出版基金资助：
国家社科基金青年项目（16CJL023）
河南省优势特色学科建设项目

外商直接投资与农村剩余劳动力转移

赵德昭 著

中国财经出版传媒集团
中国财政经济出版社

图书在版编目（CIP）数据

外商直接投资与农村剩余劳动力转移／赵德昭著．—北京：中国财政经济出版社，2018.8

ISBN 978－7－5095－8470－5

Ⅰ．①外…　Ⅱ．①赵…　Ⅲ．①外商直接投资－影响－农业剩余劳动力－劳动力转移－研究－中国　Ⅳ．①F832.6 ②F323.6

中国版本图书馆 CIP 数据核字（2018）第 194604 号

责任编辑：卢元孝　　责任印制：刘春年

封面设计：孙俪铭　　责任校对：杨瑞琦

中国财政经济出版社 出版

URL：http：//www.cfeph.cn

E－mail：cfeph@cfeph.cn

社址：北京市海淀区阜成路甲 28 号　邮政编码：100142

营销中心电话：010－88191537　北京财经书店电话：64033436　84041336

北京财经印刷厂印装　各地新华书店经销

710×1000 毫米　16 开　16.5 印张　230 000 字

2018 年 8 月第 1 版　2018 年 8 月北京第 1 次印刷

定价：58.00 元

ISBN 978－7－5095－8470－5

（图书出现印装问题，本社负责调换）

本社质量投诉电话：010－88190744

打击盗版举报热线：010－88191661、QQ：2242791300

序　言

中共十八届三中全会决定指出，坚持走中国特色新型城镇化道路，推进以人为核心的城镇化。推进农业转移人口市民化，逐步把符合条件的农业转移人口转为城镇居民。在由城乡分割的二元经济结构向城乡统筹的一元经济结构过渡的时代背景要求下，加快农村剩余劳动力向城市的转移就业已成为经济发展方式转变的核心问题和关键环节。这些战略决策对中国今后高质量的对外开放、劳动力市场的健康发展、民生水平的提高均具有重要的指导意义。

对于不同时期的宏观经济学家来说，探索如何实现充分就业或降低失业率成为经久不衰的话题。在开放经济条件下，众多发展中国家均把积极引进外资提升到国家战略发展的高度，充分增加国内就业机会成为各国政府吸引外资的重要目标之一。各国的引资实践充分证明，外商直接投资对解决东道国劳动力转移就业具有至关重要的影响。赵德昭博士的专著《外商直接投资与农村剩余劳动力转移》，从理论与实践相结合的角度，总结了中国利用外资解决劳动力就业中的一些经验教训，提出了进一步利用外资提高农村剩余劳动力转移就业水平的意见和建议，对中国构建开放型经济体制和提高就业质量具有比较重要的参考价值。

改革开放40年来，凭借劳动力成本优势和巨大的市场潜力，中国通过吸引外资迅速成为世界制造业的加工生产和出口基地，并成为全世界吸收外资最多的国家之一。而且，由于中国积极承接国际产业转移并大力发展“体外循环”和“飞地效应”特征突出的加工贸易，从而决定外资在制造业的集中具有典型的劳动密集型特征，这极大缓解了农村剩余劳动力转移就业的压力。尽管如此，中国是一个幅员辽阔、地区差异明显且人口众多的“不均质大国”，外商直接投资对农村剩余劳动力转移就业的影响会因其他因素条件的变化，从而呈现出动态复杂的非线性特征。为此，专著基于大推动模型，详细阐述了外资对农村剩余劳动力转移影响的非线性理论机制和理论分析框架，并构建“门槛效应”面板模型对外资影响农村剩余劳动力转移的非线性关系进行了实证检验。

新经济地理学理论的不断演进和发展，为研究外资与农村剩余劳动力转移的空间关联性提供了新视角。大量的理论与实证研究证明，中国外资区位分布具有明显的非均衡和“结块效应”特征，若不考虑外资集聚对农村剩余劳动力空间流动的影响效应，则难以真正反映农村剩余劳动力转移空间分布的变化情况与传导机制。为此，专著基于二元劳动力市场分割的现实背景，系统构建包含外资和农村剩余劳动力在内的理论分析框架。同时，对外资影响农村剩余劳动力转移的空间效应进行实证检验；利用探索性空间数据分析和空间计量方法科学阐释了农村剩余劳动力转移的空间集聚机制、时空跃迁和“第三方效应”，并建立空间计量模型对外商直接投资对农村剩余劳动力转移集聚的影响及其“第三方效应”进行实证检验；基于中国的大国经济特征，创造性提出新型城镇化推进的“大国雁阵模式”，并系统论述新型城镇化建设的“三圈一体”战略，这为经济转型背景下快速推进新型城镇化提供了崭新思路。同时，考虑到转型经济体中政府在劳动力转移就业、资源配置中的重要作用，专著在研究外商直接投资对农村剩余劳动力转移的影响效应时加入了农业技术进步和财政体制变革等因素，并从农村剩余劳动力转移的收敛性视角分析了劳动力市场的非均衡化发展。

赵德昭博士在湖南大学跟随我进行学术研究的六年里，他勤奋刻苦，潜心学术，已在《金融研究》《财贸经济》《南开经济研究》等重要学术期刊发表论文20余篇，这本专著既是他学术研究的心血和精华，也是对他未来学术研究的一种莫大鼓励和肯定，他在河南财经政法大学取得的成绩也让我甚感欣慰。纵观这本专著，可以看到各个章节之间思路清晰且逻辑严谨，尽管其中一些观点和研究深度仍有进一步提升的空间，但仍然是近年来国内研究外资与农村剩余劳动力转移就业方面一项重要的研究成果。我希望这本专著的出版能够进一步促进中国在外资利用和劳动力转移就业方面的理论研究和实践探索，为中国提高对外开放水平、劳动力就业、保障和改善民生做出一定的贡献。

许和连

2018 年 7 月于岳麓山

目　　录

外商直接投资与农村剩余劳动力转移

Chapter 1

第1章　绪　　论

1.1 研究背景及研究意义

1.1.1 研究背景

1.1.1.1 现实背景

作为世界上最大的转型经济体，中国面临着农村“剩余劳动力积压”与城市“民工荒”共存的尴尬局面（许和连等，2012）。理论研究证明，“三农”问题的本质在于贫困问题和较低的全要素生产率（Lewis，1954），所以解决该问题的根本途径在于有效促进农村剩余劳动力向非农产业的转移就业（程名望等，2007；赵德昭，2018）。党的十八届三中全会通过的《中共中央关于全面深化改革若干重大问题的决定》明确指出，坚持走中国特色新型城镇化道路，推进以人为核心的城镇化。推进农业转移人口市民化，逐步把符合条件的农业转移人口转为城镇居民。在由城乡分割的二元经济结构向城乡统筹的一元经济结构过渡的时代背景要求下，加快农村剩余劳动力向城市的转移就业已成为经济发展方式转变的核心问题和关键环节。虽然经过“刘易斯转折点”后，中国农村剩余劳动力不再具有无限供给特征，但这仅仅体现在新增农村剩余劳动力的速度放缓上。由于历史原因和巨大的人口基数，低素质农村剩余劳动力的绝对数量仍然较为庞大，保证其稳定就业对缩小收入差距、降低贫困和新型城镇化建设具有重要意义。在户籍制度等内部制度要素变革相对缓慢的情况下，优化利用外商直接投资（FDI）等外部市场要素将是加快农村剩余劳动力转移就业和定居的关键着力点。

改革开放40年来，凭借劳动力成本优势和巨大的市场潜力，中国通过吸引FDI迅速成为世界制造业的加工生产和出口基地，这极大缓解了农村剩余劳动力转移就业的压力。这主要是因为，中国积极承接国际产业转移并大力发展“体外循环”和“飞地效应”特征突出的加工贸易，从而决定FDI在制造业的集中具有典型的劳动密集型特征。在技术条件一定的情况下，FDI带来的资本市场扩张必然要求增加相应劳动力以满足企业再生产需要，从而引起就业规模扩大。虽然中国的农村剩余劳动力大多是非熟练劳动力，但其较低的工资水平符合FDI企业的低成本战略导向，而且FDI企业为实施本土化战略以及满足与内资企业低成本竞争的需要，也往往选择多雇佣东道国劳动力和进一步降低对劳动力素质的要求，这就极大降低了农村剩余劳动力的转移成本和增加了其就业机会，FDI企业因而成为吸引农村剩余劳动力向城市转移的重要力量。自20世纪90年代以来，众多FDI企业在东部沿海地区投资建厂吸引了大批农村剩余劳动力向城市转移。中西部地区农村剩余劳动力的跨区域流动以其特有轨迹促进了二元就业结构转型的进程，FDI在其中也起着不可忽视的重要作用。与此同时，FDI流入和农村剩余劳动力转移在地区间的不平衡性较为突出，其空间集聚形态呈现出东部沿海、中部和西部依次递减的阶梯状分布特征，这在很大程度上已影响到区域经济的健康协调发展和社会的公平安定，相对平衡和协调的FDI区位分布、稳定的就业水平和区域劳动力市场发展水平成为政府追求的重要目标之一。

但值得注意的是，利用FDI解决中国农村剩余劳动力转移问题也存在着不确定性和波动性。2008年爆发的金融危机导致全球经济低迷，跨国公司需要更多的资金用于国内周转，很多在华FDI企业不得已变卖在中国的资产，将资金带回母国以解决资金紧张的问题。在“现金为王”的思维模式下，FDI企业纷纷逃离中国，这直接导致东部沿海地区大量劳动密集型加工制造企业倒闭和大批工人失业。同时，随着中国经济的不断向前发展，工资、土地、原材料等各种要素成本的上升成为必然趋势，而劳动力成本的大幅上升将直接导致传统劳动力成本比较优势逐步丧失，部分在华投资的劳动密集型制造业FDI企业逐渐将产业转移至显性劳动力成本更低的越南、老挝等东南亚国家。在劳动力成本上升和民工荒的“倒逼效应”下，新一轮产业结构优化升级浪潮已悄然形成，中国步入了经济结构转型的关键时期。在此背景下，为增强国际竞争力和抢占国际经济制高点，引进资本技术密集型 FDI 企业促进产业结构优化升级似乎符合逻辑。但由于资本技术密集型 FDI 企业对劳动力素质要求较高且对劳动力就业吸纳作用较弱，往往会导致对农村非熟练剩余劳动力的“就业挤出”，从而不利于农村剩余劳动力向城市非农产业部门的转移就业。由此看来，FDI 对农村剩余劳动力的转移就业同时存在正向和负向的双重影响效应。但总体而言，FDI 对中国农村剩余劳动力转移就业的重要性毋庸置疑，其巨大的就业创造效应可以矫正扭曲的劳动力要素配置和吸引农村剩余劳动力向非农产业的转移就业（见图 1－1）。

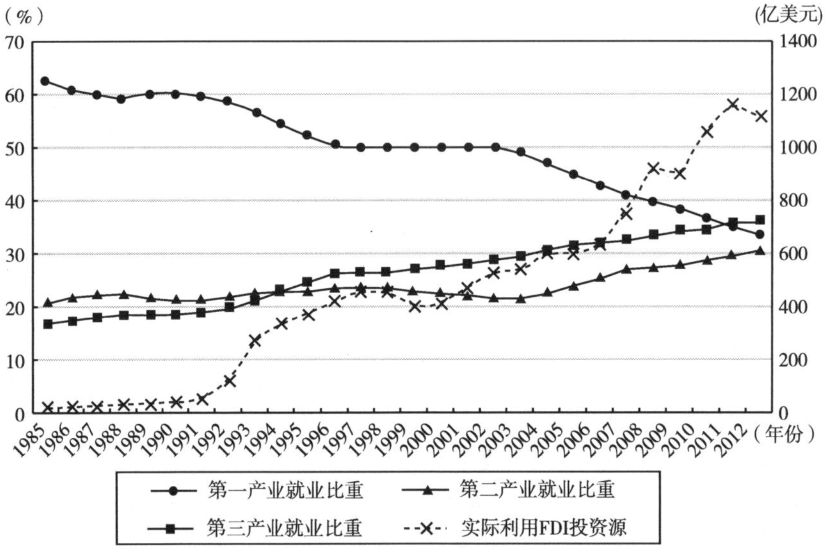

图 1－1　1985～2012 年中国 FDI 投资额及三次产业劳动力就业比重变化趋势

注：图中数据来源于《中国统计年鉴 2013》。

一个不容忽视的问题是，虽然 FDI 的持续流入极大缓解了农村剩余劳动力的就业难题，但大多数劳动力却无法在城市真正定居下来，最终导致“候鸟型农民工”和“半城镇化”问题的出现。2012 年，中国城镇化率的官方统计数字是52.57%，但若扣除尚未融入城镇的农民工，其实质的人口城镇化率不足40%。而且，靠行政主导、粗放式和要地不要人的“土地依赖型”城镇化存在不可持续因素和充满诸多的风险。由此看来，高质量城镇化和“农民工市民化”的完全实现，必须同时解决农村剩余劳动力的就业和定居两个方面的问题。未来推进城镇化一个较为务实的战略选择是，在大力推动农村剩余劳动力向城镇非农产业转移就业的同时，加快财政体制、户籍制度、社会保障制度等系列维度的变革，保证其在城镇定居所需的基本公共服务。这就涉及两个关键环节：一是农民工就业权利的实现，主要涉及FDI企业等市场要素所必须履行的社会责任，这要求为劳动者提供能过上正常、有尊严生活的工资；二是农民工定居权利的实现，主要涉及财政体制等相关制度变革，应最大限度满足其在城镇定居所需的公共服务，从而在包容性增长框架下提高新型城镇化的内涵和质量。

1.1.1.2 理论背景

对于不同时期的经济学家来说，探索经济增长的可持续源泉成为一个经久不衰的话题。考虑到中国二元经济结构的现实国情，在此时期最具特点的经济增长动力便是由于劳动力无限供给所导致的“人口红利”（蔡昉，2013）。在现阶段，中国已进入以城镇化为主导的崭新发展阶段，在党的十七大报告中城镇化也被视为当今中国的第一内需和最大内需（高培勇，2010），其核心内容便是通过农村剩余劳动力在城乡间的迁移，进而获得资源重新配置效率并充分挖掘制度红利和第二次“人口红利”。在开放经济背景下，中国农村剩余劳动力向非农产业的转移就业及就业空间分布的不平衡性，均与FDI流入及其区域分布的巨大差异有着十分密切的联系（朱金生，2005；赵德昭，2014）。

在理论上，FDI对农村剩余劳动力转移的影响主要通过两种渠道展开：

（1）提供大量的就业机会。FDI 作为中国重要的外部资本要素，农村剩余劳动力则是改革开放以来人口空间流动和就业增长的主要力量，两者在生产要素层面上表现为资本和劳动力要素互相匹配的过程，而在空间流动层面上表现为劳动力追逐资本流动和就业机会的过程。由于流入发展中国家的主要是成本节约和资源寻求型 FDI（Dunning，2000），FDI 在流入初期并未给东道国企业带来很多的技术外溢而主要是带来资本市场的迅速扩张，这就为平均教育素质较低的农村剩余劳动力提供了大量就业机会。随着 FDI 企业本土化战略以及投资规模的扩大，其日益成为吸纳农村剩余劳动力转移就业的重要力量，持相同或相近观点的学者主要有小岛清（1987）、Borenszteina 等（1998）、Fu 等（2005）、Karoly Fazekas（2005）、任志成（2006）、赵德昭等（2012）、许和连等（2013）、赵德昭（2014）等。然而，学术界近年来的研究对此持有谨慎的怀疑态度。例如，Mišun 等（2002）、Rhys Jenkins（2006）、金碧等（2007）的研究认为，FDI 对东道国劳动力就业的影响存在二重性，既存在正向的就业“挤入效应”，也同时会存在负向的就业“挤出效应”，FDI 对东道国劳动力整体就业的影响取决于两者力量的对比。有鉴于此，有必要对相关理论进行进一步完善和修正，以期更加准确地构建 FDI 影响农村剩余劳动力转移的理论基础和分析框架。虽然目前学术界关于 FDI 对农村剩余劳动力转移就业的总体影响效应尚未得出较为一致的结论，但 FDI 通过就业渠道对农村剩余劳动力转移决策的重要影响已成为共识。

（2）支付更高的工资溢价。FDI 影响农村剩余劳动力转移决策的另一个重要渠道便是支付更高的工资溢价，这又包含两个层面：第一，FDI 可以在城市支付比农村更高的工资（或收入），其中的工资溢价足以弥补农村剩余劳动力从农村转移至城市的各种有形和无形的转移成本（如交通成本、机会成本等），这成为吸引其向城市非农产业部门转移就业的重要诱因。Lewis（1967）也认为，更高的实际工资支付往往在城市，工资差距成为农业劳动力向非农产业转移就业的重要经济因素。由此看来，FDI企业可以通过支付工资溢价对农村剩余劳动力在城乡间的迁移产生重要影响。第二，FDI可以比东道国内资企业支付更高的工资水平（Zhao，2002；许和连等，2009），因而对东道国劳动力就业更具吸引力。代表性的研究文献如Lipsey等（2004）利用1996年印度尼西亚的调研数据研究发现，FDI企业支付给蓝领和白领工人的工资比内资企业分别高出约25%和50%。在控制了企业特征和工人的受教育程度后，FDI企业仍然可以为蓝领工人支付约12%的工资溢价，而为白领工人支付高达20%的工资溢价。针对中国数据的研究也得出了相似的结论，如Zhao（2002）的研究结论发现，FDI企业为技术工人支付了比内资国有企业更高的工资，但非技术工人在FDI企业的工资明显低于国有企业，其他类似的研究如Dong等（2002）和陈弋等（2005）等。但是，鲜有学者从理论模型构建的角度对FDI支付工资溢价的传导机制进行分析和系统阐述，这使现有研究大多停留在实证研究和统计性分析层面。

鉴于中国现阶段农村剩余劳动力转移和新型城镇化建设中面临的现实问题、现有研究缺乏针对性等方面的综合考虑，本书在借鉴已有文献研究成果的基础上，通过把外商直接投资影响农村剩余劳动力转移就业的两种渠道（提供就业机会和支付工资溢价）纳入统一的理论分析框架，系统考察了在此过程中的门槛效应、空间关联和第三方效应等。同时，结合中国现实国情，本书系统构建了包含外商直接投资、农业技术进步、财政分权和农村剩余劳动力转移就业在内的理论分析框架，从经济因素和制度变革两个层面考察其对农村剩余劳动力转移的影响效应。在此基础上，本书利用中国省级层面和地市层面的数据就外商直接投资对农村剩余劳动力转移就业的具体影响效应进行深入的实证研究。

1.1.2　研究意义

本书的主要研究意义在于：首先，在理论上廓清了FDI影响农村剩余劳动力转移就业的内在机理和影响机制，将外商直接投资影响农村剩余劳动力转移就业的两种渠道纳入统一的理论分析框架，具有一定的理论价值和现实意义。其次，与已有研究文献大多是基于省级层面的数据不同，本书的研究将其拓展到中国 282 个省以下地市级数据层面，对 FDI 影响农村剩余劳动力转移的具体效应和原因进行了估计和解释。更为重要的是，在中国二元经济结构转型和经济发展方式转变的现实背景下，通过理论和实证研究相结合的方法，深入研究 FDI 对农村剩余劳动力转移就业的传导机制和影响效应，充分发挥 FDI 在新型城镇化建设和经济结构转型中的重要作用，无疑具有重要的理论创新意义和实际应用价值，同时也为引资政策和就业促进政策的选择提供科学依据和重要参考。

1.2 数据来源及研究方法

1.2.1 数据来源及介绍

本书在进行实证研究时主要使用的数据集有两个：第一个数据集来源于《中国统计年鉴》《中国劳动统计年鉴》和《中国农村统计年鉴》的省际面板数据，样本时间区间为 1996 ~ 2011 年。该数据集的主要指标包括实际外商直接投资存量、农村剩余劳动力转移量、劳动力市场灵活性、农村剩余劳动力人力资本水平、城乡实际收入差距、非农产业生产总值占 GDP 的比重和城镇失业率等指标。为消除价格因素的影响，涉及价值形态的数据均用固定资产投资价格指数或居民消费价格指数进行平减化处理。第二个数据集来源于《中国城市统计年鉴》的地市层面数据，该数据集涵盖了除去 4 个直辖市和拉萨之外的中国 282 个地级市的面板数据，样本时间区间为 2003 ~ 2010 年。由于《中国城市统计年鉴》中缺乏地市层面的“固定资产投资价格指数”，因此用当年该市所在省的“固定资产投资价格指数”进行替代计算，相关数据来源于《中国统计年鉴（2004～2011）》各期。为消除价格因素影响，涉及价值形态的数据采用省际层面的固定资产投资价格指数或消费价格指数进行平减化处理。该数据集的主要指标包括外商直接投资存量、农村剩余劳动力转移量、工业化水平、财政分权（包含收入分权和支出分权）、产业结构升级速度、资本深化程度、期望工资水平等指标。

1.2.2　研究方法

本书在研究方法的选取上实行两个结合：一是理论模型与实证研究相结合，系统构建FDI对农村剩余劳动力转移影响效应的理论模型，然后运用各类计量方法将理论模型计量化，进而从省际层面和地市层面对FDI影响农村剩余劳动力转移的门槛效应、空间效应、第三方效应等进行实证检验和估计。二是学术研究与政策研究相结合。本书的相关研究不仅立足于理论创新，而且注重发现现有理论与现实问题之间的缺口，突出中国经济问题的特殊性以及与社会热点问题的有效衔接，在突出多学科交叉渗透与方法创新的基础上，使本书的研究具有一定的现实意义和政策性含义。在研究工具的选取方面，本书结合国际贸易学、劳动经济学、财政学、发展经济学等诸多学科知识，采用门槛回归技术、GMM估计、空间计量经济学和非参数DEA方法进行实证研究。

1.3　本书的主要创新之处

本书的创新之处主要体现在以下七个方面：

（1）通过对已有文献和理论基础的整体把握，本书将现有研究进一步细化到农村剩余劳动力层面，并在理论上廓清了FDI影响农村剩余劳动力转移就业的内在机理和影响机制，将外商直接投资影响农村剩余劳动力转移就业的两种渠道纳入统一的理论分析框架，分别建立理论模型对FDI影响农村剩余劳动力转移的非线性特征、空间效应等进行详细阐述，具有一定的理论创新价值。

（2）由于农村剩余劳动力转移就业和定居构成新型城镇化的主要内容，而未来新型城镇化的重点领域在于中小城市和城镇。有鉴于此，与已有研究文献大都基于省级层面数据不同，本书将其拓展到中国282个省以下地市级数据层面，对FDI影响农村剩余劳动力转移的具体效应进行实证研究。在中国二元经济结构转型和经济发展方式转变的现实背景下，本书创新性地提出了农村剩余劳动力转移的“三阶段论”、新型城镇化推进的“大国雁阵模式”和农村剩余劳动力“转移就业和定居的二分法”等，这具有一定的实际应用价值和政策性含义。

（3）由于中国是一个幅员辽阔、地区差异明显且人口众多的“不均质大国”，FDI对农村剩余劳动力转移的影响效应很难满足在不同时期和地区的完全一致性，因此两者之间存在非线性关系是极有可能的。有鉴于此，本书首先基于大推动模型探讨FDI对农村剩余劳动力转移影响的非线性理论机制，其次构建“门槛效应”面板模型对FDI影响农村剩余劳动力转移的非线性关系进行实证检验。在此过程中，理论机制的建立、计量模型检验、变量的选取以及得到的重要研究结论，均是对现有研究的大幅度深化和拓展。

（4）已有相关理论和实证研究大多建立在独立观测值假定基础之上，并不考虑不同地区要素流动过程中的相互影响和空间相关性，但这并不完全符合中国的现实情况。因此，本书首先建立空间计量模型进行实证检验，科学阐释FDI影响农村剩余劳动力转移的空间效应。其次，基于新经济地理学空间视角，首次将“第三方效应”纳入FDI影响农村剩余劳动力转移的实证分析框架，全面和完整地刻画

FDI影响农村剩余劳动力转移空间集聚过程中的“第三方效应”。同时，本书所采用的探索性空间数据分析、空间计量方法和得到的研究结论，均有别于现有文献关于FDI对农村剩余劳动力转移影响效应的研究。

（5）与已有研究文献较多采用流量指标表征FDI或用单一替代指标表征农业技术进步不同，本书采用永续盘存法处理得到FDI存量，并采用非参数DEA的曼奎斯特（Malmquist）指数法对农业技术水平进行测算，从而使研究结论更加科学可靠。有鉴于此，本书在构造包含FDI、农业技术进步和农村剩余劳动力转移在内的理论分析框架基础上，综合考虑推力因素、拉力因素和其他中间因素，建立影响农村剩余劳动力转移的“合力模型”，并利用中国28个省级单位的面板数据进行详细实证检验，以期在现有研究基础上有所完善。

（6）与已有研究文献仅关注农村剩余劳动力就业不同，本书同时关注其就业和定居，提出“政府+市场”推进以人为本新型城镇化的思路。有鉴于此，本书首先系统构建包含FDI、财政分权和劳动力就业在内的理论分析框架，从经济因素和制度变革两个层面考察其对农村剩余劳动力转移的影响效应。而且，区别于以往研究较多关注中央与省级政府间的财政支出分权，本书将研究视角拓展到省级与地市政府间的财政分权并同时构造财政收入和财政支出分权指标。其次，在指标构建上，通过设定特定临界值构建“多值”离散型的“适度财政分权指数”，并对各年分权不足、适度分权以及分权过度的比例进行统计。在此过程中，研究视角、模型设置、指标构建和研究结论均有别于现有研究。

（7）依据布劳恩（1993）的人口迁移理论，本书对二元经济条件下农村剩余劳动力转移的收敛机制进行了理论探讨。在此基础上，利用中国省级面板数据进行实证检验。同时，以外商直接投资、城市化与劳动力市场的非均衡化发展为主线，重点研究从“民工潮”到“民工荒”再到“农村空心化”的动态演变趋势及深层次诱因。以上结论对于制定区域间农村剩余劳动力转移和劳动力市场平衡发展的政策具有重要参考价值，同时极大拓展了已有研究视角。

1.4 本书结构及主要研究内容

本书的主要结构共分9章展开。第1章，绪论；第2章，FDI影响农村剩余劳动力转移的文献评述；第3章，FDI、门槛效应与农村剩余劳动力转移；第4章，FDI、空间集聚与农村剩余劳动力转移；第5章，FDI、第三方效应与农村剩余劳动力转移；第6章，FDI、农业技术进步与农村剩余劳动力转移；第7章，FDI、适度财政分权与农村剩余劳动力转移；第8章，FDI、城市化与劳动力市场的非均衡化发展；第9章，主要结论及政策建议。下面对除第1章外的其他章节主要内容作简单介绍。

第2章，FDI影响农村剩余劳动力转移的文献评述。虽然在研究FDI影响劳动力就业方面的研究成果已经较为丰富，代表性文献如研究FDI对劳动力市场供求总量、就业结构、劳动力人均工资、区域劳动力流动和就业等方面的影响，但目前直接研究FDI对农村剩余劳动力转移就业影响的文献尚不多见。因此，本章首先综述FDI对劳动力就业方面的相关研究，其次介绍FDI对农村剩余劳动力转移就业影响效应研究的最新进展。其中，2.2节是FDI对劳动力总体就业影响效应的文献回顾。通过梳理已有文献发现，虽然FDI对劳动力就业总量和结构的影响不再是单一的积极效应，但其对劳动力就业的重要影响毋庸置疑。2.3节是不同时期和不同类型FDI对东道国就业影响的文献回顾。大量的理论与实证研究表明，FDI对东道国就业的影响呈现出一个复杂的动态变化过程，这暗示着其对劳动力就业的影响可能存在非线性的“门槛特征”。2.4节为FDI对区域劳动力流动和就业非均衡效应的文献回顾。2.5节为FDI对农村剩余劳动力转移影响的文献回顾与最新研究进展。2.6节为已有研究文献的简要评述。通过对现有文献的归纳总结可以发现，已有研究文献缺乏FDI对农村剩余劳动力转移影响途径和内在机理的详细阐述，理论分析框架和实证研究也存在诸多不足之处，这为本书的进一步深入研究提供了立足点和新的切入点。

第3章，FDI、门槛效应与农村剩余劳动力转移。从已有文献的研究成果来看，FDI对农村剩余劳动力转移或东道国整体就业方面的研究结论尚未达成一致，同时也存在诸多争论。由于FDI对农村剩余劳动力转移就业作用的发挥是一个较为复杂的动态过程，受到FDI类型、城乡收入差距等多种条件因素的制约。由此可见，FDI对农村剩余劳动力转移就业的影响会因其他因素条件的变化而表现出明显的非线性“门槛特征”。其中，3.2节为基于大推动模型的理论机制分析。本节通过对大推动模型的延伸和拓展，详细阐释FDI对农村剩余劳动力转移的理论传导机制。理论研究发现，FDI主要通过提供就业机会和支付更高的工资溢价两个渠道对农村剩余劳动力的转移就业产生重要影响，但其影响效应存在典型的非线性特征。3.3节为模型设定、估计方法与数据来源。本节采用不变规模报酬的柯布—道格拉斯生产函数，将开放经济条件下的FDI流入、人力资本和劳动力就业纳入统一的分析框架。同时，本节还对门槛效应模型估计方法、数据来源与变量说明进行了具体阐述。3.4节为实证结果与分析。本节借鉴以门槛回归技术为代表的非线性计量经济学理论，采用中国1998～2011年的省际面板数据构建“门槛效应”面板模型，以实际外商直接投资存量和城乡实际收入差距为门槛变量，对FDI影响农村剩余劳动力转移的门槛效应进行深入的实证研究。3.5节为本章小结。

第4章，FDI、空间集聚与农村剩余劳动力转移。由于流入中国的FDI在区位分布上具有明显的非均衡和“结块效应”特征，若不考虑FDI集聚对农村剩余劳动力空间流动的影响效应，则难以真正反映农村剩余劳动力转移空间分布的变化情况与传导机制。本章在综合考虑省域空间联系的基础上，对 FDI 影响农村剩余劳动力转移过程中的空间集聚或空间溢出效应进行实证检验。其中，4.2 节为理论分析框架及空间计量模型的建立。本节采用 CES 生产函数建立相关理论分析框架，探讨 FDI 与农村剩余劳动力转移的深层次关联。在此基础上，在模型中引入空间效应建立空间计量模型，实证检验 FDI 集聚对农村剩余劳动力转移的空间影响效应。4.3 节为空间计量模型回归结果及分析。本节同时建立空间滞后效应和空间误差效应模型，分别采用无固定效应、空间固定效应、时间固定效应、空间时间固定效应模型对全样本数据进行回归估计。由于中国东部和中西部地区在省域空间关联、农村剩余劳动力转移的路径特征和劳动力市场发育情况等方面存在较大差异，本节对分地区样本数据进行回归估计并详细解释了区域空间效应差异的原因。4.4 节为实证结果的拓展分析。基于中国的大国经济特征，本节创造性的提出“新型城镇化推进的大国雁阵模式”，并对新型城镇化建设的“三圈一体”战略进行了详细阐述。4.5 节为本章小结。

第 5 章，FDI、第三方效应与农村剩余劳动力转移。虽然第 4 章的研究结论表明空间关联效应是显著存在且是不容忽视的，但其并不能够详细刻画相邻省份重要解释变量的变动对本省农村剩余劳动力转移的影响效应。本章将影响农村剩余劳动力转移的主要因素及其空间滞后变量同时纳入空间计量模型，弥补了以往研究文献遗漏重要解释变量的不足，更为全面和完整地刻画了 FDI 影响农村剩余劳动力转移空间集聚过程中的“第三方效应”。5.2 节为 FDI 与农村剩余劳动力转移的探索性空间数据分析。本节运用全局空间自相关检验和局部空间自相关检验对 1996 ~ 2011 年 FDI 和农村剩余劳动力在各省份的分布格局进行了详细分析。在此基础上，为了观察到 FDI 和农村剩余劳动力在各类集聚区的空间分布状况以及考察其在初始阶段和深化阶段的时空变迁。本节还运用时空跃迁测度法来刻画两者的时空跃迁状况。5.3 节为空间计量模型建立、指标选取及数据来源说明。与第 4

章的空间滞后和空间误差计量模型不同，本节所建立的“第三方效应”模型可以准确度量“第三方效应”变量对农村剩余劳动力转移的具体影响效应。同时，本节还对指标选取及数据来源说明等进行了详细阐述。5.4 节为空间计量检验结果及分析。本节从全样本、分地区样本、分时段样本三个层面，对 FDI 影响农村剩余劳动力转移过程中的“第三方效应”进行了实证检验。5.5 节为实证结果的拓展分析。本节从农村剩余劳动力转移的空间集聚呈现明显的“核心—外围”模式，以及农村剩余劳动力转移在“邻里效应”作用下实现多重均衡两个角度出发，对中国现阶段劳动力市场非均衡现象突出的原因进行了详细解释。5.6 节为本章小结。

第 6 章，FDI、农业技术进步与农村剩余劳动力转移。虽然外资的持续流入极大地缓解了中国的就业压力，但农村仍然面临剩余劳动力转移压力加大和资源环境约束等新挑战。农业发展的成功经验表明，劳动节约型技术进步可以极大提高农业劳动生产率，将劳动力从农业中进一步“释放”出来，从而为城市非农产业提供充足的劳动力供给。因此，农业技术进步对农村剩余劳动力向非农产业转移就业的“推力”作用愈发受到重视。有鉴于此，本章系统构建了包含 FDI、农业技术进步和农村剩余劳动力转移在内的“合力模型”的理论分析框架，采用中国 28 个省级单位的面板数据进行实证检验。6.2 节为相关文献述评。6.3 节为理论分析框架与计量模型。借鉴柯布—道格拉斯（Cobb - Douglas）的分析框架，不仅在计量模型中考虑“推力”和“拉力”的因素，同时加入体现“其他中间力量”因素的系列控制变量，从而得到本章进行实证检验所需的“合力模型”。6.4 节为数据来源及变量说明，6.5 节为变量描述及单位根检验，6.6 节为实证检验结果及分析，6.7 节为本章小结。

第 7 章，FDI、适度财政分权与农村剩余劳动力转移。通过前几章的研究，本书从多个角度验证了 FDI 仍是现阶段中国加快农村剩余劳动力转移就业的重要力量。但中国是世界上最大的转型经济体，政府在劳动力资源配置方面具有很强的影响力。本章区别于以往研究农村剩余劳动力转移就业时仅仅强调市场因素的单方面作用，而是认为农民工市民化的完全实现必须同时依靠“市场 + 政府”的双重力量，以期在两者的合力作用下快速推进以人为本和更高质量的新型城镇化。7.2 节为外商直接投资、财政分权对农村剩余劳动力转移的影响机制。本节分别从 FDI 大规模流入条件下的农村剩余劳动力转移——“就业驱动”视角、财政分权体制改革条件下的农村剩余劳动力转移——“体制变革”视角两个层面详细阐述了 FDI 和财政分权对农村剩余劳动力转移的影响机制。7.3 节为理论分析框架与计量模型的建立。区别于以往研究，本节不仅在生产函数中加入 FDI 变量，而且根据 Barro（1990）建立的政府支出内生经济增长模型，将政府支出作为重要生产变量加入到生产函数。7.4 节为实证结果及分析。本节从全样本、分地区样本、分时段样本三个层面，对 FDI 和财政分权对农村剩余劳动力转移的“合力效应”进行计量检验，并对财政分权影响农村剩余劳动力转移过程中的倒“U”型曲线假说进行实证检验。在此基础上，本节通过设定特定临界值构建“多值”离散型的“适度财政分权指数”，并对财政分权不足、财政适度分权以及财政分权过度的比例进行了统计。7.5 节为本章小结。

第 8 章，FDI、城市化与劳动力市场的非均衡化发展。借鉴新古典增长理论关于经济增长收敛的研究，本章提出以下假想：当经济发展达到一定程度时，对劳动力的强烈需求将自动冲破阻碍劳动力自由流动的“藩篱”，区域间农村剩余劳动力转移实现稳态收敛，劳动力市场发展的不平衡性将自行消除，规范统一的全国劳动力市场也将最终形成。因此，有必要对农村剩余劳动力转移的收敛性进行深入研究，从而寻找影响区域劳动力市场非均衡性的根本原因。同时，大量理论与实践均证明，外资产业在东部沿海的产业集聚和家庭联产承包责任制改革共同推动了“民工潮”现象的出现，外资产业向中西部地区的梯度转移在很大程度上导致“民工荒”的产生，而现阶段快速城市化及由此导致的农民工转型已成为“农村空心化”现象出现的主要原因。8.2节为农村剩余劳动力转移的收敛性分析；8.3节为外资产业转移与劳动力市场的非均衡化发展，其中本节通过三个方面的视角展开：（1）外资产业集聚、家庭联产承包责任制与民工潮；（2）外资产业梯度转移、农民工回流与沿海民工荒；（3）快速城市化、农民工转型与农村空心化。8.4节为本章小结。

第9章，本书的主要研究结论、政策建议及后续研究展望。本章是对前八章主要研究结论的总结，并据此提出富有现实意义的政策建议。

第2章 FDI影响农村剩余劳动力转移的文献评述

2.1 引言

就业问题一直以来是宏观经济学研究的重要主题，开放经济条件下众多发展中国家均把积极引进外资提升到国家战略发展的高度，充分增加国内就业机会成为各国政府吸引 FDI 的重要目标之一。各国的引资实践充分证明，FDI 对解决东道国国内就业具有至关重要的影响。联合国贸易和发展会议在 *World Investment Report*：*1994* 中亦明确指出，外商直接投资在东道国的生产经营活动既直接创造就业机会，也间接创造就业机会（UNCTAD，1994）。而且，经济体制改革深入所带来的贫富差距加大、隐性失业显性化、就业波动较大等问题，使得如何利用 FDI 缓解就业压力成为政府关注和学者研究的焦点问题之一。

在研究 FDI 影响劳动力就业方面，代表性文献如研究 FDI 对劳动力市场供求总量（蔡昉等，2004）、就业结构（王燕飞等，2006）、劳动力人均工资（Xiao Wei Zang，2002；Lipsey et al.，2004）、区域劳动力流动和就业（杨云彦，2003）等方面的影响，其他理论和实证研究文献大都遵循上述研究框架展开。但值得注意的是，中国是一个二元经济结构特点十分显著的不均质大国，其劳动力市场正面临着双重甚至多重分割，而农村剩余劳动力从农村向城市的转移就业构成中国就业和新型城镇化建设的重要内容。令人遗憾的是，目前直接研究 FDI 对农村剩余劳动力转移就业影响的文献尚不多见，代表性文献如赵德昭等（2012，2013）、许和连等（2013）以及刘建民等（2007）的相关研究。有鉴于此，本章首先从综述 FDI 与东道国劳动力就业的相关文献入手，进而关注和研究 FDI 影响农村剩余劳动力转移的最新理论与实证研究进展情况。

2.2　FDI 对劳动力总体就业影响效应的文献回顾

对于 FDI 对发展中国家劳动力就业的影响效应，学术界主要从 FDI 对劳动力就业总量、FDI 对劳动力就业结构的影响效应等两个层面开展了广泛而深入的研究。随着相关研究的不断深入和拓展，FDI 对劳动力就业总量和结构的影响不再是单一的积极效应，但其对劳动力就业的重要影响毋庸置疑。

（1）FDI 对东道国劳动力就业总量的影响效应。在理论研究方面，Macdougall – Kemp 模型的研究结果表明，资本跨国流动对母国产生了不利于劳动力就业而有利于资本积累的影响，但对东道国则产生了有利于劳动力就业的影响（小岛清，1987）。Todaro 模型的研究结论表明，发达国家跨国公司向发展中国家进行直接投资，可以为东道国增加大量就业机会。遵循上述理论基础和逻辑框架，国内外的学者开展了深入的实证研究，代表性的文献如 Borenszteina 等（1998）采用 69 个发展中国家数据进行实证研究发现，FDI 对促进东道国就业有积极影响。蔡昉等（2004）认为，外资企业对促进整体就业和优化就业结构具有极其重要的作用。由于中国拥有世界上最多的劳动力总量和特定发展阶段注定 FDI 产业的劳动密集程度，因而成为在外资部门就业人数最多的国家，大约有 50 万家外资企业在中国设立企业或工厂，雇员多达 3500 万人。如果累加间接的就业创造效应，则外资引发的就业规模将更加庞大。Fu 等（2005）认为 FDI 对改善中国总体就业质量具有积极的促进作用。外资的进入不仅直接增加对劳动力的需求，还会通过总需求扩张等渠道产生外部性进而影响国内就业，FDI 对总需求的刺激已成为影响中国就业的主要渠道。Karoly Fazekas（2005）利用匈牙利外资企业数据的研究结果表明，FDI 的迅速流入对匈牙利劳动力市场发展至关重要，在匈牙利经济复苏期企业劳动力增加了22%，这其中超过三分之二的新增劳动力就业来源于外资企业。任志成（2006）认为，外资在珠三角和长三角地区的集聚吸引了大批劳动力进行跨区域的转移就业。

（2）FDI对东道国就业影响效应的二重性。随着相关研究的进一步深入推进，学者们发现FDI对东道国就业同时存在挤入和挤出两种效应，即其对就业的影响存在二重性。代表性的研究文献如郭克莎（2000）的研究结果表明，FDI与国内投资存在竞争关系，外资企业通过竞争效应将导致内资企业就业吸纳能力的相对甚至是绝对减少。Mišun等（2004）认为，FDI不仅可以形成促进东道国国内就业的“挤入效应”，而且通过降低东道国国内投资对就业产生“挤出效应”。王剑（2005）将外资对就业的直接效应和间接效应纳入到同一理论分析框架，并通过构建FDI与东道国就业的联立方程模型进行实证分析，结果发现FDI一方面通过直接效应对中国劳动力就业产生积极影响，但另一方面通过挤出国内投资和提高生产率水平对劳动力就业产生显著的负面影响。

刘维林等（2005）认为，20世纪90年代以来中国就业弹性的明显下降与FDI对就业的挤出效应密切相关，FDI的大规模流入对劳动力整体就业水平的提高并无显著作用。凌海生（2005）认为，FDI对中国劳动力就业的挤出效应略大于吸纳效应，其总体就业效应显著为负。Rhys Jenkins（2006）利用越南数据的研究结果表明，外商直接投资对越南的直接就业效应较小，但由于其挤出了越南国内的部分投资，因而FDI对越南劳动力整体就业的影响效应非常有限甚至表现为抑制就业。金碧等（2007）对FDI就业效应的三个传导渠道进行了深入详细的研究，结果发现外资及其独资化倾向对劳动力就业均有显著的正向效应。但如果东道国劳动力资源丰富而资本相对匮乏，加之FDI进入资本密集型行业且没有产生技术外溢，则会导致总体就业水平的下降。

（3）FDI对就业结构和二元经济结构的影响效应。代表性的研究文献如蔡昉等（2004）认为，外资企业前来中国投资设厂，不仅推动了产业结构升级和技术结构转型进程，而且其对提高整体就业水平、加快二元就业结构转型、人力资本积累和劳动力市场一体化具有重要作用。张二震等（2005）认为，FDI 在中国的分布具有典型的区域集聚效应，虽然这在一定程度上加剧了区域就业的非均衡，但其对二元就业结构转型的作用日益凸显。而且，FDI 作为民营资本的重要组成部分，其对就业结构演进的重要性毋庸置疑（任志成，2006）。

但也有学者得出了截然不同的结论，如颜伟等（2010）认为，FDI 的大量流入会加剧城乡二元经济结构失衡，由于农业部门和非农业部门利用外资规模的差距，二元对比系数在最近十几年来呈现下降趋势。另外，由于三次产业就业比重的变化对中国就业结构的优化具有十分重要的作用，因此一些学者从产业层面深入研究了外资对劳动力就业的影响，并得出了较为丰富的结论。田素华（2004）以上海为样本的研究认为，外资对上海市第三产业的劳动就业均有显著的促进作用，但并不利于上海市第一产业和第二产业增加劳动就业机会。黄华民（2005）的研究亦认为，外资对第一、第二产业的就业产生负向效应，仅对第三产业产生正向效应，其综合效应为负。王艳飞等（2006）的研究认为，外资对发展中国家第二产业就业影响积极，对第一、第三产业就业影响不足。刘辉群等（2009）的实证分析表明，FDI 对中国第一产业就业的影响显著为负，对第二产业的就业影响显著为正，而对第三产业的就业影响并不显著。Koi 等（2011）的研究表明，FDI 可以带来更高的就业率和更多的国内投资，但其对劳动密集型制造业就业的影响效应较大，而对服务业就业的影响效应较小。

2.3　不同时期和不同类型 FDI 对东道国就业影响的文献回顾

大量的理论与实证研究表明，FDI 对东道国就业的影响呈现出一个复杂的动态变化过程，这暗示着其对劳动力就业的影响可能存在非线性的“门槛特征”，虽然目前尚未出现直接的相关研究文献，但学者已从不同时期和不同类型 FDI 对东道国劳动力就业影响的差异出发，试图探索这一内在影响机理和特征。

（1）不同时期 FDI 对东道国就业的影响效应。在不同时期，FDI 对东道国就业的影响效应可能存在截然不同的变化。代表性的研究如李海舰（2000）将改革开放以来 FDI 对中国劳动力就业的影响分为了三个时期，研究结果发现：1980～1995 年，FDI 对中国劳动力就业水平的提升存在显著的积极影响。在 1996～1998 年，FDI 对劳动力就业水平的提升作用并不明显，仅起到了转移就业的作用。自 1998 年以来，FDI 基本上仅起到了扩大失业的作用。熊焰（2004）的研究结果表明，FDI 存量的增长与其从业人员增长之间并无明显的相关关系，不同时期 FDI 存量对外资企业从业人数的影响存在较大差异。而且，外商直接投资企业的直接就业效应远小于其他经济类型企业。王根军（2004）的研究结果发现，在其他条件不变的情况下，中国单位 FDI 直接吸纳的就业人数在不同时期存在较大差别，其总体呈现“高—低—高”的变化趋势。邱晓明（2004）将 FDI 的就业效应划分为两个时期，从 20 世纪 90 年代中期以来，随着流向中国的 FDI 逐渐由劳动密集型向资本技术密集型行业转变，FDI 对劳动力就业的影响明显弱化。霍倩佳等（2005）认为，FDI 的就业效应在中国不同时期呈现出一些新的特点，如就业总量下降、直接效应弱化、间接效应增强、就业质量提升效应逐渐强化等。孙倩等（2005）认为，FDI 在不同时期的资本有机构成呈现动态变化趋势，由于 FDI 对劳动力就业的影响不仅取决于投资规模，还取决于资本的有机构成，所以不同时期资本有机构成的变化对就业的影响具有明显差异。

刘维林等（2005）分析了跨国公司对就业影响的时间效应，认为跨国资本在长期内并没有带来就业水平的明显提升，而且对就业产生了明显的挤出效应，这直接导致了其就业弹性的大幅下降。钟辉

(2005) 认为，FDI 在短、中、长期内的投资战略与模式将发生显著变化，因为其对就业的影响各不相同，如短期内 FDI 主要采用绿地投资模式且多为劳动密集型，这对就业具有显著的正向影响。在中期内，FDI 主要为生产基地型和市场开拓型，因而其对总体就业的影响尚不确定。在长期内，FDI 的就业效应则主要取决于内资企业对技术外溢的吸收能力。牟俊霖 (2007) 亦得出了相似结论，其以 1993 年为界将时间样本分为两个研究时段，研究结论表明：在 1993 年之前，FDI 的直接效应和负向的间接效应都很显著。而在 1993 年以后，随着进入中国 FDI 技术水平的提高和内资企业竞争力的增强，FDI 的直接就业效应和负向的间接效应呈现同时减小的趋势。

(2) 不同类型 FDI 对东道国就业的影响效应。不同类型 FDI 在进入模式、进入动机等方面存在很大差异，因而其对东道国劳动力就业的影响效应需要区别开来进行研究。桑百川 (1999) 的研究结论表明，FDI 企业进入东道国的模式不同，其对劳动力就业的影响则大相径庭。如果 FDI 企业以新建企业的模式在东道国进行投资，则一般会为东道国劳动力增加大量就业机会。如果 FDI 企业通过收购或兼并东道国国内企业的方式进行投资，则其对东道国劳动力就业的影响尚不能完全确定。当采取收购或兼并模式进行投资时，FDI 企业进一步追加投资则有可能提高就业水平，但若其转向资本或技术密集型投资，则将造成资本和技术对劳动力的替代效应，从而对东道国就业产生不利影响。

赵景华 (2001) 基于问卷调查的研究结果发现，在流入中国的 FDI 中，具有市场开拓型和生产基地型的 FDI 企业占比高达 95%，但两种类型 FDI 对中国劳动力就业的影响效应截然不同。生产基地型 FDI 进入中国的主要因素在于中国存在的大量廉价劳动力，其大多是对劳动力需求量较大的劳动密集型企业，因而其可以通过吸收大量从农村转移出来的低素质劳动力提升中国整体的就业总量和水平。而市场开拓型 FDI 进入中国的主要因素在于中国巨大的市场需求潜力，其为了迅速占领国内市场必然与内资企业开展广泛竞争，这不可避免的将形成对国内资本的“挤出”或直接造成部分内资企业倒闭，从而对中国劳动力就业产生不利影响。同时，由于市场开拓型 FDI 对劳动力的需求主要集中在高素质技术型工人或研发管理人才，其对低素质或无技术劳动力的需求较少，这也会对中国现阶段国内的劳动力就业产生不利影响。胡峰（2002）认为，即使 FDI 企业进入中国采取的均是并购模式，但其进入动机的差异也将对中国就业数量和质量产生不同影响。David Williams（2003）利用英国外资公司子公司数据的研究结论表明，外商直接投资的就业效应因跨国公司进入模式、子公司类型、母公司国籍的不同而不同，“绿地投资”模式对东道国就业产生显著正向影响，而并购投资模式则对东道国就业产生显著负向影响。Christoph Ernst（2005）采用阿根廷、巴西、墨西哥服务业和制造业 FDI 数据的研究结果发现，服务业和制造业 FDI 对就业的贡献存在差异，而且 FDI 的就业效应与其进入方式等因素密切相关。毛日昇（2009）的研究结论发现，由于流入中国制造业的 FDI 在不同技术密集型行业的比较优势不同，对不同所有制企业（国有和非国有企业）的技术外溢效应也存在较大差异，因而有必要区分 FDI 对不同所有制和要素密集型行业就业的不同影响。

2.4 FDI 对区域劳动力流动和就业非均衡效应的文献回顾

学术界一直以来热衷于研究 FDI 对中国区域劳动力流动的影响效应主要源于两个特征事实：第一，中国长期以来具有充裕廉价的劳动力资源，而且特定的经济转型阶段也造成中国成为全球在 FDI 部门就业人数最多的国家之一；第二，中国各地区初始经济条件、资源禀赋等的巨大差异造成其劳动力市场发育程度各异，加之在户籍制度、引资政策倾斜、区域不平衡发展政策等的影响下，由 FDI 引致的劳动力跨区域流动与转移就业成为中国独特的人口迁徙模式。而且，FDI 进入东道国特别是发展中国家，往往具有典型的区域集聚特征，这对劳动力的跨区域流动和转移就业产生重要影响，并形成了一系列丰富的研究成果。

（1）FDI 对区域劳动力流动的影响效应。目前，学术界的相关研究主要集中在 FDI 对跨区域劳动力转移就业的影响、FDI 通过吸引劳动力跨区域流动对二元就业转型的影响两个方面。代表性的研究文献如杨云彦等（2003）认为，FDI 的投资扩张促使沿海地区的制造业出现反梯度模式的“再工业化”特征，其以劳动密集型和高新技术产业为主导的制造业在很大程度上造成对内地国有部门和传统工业部门的刚性就业替代，这直接造成中西部地区制造业规模萎缩，大量劳动力跨区域转移至东部沿海地区就业。朱金生（2005）的研究结果发现，FDI 是造成东、中、西三大区域就业差异的最主要因素，FDI 对东部沿海地区的投资倾斜造成中西部大量就业机会特别是非农就业机会的转移。而且，FDI 作为中国工业化进程的重要推动力，其可以通过矫正要素配置扭曲和扩大非农产业就业规模，进而对促进中国二元就业结构转型产生至关重要的影响。以上研究结论表明，FDI 在东部的集聚在很大程度上造成中西部地区劳动力向东部沿海地区跨区域转移的单向流动模式。

但值得注意的是，如果说改革开放初期国家引资政策的倾斜以及东部沿海地区毗邻港澳台的区位优势是吸引 FDI 集聚的重要因素，那么中西部地区大量廉价的劳动力成本优势为什么不能吸引 FDI 集聚呢？针对此问题，蔡昉等（2004）认为，虽然中西部地区相比东部沿海地区具有明显的劳动力成本优势，但户籍制度和劳动力市场发育不平衡等因素制度性地抬高了中西部地区劳动力的工资水平，加之中西部地区劳动力的平均劳动生产率要远远低于东部地区，这直接导致中西部地区劳动力成本优势的降低甚至消失。虽然劳动力的跨区域流动和大规模迁移并不能完全矫正扭曲的资源配置，但 FDI 对中国劳动力跨区域流动和劳动力市场健康发育的贡献毋庸置疑。万欣荣等

(2005)利用广东省数据的实证研究结果表明，广东省实际利用 FDI 增加 1%，其相应的就业量将增加 0.123%，这远大于经济发展和内资企业带来的就业效应。而且，FDI 企业通过雇佣大量中西部的低素质劳动力转移就业，有力促进了劳动力跨区域流动和广东省的劳动力市场发育。易苗等（2011）的研究发现，FDI 促进劳动力从中西部向东部沿海地区跨区域流动的直接作用并不显著，但其通过影响实际工资差距、集聚程度等促进劳动力跨区域流动的间接作用则比较显著。

（2）FDI 对区域就业非均衡的影响效应。FDI 在引致大规模劳动力跨区域流动的同时，将不可避免地引起区域就业的不均衡。自 20 世纪 90 年代来，拥有政策、人力、区位等优势的东部沿海地区吸引了大量 FDI 企业投资建厂，这促进了东部地区的劳动力市场发育并极大促进了该地区就业水平的提升。反观广大的中西部地区，由于其缺乏招商引资的诸多优势条件和工业化进程滞后，直接造成上述地区就业水平较为低下。中西部地区劳动力的跨区域流动有力推动了东部沿海制造业的发展，沿海产业集聚的吸引成为这部分劳动力转移就业的主要途径（赵德昭，2010）。一个普遍接受的结论是：外资的区域集聚效应将会引起发展中国家或地区区域就业的不平衡（罗良文等，2003；杨云彦，2003）。Chan 等（1999）的研究结果表明，外商直接投资对沿海地区就业的正向效应较大，而对内陆地区的就业效应不明显。Edward 等（2001）则认为，中国 20 世纪 90 年代后期 FDI 投资倾向集聚在市场和资金更加丰裕的沿海地区，这使得劳动力数量和质量上的地区分布不平衡程度加剧。

杨云彦（2003）的研究结论表明，FDI 在东部沿海的区域集聚效应将会引起区域就业不平衡程度加剧，外资的集聚带来了大量的就业机会，这对东部地区就业水平的提升大有裨益，并引发中西部地区劳动力向东部地区的跨区域转移就业。朱金生（2005）通过泰尔指数分解发现，区域间 FDI 差异与区域间的就业差异有密切的联系，区域间 FDI 的差异导致了区域间的就业差异。Karoly Fazekas（2005）运用绝对与相对空间集中度两种指标测算了匈牙利 FDI 的集聚程度，并对 FDI 区域集聚带来的就业效应进行了实证研究。研究结果发现，FDI 的区域集聚对劳动力就业产生了显著的正向影响，某一地区 FDI 高度集中则该地区的就业效应更为显著。郑月明等（2008）认为，FDI 流入的区域不平衡性对就业产生的区域差异影响越来越显著，FDI 对东部地区就业具有显著的负向影响，而其对中西部地区就业的效果则并不明显。许和连等（2012）认为，外资在东部沿海地区的聚集造成了区域劳动力就业的不平衡，可以利用外资梯度转移的机遇加快消除区域劳动力市场的不平衡性，最终实现劳动力市场的健康均衡发展。

2.5　FDI 对农村剩余劳动力转移影响的文献回顾与最新研究进展

现阶段，中国着力推进的“新型城镇化”的核心是以人为本，这就决定了就业和定居是新型城镇化的核心要义。在户籍制度等内部制度要素变革相对缓慢的情况下，如何利用 FDI 等外部经济要素促进农村剩余劳动力转移就业和新型城镇化建设无疑具有重要的现实意义和政策性涵义。但遗憾的是，已有直接研究 FDI 对农村剩余劳动力转移就业影响的文献尚不多见。研究农村剩余劳动力转移问题的经典模型是刘易斯—拉尼斯—费景汉模型（Ranis et al.，1961）和哈里斯—托达罗模型（Harris et al.，1970），国内外的相关经验研究大多遵循上述逻辑框架展开。代表性的文献如李迅雷（1991）认为，随着全球化的迅速发展和发展中国家逐步融入国际分工体系，FDI 大量流入区位优势明显且享受政府政策优惠的沿海地区，劳动密集型 FDI 企业在制造业的集聚吸纳了大量农村剩余劳动力转移至非农产业部门就业，促进了发展中国家二元就业结构的转型。

Fu 等（2005）的研究结果表明，由于中国改革开放以来吸引的FDI多集中在出口部门，其可以吸纳较多的农村剩余劳动力，从而对提高中国整体就业总量和水平有着积极的作用。任志成（2006）认为，FDI大量涌入中国并具有明显的区域集聚特征，这导致农村剩余劳动力加速向城市工业部门和服务业部门转移就业，在空间层面上则表现为农村剩余劳动力向东南沿海地区转移。许和连等（2012）认为，随着东部沿海地区将劳动密集型FDI产业逐步向内地转移，中西部地区的农村剩余劳动力得到大量的工作机会，这将极大提升该地区农村剩余劳动力向城市转移的速度。但上述研究文献关于FDI对农村剩余劳动力转移的研究大多停留在定性研究或统计分析层面，缺乏科学的定量研究。赵德昭等（2012）采用1996～2009年中国28个省级单位的面板数据的实证研究结果表明，FDI形成的“拉力”和农业技术进步形成的“推力”对农村剩余劳动力转移均有显著的正向影响，但东部地区FDI对农村剩余劳动力转移的“拉力”要远远高于中西部地区。许和连等（2013）认为，FDI流入提高了农村剩余劳动力的边际收益和改变高、低素质剩余劳动力供给量，东部地区FDI的就业吸纳作用要明显大于中西部地区。赵德昭等（2013）的研究结果表明，FDI产业在东部沿海地区的集聚将带来更多的就业机会，其对农村剩余劳动力跨区域转移产生正向的促进作用。而且，FDI已成为经济转型期内影响农村剩余劳动力转移收敛性的主要因素，其对农村剩余劳动力转移的影响存在明显的倒“U”形曲线特征。

2.6 对已有研究文献的简要评述

对已有研究文献进行梳理可以发现，关于FDI对发展中国家（尤其是中国）劳动力就业具有至关重要的影响这一结论，已经得到了绝大多数学者的认可并达成了共识。无论是采用定性研究、统计分析还是计量检验等手段，基本上均支持上述研究结论。但就 FDI 对劳动力就业是存在单一的正向影响，还是同时存在“就业挤入效应”和“就业挤出效应”的二重性，目前尚未得到较为一致的结论。部分研究发现了 FDI 就业效应存在二重性的经验证据，但一些文献则认为 FDI 的就业效应仍然为单一的正向积极效应。

随着研究的不断深入，诸多文献从时间层面、产业层面、结构层面、区域层面等寻找 FDI 影响劳动力转移就业和区域流动的最新证据，并涌现出时期论、条件论、抵消论和结构论等丰硕成果。虽然上述研究成果从理论和实证角度解释了 FDI 对劳动力整体就业地传导机制和影响效应，但鲜有成果将研究细化到农村剩余劳动力层面，这使得已有研究成果在一定程度上并不能较好地解释现有的实际问题。这主要是因为，无论是对发展中国家还是对发达国家的相关研究，基本上均支持 FDI 对劳动力就业有重要影响作用这一结论，如果仍然集中讨论 FDI 对劳动力整体就业的影响，在很大程度上已经缺乏理论意义和现实含义。随着新型城镇化战略的提出，农村剩余劳动力向城市的转移就业和定居被提到了前所未有的战略高度，在此背景下探讨如何利用 FDI 促进农村剩余劳动力转移和推动新型城镇化进程具有重要的现实意义和政策性含义。对已有研究 FDI 对劳动力或农村剩余劳动力转移就业影响的文献进行归纳总结可以发现，已有文献主要存在以下几点不足和可以进一步深化研究的地方：

首先，对于 FDI 与农村剩余劳动力转移之间可能存在的非线性关系，已有研究文献缺乏系统的理论分析框架与实证检验。中国作为一个幅员辽阔、地区差异明显且人口众多的“不均质大国”，FDI 对农村剩余劳动力转移就业的影响很可能会因其他因素条件的变化而表现出明显的非线性“门槛特征”。已有研究文献缺乏关于 FDI 对劳动力整体就业或农村剩余劳动力转移就业非线性关系的探讨，虽然郭克莎（2000）、Mišun 等（2004）、金碧等（2007）等的研究均得出 FDI 对东道国就业同时存在挤入和挤出两种效应的结论，而且李海舰

(2000)、杨云彦(2003)等也验证了不同时期和不同类型FDI对劳动力就业的作用存在巨大差异，上述研究均暗示着FDI与整体劳动力或农村剩余劳动力之间存在的非线性关系，但直接研究两者非线性关系的文献尚不多见，其大多采用线性模型简单估计出FDI对农村剩余劳动力转移或劳动力就业的平均影响，这使得部分研究结论可能由于不符合中国现实情况而变得不再适用。

其次，已有研究文献缺乏FDI影响农村剩余劳动力转移过程中的空间关联效应或第三方效应的考察。虽然Edward等(2001)、易苗等(2011)的研究发现，FDI对区域劳动力流动或就业空间分布不均衡具有重要影响，但其理论基础和实证分析均建立在独立观测值假定基础之上，并不考虑不同地区要素流动过程中的相互影响和空间相关性。由于中国FDI区位分布具有明显的非均衡和“结块效应”特征(Coughlin et al.,2000)，若不考虑FDI集聚对农村剩余劳动力空间流动的影响效应，则难以真正反映其转移空间分布的变化情况与传导机制。随着劳动力市场体制和户籍制度改革的不断推进，区域劳动力市场之间的空间关联性逐渐增强。所以，在研究FDI影响农村剩余劳动力转移效应的过程中，充分考虑其空间关联性或第三方效应就显得十分必要了。

最后，已有文献在研究FDI对农村剩余劳动力转移的影响效应时，往往忽略制度或体制变革的重要作用，这使得政府对市场的调控作用被直接忽略掉了。但实际上，作为世界上最大的转型经济体，中国政府在劳动力资源配置方面具有很强的影响力。出于国家竞争力和地区公平发展的考虑，政府可能会选择直接替代市场配置资源来保持一定的经济控制力，这就使农村剩余劳动力转移具有一种制度上而不仅仅是经济上的影响机制。基于中国现阶段的实际情况，从根本上解决“半城市化”和“候鸟型农民工”问题必然涉及财政体制、户籍制度等诸多维度的变革。有鉴于此，在研究FDI对农村剩余劳动力转移的影响效应时，不仅应考虑FDI等市场因素的作用，还应考虑到政府体制变革的力量。

第3章　FDI、门槛效应与农村剩余劳动力转移

3.1 引言

各国的引资实践充分证明，FDI在带来充裕资金和先进技术的同时，对东道国农村剩余劳动力转移就业的影响尤为显著（赵德昭等，2012；Kumar，2013）。在新的全球生产网络下（Bridge，2008），通过吸引FDI流入促进农村剩余劳动力向城市非农产业转移就业，历来被经济学家认为是发展中国家促进就业的有效之举（杨云彦，2003；Salami et al.，2013）。然而，伴随着国内经济战略转型和FDI产业结构优化升级，其对农村剩余劳动力转移就业的积极效应开始受到质疑，学术界逐渐出现了FDI的就业挤出、就业摧毁和就业损失效应之说，这使目前关于FDI对农村剩余劳动力转移就业影响效应的研究存在一定程度的分歧。但一个不容忽视的问题是，上述理论假说所阐述的FDI对就业的负面效应均是一种相对概念，仅表明FDI对其转移就业的正向效应在某个阶段或特定条件下有所降低，总体就业效应仍取决于正负两种效应的对比。

虽然FDI对农村剩余劳动力转移或东道国整体就业方面的研究结论尚未达成一致，但区别于以往单方面肯定FDI对就业的正向促进作用，学术界近年来的研究明显更为理性和深入，涌现出时期论、条件论、抵消论和结构论等丰硕成果，并得出了许多极富现实含义的研究结论。在时期论研究方面，代表性文献如钟辉（2005）通过动态逻辑推导阐明，FDI在短期内的就业创造效应明显，中期内对就业的影响效应尚不明确，而在长期内FDI的就业效应取决于内资企业对其溢出效应的吸收能力，这与邱晓明（2004）、Azariadisa等（2007）、Liu（2012）和刘宏等（2013）的研究结论相一致。赵德昭等（2013）的研究亦认为，FDI对中国东部和中西部农村剩余劳动力转移速度的影响均存在明显的倒“U”型曲线特征，而在考察期内农村剩余劳动力转移的演变轨迹表现出以2006年为拐点的先收敛后发散的“U”型趋势。在条件论研究方面，代表性文献如 David Williams（2003）和 Hansson（2005）认为，FDI 对东道国就业数量的影响取决于其进入方式、国别和补贴形式等，这与 Radosevic 等（2003）和 Liu 等（2011）等的研究结论相吻合。Molnar 等（2008）认为，FDI 对不同国别东道国就业的影响存在显著差异，如 FDI 对美国就业有明显的正向影响，但对德国和日本却产生明显的负向影响。Karlsson（2009）的理论研究发现，FDI 对东道国就业同时存在正负两种效应，综合结果取决于 FDI 的溢出效应和竞争效应两者的共同作用。Florian 等（2013）利用德国中小型企业的数据进行实证研究发现，水平型 FDI 对德国国内就业具有积极影响，而垂直型 FDI 对其就业则具有显著的负向影响。在抵消论研究方面，代表性文献如郭克莎（2000）、Mišun 等（2002）和王剑（2005）和 Rhys Jenkins（2006）的研究结果表明，FDI 与国内投资存在竞争关系，外资企业通过竞争效应将导致内资企业就业吸纳能力的相对减少甚至是绝对减少。马述忠等（2012）的研究认为，农业引入外商直接投资产生了积极的直接就业效应，但其同时带来资本密集型的农业技术进步和挤出部分农业国内投资，从而降低了农业外资的整体就业吸纳能力。在结构论研究方面，代表性文献如刘辉群等（2009）的实证分析表明，FDI 对中国第一产业就业的影响显著为负，对第二产业的就业影响显著为正，而对第三产业的就业影响并不显著。Koi 等（2011）的研究表明，FDI 可以带来更高的就业率和更多的国内投资，但其对劳动密集型制造业就业的影响效应较大，而对服务业就业的影响效应较小。

以上研究结论的不一致性隐含着 FDI 与农村剩余劳动力转移之间可能存在的非线性关系，因而有必要结合中国现实国情对此问题做进一步的深入探讨。由于 FDI 对农村剩余劳动力转移就业作用的发挥是一个较为复杂的动态过程，受到 FDI 类型、城乡收入差距等多种条件因素的制约。简而言之，FDI 对农村剩余劳动力转移就业的影响会因其他因素条件的变化而表现出明显的非线性“门槛特征”。就社会经济发展的现实情况而言，中国作为一个幅员辽阔、地区差异明显且人口众多的“不均质大国”（曾铮，2008），FDI 对农村剩余劳动力转移的影响效应很难满足在不同时期和地区的完全一致性，因此两者之间存在非线性关系是极有可能的。但令人遗憾的是，上述文献在研究该问题时并没有考虑可能存在的“门槛效应”，研究两者非线性关系的文献尚不多见，其大多采用线性模型简单估计出 FDI 对农村剩余劳动力转移或劳动力就业的平均影响。事实上，在研究中国实际问题时如果忽略客观存在的区域差异或其他条件因素的影响，仅仅采用单一线性模型刻画两者的关系往往难以准确反映经济变量之间的真实联系。而且，如果所研究的对象具有典型的非线性特征，线性模型将由于难以刻画变量间的非线性关系而变得不再适用（贺胜兵等，2008）。

为克服已有研究文献在研究思路和方法上的不足，本章采用“门槛效应”面板模型来检验 FDI 和农村剩余劳动力转移之间的变化关系。当存在“门槛效应”时，采用对数据进行自动识别来确定门槛值的方法对样本进行分组（Hansen，1999），从而在充分反映样本特性的基础上考察 FDI 与农村剩余劳动力转移之间存在的非线性关系。本章的主要贡献在于：第一，借鉴以 Hansen（1999）门槛回归技术为代表的非线性计量经济学理论，构建“门槛效应”面板模型对 FDI 影响农村剩余劳动力转移的非线性关系进行实证检验。第二，基于大推动模型，对 FDI 对农村剩余劳动力转移影响的非线性理论机制进行详细阐述，并建立系统的理论分析框架。第三，创新性地提出农村剩余劳动力转移的“三阶段论”，这为经济转型期内快速推进新型城镇化提供了富有政策性含义的具体思路。

3.2 基于大推动模型（big push model）的理论机制分析

本章借鉴英国著名发展经济学家罗森斯坦·罗丹在 1943 年提出

的大推动理论（Rosenstein Rodan，1943），来详细阐释 FDI 对中国农村剩余劳动力转移的理论传导机制。大推动理论的核心是，在经济相对落后的发展中国家和地区，对工业和农业部门等国民经济部门同时进行投资，其巨大的资金供给量主要来源于国际和国内的双向投资，这符合中国改革开放以来的现实国情。在自由市场竞争机制下，生产要素为实现其最高边际报酬率而流动。结合改革开放以来的历史经验，外商直接投资（FDI）长期以来成为中国解决就业和推动国民经济增长的重要资金来源。对 FDI 和农村剩余劳动力转移的路径特征进行深入分析可发现，两者在区域内和区域间的流动表现为资本与劳动力的相互追逐或替代的过程。

虽然中国是一个幅员辽阔的不均质大国，各省份初始经济条件、要素禀赋等存在较大差异，但 FDI 和劳动力要素的逐利性仍然得到了充分体现。在充分竞争的市场经济条件下，FDI 产业逐渐从工资成本高的沿海地区向工资成本较低的中西部内陆地区转移，而农村剩余劳动力则从落后的中西部地区向人力资本回报率较高的东部地区转移。在此过程中，FDI 和农村剩余劳动力得以重新优化配置并最终导致各要素收益平均化。自 20 世纪 90 年代以来，众多外资企业在东部沿海地区投资建厂吸引了大批农村剩余劳动力向城市的转移就业（杨云彦，2003）。针对二元劳动力市场分割和经济转型的特殊背景，农村剩余劳动力的跨区域流动必将与 FDI 产业的空间集聚或梯度转移紧密联系在一起（许和连等，2013）。

基于大推动模型（big push model）的分析，为了吸引农村剩余劳动力从农村转移至城市非农产业部门工作，在城市的企业必须支付给他们一个足够的工资溢价（wage premium），足以弥补其各种有形和无形的迁移成本和机会成本。这也在很大程度上证明，Lewis（1967）所作出的“更高的实际工资支付往往在城市”这一假设是有效的和符合中国现实的。由于 FDI 企业不仅可以支付农村剩余劳动力在城乡间的工资溢价，而且其比大多数内资企业具备更强的技术手段和更高的工资水平（Zhao，2002；许和连等，2009），因而FDI企业通过支付工资溢价对农村剩余劳动力城乡间迁移的重要影响已毋庸置疑。在经济转型期和开放经济条件下，FDI的大量流入不仅直接增加中国就业总量和提高农村剩余劳动力的工资水平，而且通过技术外溢等渠道增加了高素质劳动力的供给量，从而加速了农村剩余劳动力向城市转移就业的进程。一个不容忽视的问题是，大量的资金投入和足够的工资溢价支付能力是大推动模型得以存在的前提条件。但由于中国具有明显的大国转型经济体特征，充足廉价的农村剩余劳动力吸引了大量FDI流入，而且其巨大的消费市场潜力也足以保证FDI企业具备足够的工资溢价支付能力。本章将农村剩余劳动力视为具有独立迁移决策能力的"理性人"，其向城市转移就业的目标是实现自身收益最大化，模型的基本假设如下：

（1）中国具有典型的大部门经济特征，在分工进入相对平衡状态后，其经济发展与其他经济体可以保持一定程度的独立，单个部门对整个经济体的影响可以忽略不计；

（2）劳动力市场被分割为城市和农村两个市场，城市劳动力的增量主要来源于农村转移至城市的剩余劳动力，市场上存在信息不对称现象；

（3）城市FDI企业普遍采用现代生产技术，农业或农村非农产业普遍采用传统生产技术，前者具有较高的劳动边际收益，因而技术外溢是现实存在的；

（4）城市生活成本要高于农村且随土地等要素价格的上升，这种成本将越来越高。

基于中国改革开放以来的现实国情，绝大多数FDI均流向城市非农产业部门，其通过提供就业机会和支付工资溢价等方式，在城市形成一股促使农村剩余劳动力向城市迁移的巨大"拉力"。如图3－1所示，在初始阶段中国农村具有大量的农村剩余劳动力需要转移，其初始供给曲线为S_1。在没有FDI流入的阶段，劳动力市场上农村剩余劳动力的市场配置机制是：劳动力雇用量（L_{1r}）由劳动边际收益（MR_1）和劳动边际成本（MC_1）共同决定，小于市场供需均衡水平（L_{1e}）。如果考虑了 FDI 这个重要的外部经济要素，则在大量 FDI 流入条件下农村剩余劳动力的边际收益曲线由 MR_1 向右上方移动至 MR'_1。

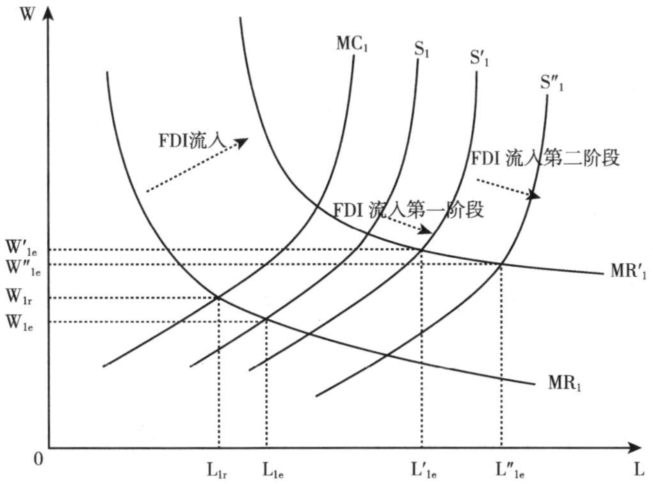

图 3－1　FDI 流入对农村剩余劳动力城乡间迁移的影响机制

在 FDI 流入的第一阶段，农村剩余劳动力的供给曲线由 S_1 向右下方移动至 S'_1，相应的劳动力市场供需均衡水平增加至 L'_{1e}，工资水平上升至 W'_{1e}。在劳动力市场重新达到均衡时，FDI 为农村剩余劳动力提供的新增就业岗位为（$L'_{1e}-L_{1r}$），其提供的工资溢价为（$W'_{1e}-W_{1e}$）。在 FDI 流入的第二阶段，一方面 FDI 产业结构优化升级减少了对低素质农村剩余劳动力的需求；另一方面由于受到 FDI 就业效应所来的积极就业信号和信息不对称等的影响，具有较低素质的农村剩余劳动力对就业过于乐观而选择大量涌入城市，相应的供给曲线向右下方移动至 S''_1，供需均衡水平上升至 L''_{1e}，均衡工资进一步下降至 W''_{1e}。在劳动力市场重新达到均衡时，虽然整体就业水平在上升，但由于 FDI 为农村剩余劳动力提供的工资溢价仅为（$W''_{1e}-W_{1e}$），明显小于第一阶段（$W'_{1e}-W_{1e}$）的水平，这表明 FDI 对农村剩余劳动力转移的促进效应在减弱。而据此大胆猜测，是否存在一个或多个这样的“转折点”，使 FDI 对农村剩余劳动力转移的影响效应在“转折点”前后明显不同，即存在显著的“门槛效应”特征？本章将建立计量经济模型进行详细验证。

3.3 模型设定、估计方法与数据来源

3.3.1 门槛效应模型设定

在分析 FDI 对农村剩余劳动力转移的影响效应时，本章采用了柯布—道格拉斯生产函数的表达形式。同时，借鉴 Lucas（1988）的相关研究思路，本章将人力资本引入生产函数中。考虑在开放经济条件下存在大量 FDI 流入的现实国情，从而建立如下理论模型：

$$Y = A \cdot F(FDI, K_I, L, H) = A \cdot (FDI)^{\alpha} \cdot K_I^{\beta} \cdot [L \cdot H]^{\gamma} \quad (3.1)$$

其中，Y 代表城市劳动密集型企业的产出水平，A 代表全要素生产率，FDI 代表外来资本投入，K_I代表国内资本投入，L 代表农村剩余劳动力转移就业量①，H 代表人力资本水平。α、β、γ 分别表示 FDI、国内资本、劳动力和人力资本相结合时的产出弹性，r_1 和 r_2 分别为 FDI 和国内资本享有的真实利率，则城市劳动密集型厂商的总成本为：

$$C = W \cdot (L \cdot H) + r_1 \cdot FDI + r_2 \cdot K_I \quad (3.2)$$

W 为农村剩余劳动力的工资水平，则劳动密集型厂商的利润函数为：

---

① 由于前面已假定城市劳动力的增量主要来源于农村转移至城市的剩余劳动力，因此在理论模型的推导中忽略城市职工数量，劳动密集型企业的就业总量 L 等于农村剩余劳动力就业量之和。

$$\pi = A \cdot (FDI)^{\alpha} \cdot K_I^{\beta} \cdot [L \cdot H]^{\gamma} - W \cdot (L \cdot H) - r_1 \cdot FDI - r_2 \cdot K_I \tag{3.3}$$

根据厂商利润最大化的原则，则利润函数对劳动力的一阶偏导为 0：

$$\frac{\partial \pi}{\partial L} = \gamma \cdot A \cdot (FDI)^{\alpha} K_I^{\beta} \cdot (L \cdot H)^{\gamma - 1} - W \cdot H = 0 \tag{3.4}$$

为了使理论分析过程简便而又不失一般性，本章假定生产函数满足不变规模报酬，即 $\alpha + \beta + \gamma = 1$。将等式两边同时取对数并变换形式，则有：

$$LnL = \frac{1}{1-\gamma} Ln\gamma + \frac{\alpha}{1-\gamma} LnFDI + \frac{1}{1-\gamma} LnA + \frac{\beta}{1-\gamma} LnK_I + \frac{1}{\gamma - 1} LnW - LnH \tag{3.5}$$

由于本章主要考察 FDI 对农村剩余劳动力转移的影响效应，加之将 FDI 和国内资本 K 同时引入计量模型将不可避免地造成多重共线性（罗长远，2007），因此在计量模型中不再引入国内资本 K。同时，借鉴赵德昭等（2012）、许和连等（2013）的相关研究思路，将劳动力市场灵活性、非农产业生产总值占 GDP 的比重和城镇失业率等影响农村剩余劳动力转移的重要指标引入计量模型，从而将计量模型修正为式（3.6）：

$$\begin{aligned} Lnlabor_{i,t} = {} & \alpha_0 + \beta_1 Lnafdi_{i,t} + \beta_2 flex_{i,t} + \beta_3 Lnhc_{i,t} + \beta_4 Lnw_{gap_{i,t}} \\ & + \beta_5 gdpr_{i,t} + \beta_6 unempl + \mu_{i,t} \end{aligned} \tag{3.6}$$

其中，$labor_{i,t}$表示农村剩余劳动力转移量，$fdi_{i,t}$表示按 1990 年不变价格计算的实际 FDI 存量，$hc_{i,t}$表示人力资本水平，$flex_{i,t}$表示劳动力市场灵活性，$w_{gap_{i,t}}$表示城乡实际收入差距，$gdpr_{i,t}$表示非农产业生产总值占 GDP 的比重，$unempl_{i,t}$表示城镇失业率，$\mu_{i,t}$是残差项，式（3.6）是不考虑“门槛效应”的计量模型。为了考察模型中可能存在的“门槛效应”，传统研究往往采用分组检验和引入交叉项的方法，但上述方法或受分组标准的制约，或无法验证所估计门槛值的正确性，而 Hansen（1999）所提出的非动态面板门槛回归建模思路则可以很好地弥补前两种方法的不足。基于此，本章采用 Hansen（1999）的非动态面板门槛回归技术，建立 FDI 影响农村剩余劳动力转移的“双门槛效应”模型如下：

$$\begin{aligned}Lnlabor_{i,t} = {} & \alpha_0 + \theta_1 Lnafdi_{i,t} I(thr \leqslant \eta_1) + \theta_2 Lnafdi_{i,t} I(\eta_1 < thr \leqslant \eta_2) \\ & + \theta_3 Lnafdi_{i,t} I(thr > \eta_2) + \beta_1 flex_{i,t} + \beta_2 Lnhc_{i,t} + \beta_3 Lnw_{gap_{i,t}} \\ & + \beta_4 gdpr_{i,t} + \beta_5 unempl + \mu_{i,t} \end{aligned} \tag{3.7}$$

其中，thr 为门槛变量，η_1 和 η_2 为待估算的门槛值，I(·)为指标函数。

3.3.2 门槛效应模型估计方法

采用门槛回归技术进行双门槛分析时，首先要估计出门槛值 η_1、η_2 以及斜率值 θ_1、θ_2 和 θ_3，其次进行门槛效应的显著性检验并求出门槛值的置信区间。在进行双门槛估计时，首先应建立相应的单门槛模型，可将任意的 η_0 作为初始值赋予 η，采用最小二乘法（OLS）估计各回归系数并求出相应的残差平方和 $S_1(\eta)$。在 η 取值范围内使残差平方和最小的 η_0 即所要的门槛值 $\overset{*}{\eta}$，其满足 $\overset{*}{\eta} = \operatorname{argmin} S_1(\eta)$。门槛值确定之后，则可求得一个临时值 $\hat{\sigma}_1^2 = S_1(\overset{*}{\eta})/[n(T-1)]$，n 为样本数，T 为时间跨度。将 $\hat{\sigma}_1^2$ 代入式（3.7）并运用逐步搜索法可得 η_2 的值，其满足 $\eta_2 = \operatorname{argmin} S_2(\overset{*}{\eta}, \eta_2)$，同理可得 $\eta_1 = \operatorname{argmin} S_3(\eta, \eta_2)$。分别构建单门槛和双门槛条件下的零假设（$H_0$ 和 H_0'）和相应 LM 统计量，即：

$$H_0: \theta_2 = \theta_3; \quad L_1 = (S_0 - S_1(\overset{*}{\eta}))/\hat{\sigma}_1^2 \tag{3.8}$$

$$H_0': \theta_1' \neq \theta_2'; \quad L_2 = (S_1(\overset{*}{\eta}) - S_2(\eta_1, \eta_2))/\hat{\sigma}_3^2 \tag{3.9}$$

其中，S_0 和 $S_1(\overset{*}{\eta})$ 分别为双门槛和单门槛条件下的残差平方和。

由于在原假设条件下门槛值是不确定的，因此统计量 L_1 和 L_2 不服从标准正态分布，可采用自抽样法（bootstrap）模拟其渐进分布并构建多对应的概率 P 值以检验其显著性。

当确定存在“门槛效应”时，需要进一步求出其门槛值的置信区间，分别构建单门槛和双门槛条件下的零假设及与其相对应的似然比统计量 LR，即：

$$H_0:(\overset{*}{\eta},\eta_2)=(\overset{*}{\eta},\eta_0);\quad LR_1=[S_2(\overset{*}{\eta},\eta_2)-S_2(\overset{*}{\eta},\hat{\eta}_2)]/\hat{\sigma}_2^2 \tag{3.10}$$

$$H_0':(\eta_1,\eta_2)=(\eta_0,\eta_2);\quad LR_2=[S_3(\eta_1,\hat{\eta}_2)-S_3(\hat{\eta}_1,\hat{\eta}_2)]/\hat{\sigma}_3^2 \tag{3.11}$$

虽然 LR 的分布也是非标准的，但 Hansen（1999）计算了其拒绝区间。当显著性水平为 α 时，$LR_1(\eta)\leqslant C(\alpha)-2\ln(1-\sqrt{1-\alpha})$时，不能拒绝原假设。其中，在 95% 的置信水平下，$C(\alpha)=7.35$。

3.3.3 数据来源与变量说明

在省级研究样本的选取上，考虑到数据的可得性、一致性以及制度不同所造成的研究结果差异，研究样本中不含海南、西藏、重庆（并入四川）、香港、澳门和台湾地区。本章选取 1998 ~ 2011 年全国其他 28 个省区市作为样本，相关指标数据主要由《中国统计年鉴》《中国劳动统计年鉴》和《中国农村统计年鉴》整理计算而得。为消除价格因素的影响，涉及价值形态的数据均用固定资产投资价格指数或居民消费价格指数进行平减化处理。

农村剩余劳动力转移量（labor）方面，参照赵德昭等（2012）的做法，用采掘、制造和建筑三个产业的职工人数总和减去相应的国有职工人数总和来表示农村剩余劳动力转移量。实际外商直接投资存量（afdi）方面，参照 Leonard 等（2000）的相关思路，首先利用以

1990 年为基期的固定资产投资价格指数平减化得到实际 FDI 流量（亿元），然后用永续盘存法得到实际 FDI 存量（提取的折旧率为 9.6%）。劳动力市场灵活性（flex）方面，借鉴 Eichhorst 等（2011）的研究思路，用“城镇单位雇用的农村劳动力占城镇单位就业人员的比重”来表征劳动力市场灵活性。农村剩余劳动力人力资本水平（hc）方面，本章用“各地区农村居民家庭劳动力受教育年限”作为替代指标，具体计算方法为：平均受教育年限 = 小学受教育比重 × 6 + 初中受教育比重 ×9 + 高中及中专受教育比重 ×12 + 大专及大专以上受教育比重 ×16。城乡实际收入差距（w_{gap}）方面，借鉴沈坤荣等（2007）的研究思路，首先用城镇居民家庭年人均总收入减去农村居民家庭年人均纯收入得到名义城乡收入差距，其次用以 1990 年为基期的居民消费价格指数平减化得到城乡实际收入差距。非农产业生产总值占 GDP 的比重（gdpr）方面，用“非农产业生产总值占 GDP 的比重”来反映非农劳动市场对劳动力的需求水平，其对农村剩余劳动力的转移就业具有极其重要的影响。城镇失业率（unempl）方面，城镇失业率及预期变动对农村剩余劳动力向城市转移就业的决策将产生重要影响，其可衡量农村剩余劳动力转移就业的难度或风险成本（见表 3 – 1）。

表 3 – 1　　各指标的描述性统计量（1998 ~ 2011 年）

变量	平均值	最大值	最小值	标准差	方差	变异系数
Lnlabor	4.4143	6.4037	1.3552	0.9166	0.8402	0.2077
Lnafdi	5.6378	8.9575	1.9039	1.5966	2.5492	0.2832
flex	0.1117	0.4384	0.0150	0.0866	0.0075	0.7758
Lnhc	2.0753	2.4135	1.5743	0.1226	0.0150	0.0591
Lnw_{gap}	8.0579	10.1056	6.8296	0.6192	0.3835	0.0768
gdpr	0.8616	0.9935	0.6850	0.0665	0.0044	0.0772
unempl	0.0356	0.0650	0.0000	0.0081	0.0001	0.2269

3.4　实证结果与分析

3.4.1　变量的平稳性检验

由于门槛回归模型要求模型中相关变量（尤其是门槛变量）为平稳变量，因此本章首先对变量进行平稳性检验。根据原假设的不同可将单位根检验分为同质面板单位根检验（LLC 检验，Breitung 检验）、异质面板单位根检验（IPS 检验，Fisher 检验）与不存在同质面板单位根检验（Hadri 检验）。本章选取 LLC 检验、Breitung 检验和 IPS 检验三种方法对各变量及其差分序列进行检验。从表 3－2 中可以看出，三种检验方法下各变量水平序列均呈现明显的不平稳，但各变量的一次差分序列均在 1% 的显著水平上呈现平稳性。

表 3－2　　主要变量的平稳性检验

变量	LLC 检验		Breitung 检验		IPS 检验	
	水平序列	一阶差分	水平序列	一阶差分	水平序列	一阶差分
Lnlabor	2.0794 (0.9812)	-6.3792*** (0.0000)	6.0014 (1.0000)	-6.5736*** (0.0000)	8.8650 (1.0000)	-5.4492*** (0.0000)
Lnafdi	2.6470 (0.9959)	-4.9100*** (0.0000)	11.6452 (1.0000)	-9.2367*** (0.0000)	11.8907 (1.0000)	-7.2809*** (0.0000)
flex	-0.3099 (0.3783)	-9.1927*** (0.0000)	8.0572 (1.0000)	-4.3801*** (0.0000)	8.9782 (1.0000)	-5.3064*** (0.0000)
Lnhc	-8.3827*** (0.0000)	-20.9663*** (0.0000)	0.5093 (0.6947)	-9.6840*** (0.0000)	-4.0708*** (0.0000)	-9.1172*** (0.0000)
Lnw_{gap}	13.3081 (1.0000)	-7.2278*** (0.0000)	11.3665 (1.0000)	-5.5641*** (0.0000)	17.7093 (1.0000)	-5.4600*** (0.0000)
gdpr	-8.6870*** (0.0000)	-10.5094*** (0.0000)	8.4982 (1.0000)	-6.0205*** (0.0000)	-3.1033*** (0.0010)	-7.4056*** (0.0000)
unempl	-5.5482*** (0.0000)	-3.9766*** (0.0000)	0.0456 (0.5182)	-4.3010*** (0.0000)	-5.0764*** (0.0000)	-6.8382*** (0.0000)

注：***、** 和 * 分别表示 1%、5% 和 10% 的显著性水平，采用 Schwarz 准则来确定滞后阶数，表中括号内数据为相应的 P 值。

3.4.2 门槛效果检验和门槛值估计

表3-3报告了以实际外商直接投资存量（Lnafdi）和城乡实际收入差距（Lnw_{gap}）为门槛变量的显著性检验。从表3-3中门槛效果的自抽样检验结果来看，单门槛效应在1%的显著性水平下都是显著的，双门槛效应在5%的显著水平下均显著，而三门槛效应则在10%的显著性水平下也不显著，因而本章采用双门槛面板模型进行计量分析。

表3-3　　　　门槛效果自抽样检验

	单门槛检验		双门槛检验		三门槛检验	
	实际FDI存量（Lnafdi）	城乡实际收入差距（Lnw_{gap}）	实际FDI存量（Lnafdi）	城乡实际收入差距（Lnw_{gap}）	实际FDI存量（Lnafdi）	城乡实际收入差距（Lnw_{gap}）
F值	15.7243***	20.2289***	5.1970**	20.1313***	3.4428	2.3951
P值	0.0020	0.0000	0.0290	0.0000	0.1579	0.1034
10%	2.9144	2.8614	2.5536	2.9825	4.8417	2.4396
5%	4.1597	3.7856	3.6849	3.9086	9.2134	3.8563
1%	7.4932	6.4836	5.7605	6.0476	9.4036	5.3575

注：***、**、*分别表示在1%、5%、10%的水平下显著；p值和临界值均是采用“自抽样法”（Bootstrap法）反复抽样1000次后得到的结果。

在门槛效果自抽样检验之后，还需要对双门槛模型的门槛值估计结果进行估计和检验。而以实际外商直接投资存量（Lnafdi）和城乡实际收入差距（Lnw_{gap}）为门槛变量，其各自的两个门槛值和置信区间列示于表3-4。借助图3-2和图3-3绘制的似然比函数图，可以更为清晰地理解门槛值估计和置信区间的构造过程。门槛参数的估计值是指似然比检验统计量LR为零时η的取值，两个门槛变量双重门槛模型中各自的第一个门槛值分别为4.2491（见图3-2）和

7.2756（见图 3－3），而各个门槛估计值的 95% 置信区间是所有 LR 值小于 5% 显著水平下的临界值 7.35（对应图中虚线）的 η 所构成的区间。同时，根据门槛变量的单一门槛模型、双门槛模型参数与其相应的似然值关系不难发现，当以实际外商直接投资存量（Lnafdi）为门槛变量时，门槛 1 估计值在［4.2196，4.4588］区间内和门槛 2 估计值在［6.8838，7.1021］区间内，似然比值小于 5% 显著性水平下的临界值。在原假设接受域内，即两个门槛值都与实际门槛值相等（$\eta_1=\eta_2$）。当以城乡实际收入差距（Lnw_{gap}）为门槛变量时，门槛 1 估计值在［7.1860，7.3836］区间内和门槛 2 估计值在［8.2912，8.3620］区间内，似然比值小于 5% 显著性水平下的临界值。在原假设接受域内，即两个门槛值都与实际门槛值相等（$\eta_1=\eta_2$）。

表 3－4　　门槛值估计结果

门槛值	估计值		95% 置信区间	
	实际 FDI 存量（Lnafdi）	城乡实际收入差距（Lnw_{gap}）	实际 FDI 存量（Lnafdi）	城乡实际收入差距（Lnw_{gap}）
第一个门槛值	4.2491	7.2756	[4.2196，4.4588]	[7.1860，7.3836]
第二个门槛值	6.9085	8.2959	[6.8838，7.1021]	[8.2912，8.3620]

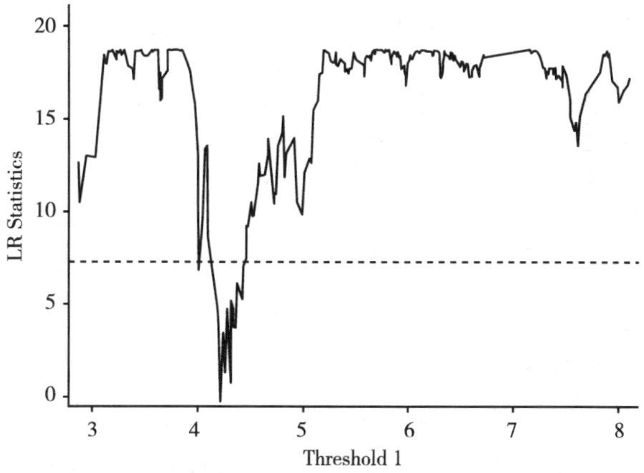

图 3－2　实际 FDI 存量（Lnafdi）的第一个门槛估计值和置信区间

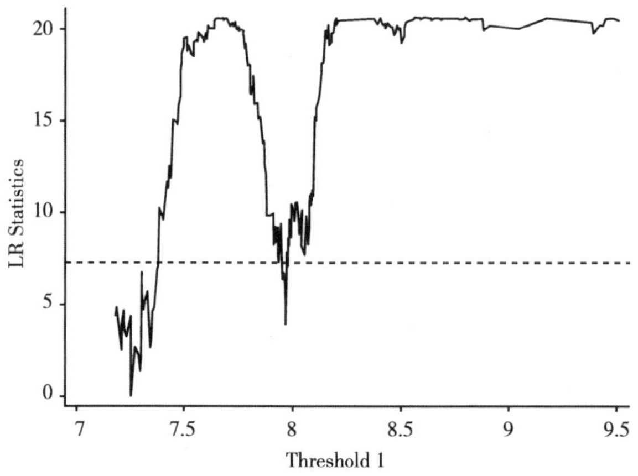

图 3－3　城乡实际收入差距（Lnw_{gap}）的第一个门槛估计值和置信区间

3.4.3　实证检验结果及分析

从表 3－5 和表 3－6 中的参数估计结果来看，在分别以实际外商直接投资存量（Lnafdi）和城乡实际收入差距（Lnw_{gap}）为门槛变量的双门槛模型五个控制变量中，劳动力市场灵活性、城乡实际收入差距和非农产业占 GDP 的比重对农村剩余劳动力转移均有着显著的正向促进作用。劳动力市场灵活性（flex）方面，劳动力市场灵活程度的提高不仅可以直接促进农村剩余劳动力在城乡间的迁移进程，而且其可以通过降低劳动力市场中的各种刚性（包括雇用和解雇成本），进而对农村剩余劳动力向城市非农产业的转移就业形成正向激励。城乡实际收入差距（w_{gap}）方面，由于农村剩余劳动力转移的目的是实现自身收益最大化，因而较高的人力资本报酬成为其转移就业的重要因素（吴忠民，2003；Lu et al.，2006；孙宁华等，2009），这与 Zhang 等（2005）的研究结论相吻合。非农产业生产总值占 GDP 比重（gdpr）方面，由于非农产业（特别是非国有经济）的发展产生大量的劳动力需求（吴忠民，2003），并日益成为吸纳农村剩余劳动力转移就业的重要力量，因而其系数为正合乎逻辑。

表 3－5　实际 FDI 存量（Lnafdi）条件下双门槛模型参数估计结果

变　量	估计系数	同方差设定估计		异方差设定估计	
		t－ols	标准误差	t－white	标准误差
flex	3.6028	13.0583***	0.2759	14.0515***	0.2564
Lnhc	0.2352	1.0358	0.2271	1.1952	0.1968
Lnw_{gap}	0.1011	3.4189***	0.0296	3.0756***	0.0329
gdpr	0.9594	1.8783*	0.5108	1.7474*	0.5490
unempl	－0.5661	－0.3268	1.7320	－0.4127	1.3715
Lnafdi I（Lnafdi≤4.2491）	0.1516	3.8855***	0.0390	3.4984***	0.0433
Lnafdi I（4.2491＜Lnafdi≤6.9085）	0.0794	2.4535**	0.0324	2.3089**	0.0344
Lnafdi I（Lnafdi＞6.9085）	0.0660	2.0612**	0.0320	1.9638**	0.0336
F 值	114.59***				
Within－R^2	0.7203				

注：***、**、*分别表示在 1%、5%、10%的水平下显著。t－ols 表示同方差设定下的 t 值，t－white 表示异方差设定下的 t 值，下表同。

表 3－6　城乡实际收入差距（Lnw_{gap}）条件下双门槛模型参数估计结果

变量	估计系数	同方差设定估计		异方差设定估计	
		t－ols	标准误差	t－white	标准误差
flex	3.3609	12.6368***	0.2660	10.9373***	0.3073
Lnhc	0.5203	2.3428**	0.2221	2.8145***	0.1848
Lnw_{gap}	0.1953	6.4467***	0.0303	5.9669***	0.0327
gdpr	0.9171	1.8979*	0.4832	1.8126*	0.506
unempl	－0.2246	－0.1253	1.7920	－0.1671	1.3441
Lnafdi I（Lnw_{gap}≤7.2756）	0.1102	3.4043***	0.0324	3.2394***	0.0340
Lnafdi I（7.2756＜Lnw_{gap}≤8.2959）	0.0723	2.3162**	0.0312	2.1211**	0.0341
Lnafdi I（Lnw_{gap}＞8.2959）	0.0477	1.5474	0.0308	1.3991	0.0341
F 值	124.05***				
Within－R^2	0.7360				

但值得注意的是，人力资本（hc）对农村剩余劳动力转移的正

向促进作用在实际外商直接投资存量（Lnafdi）为门槛变量时并不显著。这可能是由于，虽然在中国劳动力市场上各方对受教育程度的偏好要远高于成熟的市场经济，人力资本成为影响农村劳动力转移就业的重要促进因素（Zhao，1997；赵伟等，2007），但考虑到城乡二元结构和人口自愿性流动等因素，加之欠发达的中西部地区教育质量得不到切实保证，其真实的人力资本水平并不高。而且，劳动力市场多重分割使得劳动力在不同就业领域无法流动或流动受到限制，这造成人力资本特征对劳动力工资水平的决定性作用大幅降低，从而使名义人力资本水平并不一定能对农村剩余劳动力转移就业产生显著的积极影响。城镇失业率（unempl）方面，由于中国城乡劳动力市场上信息不对称的现象普遍存在，加之大多数农村剩余劳动力只能积累较少的社会资本，其人脉关系及获取真实就业信息的能力都较为欠缺，因此城镇失业率对其向城市转移决策的影响并不明显。

以实际外商直接投资存量（Lnafdi）为门槛变量的估计结果表明，FDI 对农村剩余劳动力转移的影响显著存在于 FDI 的双门槛效应，FDI 与农村剩余劳动力之间存在着显著的非线性关系。具体而言，在 FDI 流入的不同阶段其对农村剩余劳动力转移的影响存在显著差异：在 $Lnafdi \leq 4.2491$ 的阶段，FDI 对农村剩余劳动力转移就业的影响效应较高，其弹性系数高达 0.1516。在 $4.2491 < Lnafdi \leq 6.9085$ 的阶段，FDI 对农村剩余劳动力转移就业的影响效应有所降低，其弹性系数降至 0.0794。而在 $Lnafdi > 6.9085$ 的阶段，FDI 对农村剩余劳动力转移就业的影响效应进一步降低，其弹性系数降至 0.0660。总体来看，随着实际 FDI 存量的不断增加，FDI 对农村剩余劳动力转移的正向影响效应逐渐降低。这主要是因为：第一，在 FDI 流入的初级阶段，中国市场短缺程度严重且内资企业竞争力较弱，外商无须采用最先进技术提高劳动生产率便可轻易扩大市场占有率。此时，转移至中国的 FDI 产业主要分布在劳动密集型产业且企业的资本有机构成较低，其对低素质的农村剩余劳动力需求量较大。第二，随着 FDI 流入量逐渐增加以及内资企业竞争力的不断提高，外资企业之间、外资与内资企业之间的竞争日益加剧，为了抢占中国市场和提高其产品的市场占有率，外资企业选择利用技术进步来提高劳动生产率，其直接结果便是资本有机构成的逐步提高，这造成单位 FDI 对农村剩余劳动力的就业吸纳作用大幅降低（赵德昭等，2013）。同时，由于 FDI 企业与内资企业普遍存在竞争关系，内资企业的资本有机构成也会随着竞争程度的加剧而不断提高，这将造成对农村剩余劳动力需求的相对减少甚至绝对减少，而中国近年来的经济战略转型和产业结构优化升级在很大程度上又对上述现象的产生形成了“倒逼机制”。第三，在 FDI 流入的高级阶段，其将更多集中在资本、技术密集型行业，这会直接增加对特定熟练劳动力的需求并提高低素质农村剩余劳动力的“就业门槛”。而且，FDI 通过正向技术外溢促进内资企业技术水平的提高，内资企业对劳动力技能的要求将会增加。如果农村剩余劳动力人力资本积累的速度较慢，则其在城市再找到一份同样待遇的工作将会变得越来越难。

以城乡实际收入差距（Lnw_{gap}）为门槛变量的估计结果表明，FDI 对农村剩余劳动力转移的影响显著存在于城乡收入差距的双门槛效应，FDI 与农村剩余劳动力之间存在着显著的非线性关系。具体而言，在城乡收入差距的不同阶段 FDI 对农村剩余劳动力转移的影响存在显著差异：在 $Lnw_{gap} \leq 7.2756$ 的阶段，FDI 对农村剩余劳动力转移就业的影响效应较高，其弹性系数高达 0.1102。在 $7.2756 < Lnw_{gap} \leq 8.2959$ 的阶段，FDI 对农村剩余劳动力转移就业的影响效应有所降低，其弹性系数降至 0.0723。而在 $Lnw_{gap} > 8.2959$ 的阶段，FDI 对农村剩余劳动力转移就业的影响效应进一步降低，其弹性系数降至 0.0477 且并不显著。这主要是由于：第一，在城乡收入差距较小时，表明城市用工成本较低且农村剩余劳动力转移至城市的预期工资也较低，FDI 企业只需较低的工资成本和为农村剩余劳动力支付较少的工资溢价。此时，在中国进行投资的 FDI 多为成本导向型的劳动密集型企业，其对农村剩余劳动力需求较大且对劳动力素质要求较低，这是因为劳动密集型 FDI 产业集聚弱化了教育程度信号（Guido et al.，2002），加之外资企业为实施本土化战略往往选择多雇佣东道国劳动力，这在很大程度上降低了农村剩余劳动力的转移成本和增加其就业机会（许和连等，2013）。第二，在城乡收入差距扩大阶段，FDI 企业面临较高的用工成本且需向农村剩余劳动力支付较多的工资溢价，这迫使 FDI 企业不得不采用更多的资本技术来替代劳动力，从而形成对农村剩余劳动力转移就业的“挤出效应”。在此阶段，中国将逐渐失去长期以来吸引外资的关键因素——廉价的劳动力，部分劳动密集型 FDI 企业选择转移至显性劳动力成本更为低廉的越南、老挝等国家。同时，城市不断实行的“最低工资制度”在一定程度上起到推波助澜的作用，这将使中国面临着农村剩余劳动力挤压与劳动力成本优势丧失共存的尴尬局面。

3.4.4 不同分组变量下各省份空间分布的统计分析

表 3－7 报告了分别以门槛变量 Lnafdi 和因变量 Lnlabor 为分组变量的省份空间分布情况。以 Lnafdi 为分组变量的省份分布情况显示，实际外商直接投资存量最低（$Lnafdi \leqslant 4.2491$）的 5 个省份均分布在西部欠发达地区，实际外商直接投资存量最高（$Lnafdi > 6.9085$）的省份主要分布在东部沿海地区（河南和四川除外）。以因变量 Lnlabor 为分组变量的省份分布情况显示，农村剩余劳动力转移量最低的 5 个省份不仅均分布在西部地区，而且与实际外商直接投资存量最低的 5 个省份完全一致。农村剩余劳动力转移量最高的 11 个省份中，有 7 个省份来自发达的东部沿海地区。上述统计结果表明，FDI 与农村剩余劳动力转移在地域空间分布上基本保持一致，两者均呈现出从东部沿海到中西部内陆地区依次递减的阶梯状分布，在地理空间上则形成以东部沿海地区为中心的“核心—外围”格局。更为重要的是，以

上统计结果在很大程度上说明，虽然 FDI 是农村剩余劳动力转移的重要影响因素，但其对农村剩余劳动力转移的影响存在明显的分阶段非线性关系和“门槛效应”特征。

表 3-7　不同分组变量下 2011 年各省份数据分布统计

分组变量	省份
以门槛变量 Lnafdi 为分组变量	
Lnafdi≤4.2491	贵州、甘肃、青海、宁夏、新疆
4.2491 < Lnafdi≤6.9085	河北、山西、内蒙古、吉林、黑龙江、安徽、江西、湖北、湖南、广西、云南、陕西
Lnafdi > 6.9085	北京、天津、辽宁、上海、江苏、浙江、福建、山东、河南、广东、四川
以因变量 Lnlabor 为分组变量	
转移量第 24～28 位	贵州、甘肃、青海、宁夏、新疆
转移量第 12～23 位	河北、北京、天津、安徽、山西、江西、云南、黑龙江、广西、陕西、吉林、内蒙古
转移量第 1～11 位	辽宁、上海、江苏、浙江、福建、山东、河南、湖北、湖南、广东、四川

3.5　本章小结

外商直接投资对农村剩余劳动力转移的理论影响机制是什么？其对农村剩余劳动力转移的影响存在门槛效应吗？门槛变量和具体门槛值是什么？对上述问题的回答构成本章的研究主题。本章在充分考虑不同省份社会经济发展差异的基础上，借鉴以门槛回归技术为代表的非线性计量经济学理论，采用中国 1998～2011 年的省级面板数据构建“门槛效应”面板模型，以实际外商直接投资存量和城乡实际收入差距为门槛变量，对 FDI 影响农村剩余劳动力转移的门槛效应进行深入的实证研究。研究结论表明，FDI 对农村剩余劳动力转移的影响显著存在于实际外商直接投资存量和城乡实际收入差距的双门槛效应，FDI与农村剩余劳动力转移之间存在显著的非线性关系。而且，随着门槛值的不断增加，FDI对农村剩余劳动力转移的正向影响效应均呈现逐渐递减的趋势。同时，劳动力市场灵活性、城乡实际收入差距和非农产业占GDP的比重对农村剩余劳动力转移均有着显著的正向促进作用，人力资本的影响效应在两种门槛条件下存在差异，而城镇失业率的影响效应并不显著。不同分组变量下各省份空间分布的统计分析结果表明，FDI与农村剩余劳动力转移在地域空间分布上基本保持一致，两者均呈现出从东部沿海到中西部内陆地区依次递减的阶梯状分布，在地理空间上则形成以东部沿海地区为中心的“核心—外围”格局，但FDI对农村剩余劳动力转移的影响存在明显的分阶段非线性关系和“门槛效应”特征。

有鉴于此，本章创新性地提出农村剩余劳动力转移的“三阶段论”：第一阶段是转移就业，也是城镇化的初级阶段，这种以“候鸟型迁移”为主要特征的转移就业主要依靠FDI、内资民营企业等市场力量推动；第二阶段是迁移定居，完成农村剩余劳动力从农村向城市的空间转换，这主要依靠户籍制度、劳动力市场制度和土地流转制度等相关改革实现；第三阶段是身份转变，即以完成农民工向市民身份转变为主要内容的农民工市民化，这也是新型城镇化的关键所在，这需要借助财政体制、医疗卫生和社会保障制度改革等实现基本公共服务均等化，从而在包容性增长框架下让农民工尽快融入企业、社区和学校等。

外商直接投资与农村剩余劳动力转移

Chapter 4

第4章　FDI、空间集聚与农村剩余劳动力转移

4.1 引言

通过第3章的研究，可以发现FDI与农村剩余劳动力转移在地域空间分布上基本保持一致，两者均呈现出从东部沿海到中西部内陆地区依次递减的阶梯状分布，在地理空间上则形成以东部沿海地区为中心的“核心—外围”格局。而在开放经济背景下，中国农村剩余劳动力向非农产业的转移就业及就业空间分布的不平衡性，均与FDI流入及其在中国区域分布的巨大差异有着十分密切的关系（朱金生，2005）。虽然上述研究没有直接实证检验FDI影响农村剩余劳动力转移过程中空间集聚或空间溢出效应的大小，但其至少说明在研究中国这样一个幅员辽阔、地区差异明显且人口众多的“不均质大国”的劳动力流动问题时，若不考虑省域之间的空间联系将不可避免造成研究结论的偏差。

长期以来，FDI与劳动力就业的关系成为社会关注和学者研究的焦点问题。但已有研究文献大多建立在双边框架基础之上（Anderson et al.，2003），即假定各地区之间相互独立而缺乏关联，并未考虑各地区农村剩余劳动力转移的空间相关性。代表性的文献如Borensz-teina等（1998）采用69个发展中国家数据进行实证研究发现，FDI对促进东道国就业有积极影响。郭克莎（2000）的研究结果表明，FDI与国内投资存在竞争关系，外资企业通过竞争效应将导致内资企业就业吸纳能力的相对减少甚至是绝对减少。赵德昭等（2012）的研究发现，FDI产业在东部沿海地区的集聚将带来更多的就业机会和工资升高的潜在可能性，从而对农村剩余劳动力跨区域转移产生正向的促进作用。随着研究的不断深入，FDI区位分布及其导致的区域就业差异激发了诸多学者的研究兴趣。代表性的文献如Chan等（1999）的研究结果表明，外商直接投资对沿海地区就业的正向效应较大，而对内陆地区的就业效应不明显。Edward 等（2001）认为，中国 20 世纪 90 年代后期 FDI 投资倾向集聚在市场和资金更加丰裕的沿海省市，这使劳动力数量和质量上的地区分布不平衡程度加剧。朱金生（2005）通过泰尔指数分解发现，区域间 FDI 差异与区域间的就业差异有密切的联系，区域间 FDI 的差异导致了区域间的就业差异。郑月明等（2008）认为，FDI 流入的区域不平衡性对就业产生的区域差异影响越来越显著，FDI 对东部地区就业具有显著的负向影响，而其对中西部地区就业的效果不明显。许和连等（2013）认为，FDI 流入提高了农村剩余劳动力的边际收益和改变高、低素质剩余劳动力供给量，东部地区 FDI 的就业吸纳作用要明显大于中西部地区。

随着研究的进一步深入，Krugman 等（1991）开创的新经济地理学理论（NEG）为研究农村剩余劳动力转移空间关联性提供了新的视角，其与哈里斯—托达罗模型的最大区别就是将劳动力转移内生化到经济集聚机制中。随着新地理经济学理论的不断发展，大量的研究文献开始尝试使用不同的方法将地理、区位等因素纳入分析框架，对区域内部各个地区间的空间关联性及要素的区位分布进行统计分析。在此基础上，将空间效应与传统的计量经济模型相结合就形成了新的空间计量模型，代表性的实证研究文献如刘修岩（2007）、孙军（2009）、Bagoulla 等（2011）等。Crozet（2004）的研究发现，五个欧盟国家（英国、德国、西班牙、意大利、荷兰）的劳动力转移中均存在明显的前向联系，Paluzie 等（2009）的研究也证实西班牙各地区劳动力转移过程中前向联系的存在。虽然上述研究证实了劳动力转移过程中的空间关联显著存在，但其对农村剩余劳动力转移空间关联性的传导机制及其影响因素的分析尚不多见。而大量的理论与实证研究亦证明，中国 FDI 区位分布具有明显的非均衡和“结块效应”特征（何兴强等，2008），若不考虑 FDI 集聚对农村剩余劳动力空间流动的影响效应，则难以真正反映农村剩余劳动力转移空间分布的变化情况与传导机制。因此，在研究 FDI 对农村剩余劳动力转移影响的空间效应时，不仅应考虑各省自身的经济、社会及地理等因素，更应重视周边省份上述因素的交叉影响（Ledyaeva，2009）。有鉴于此，本章从新经济地理学空间视角出发，对 FDI 集聚影响农村剩余劳动力转移的空间效应进行详细的实证研究与阐释，从而为完善中国农村剩余劳动力转移和新型城镇化建设相关理论做出有益的探索和尝试。

本章的主要贡献在于：第一，基于二元劳动力市场分割的现实背景，系统构建包含 FDI 和农村剩余劳动力在内的理论分析框架。同时，建立空间计量模型进行实证检验，科学阐释了 FDI 影响农村剩余劳动力转移的空间效应，这为研究农村剩余劳动力跨区域流动提供了更为广阔的思路。第二，基于中国的大国经济特征，创造性地提出了新型城镇化推进的“大国雁阵模式”，并系统论述新型城镇化建设的“三圈一体”战略，这为经济转型背景下快速推进新型城镇化提供了崭新思路。

4.2 理论分析框架及空间计量模型的建立

4.2.1 理论分析框架

中国农村剩余劳动力非农就业的过程，其实质就是劳动力与资本相互匹配或替代的过程。因此，理论分析框架不仅要明确体现 FDI 对农村剩余劳动力转移的影响机制，更应充分挖掘其他重要的影响因素和变量。以 Krugman 等（1991）为代表的新经济地理学研究文献，在规模报酬递增和不完全竞争假设的基础上，吸收城市经济学和区域经济学等有关空间经济思想，将劳动力转移内生化到经济集聚机制中。但由于其不能深入刻画 FDI 与农村剩余劳动力转移的内在影响机制，本章将首先建立传统的理论分析框架探讨两者的深层次关联，其次建立空间计量模型对 FDI 影响农村剩余劳动力转移的空间效应进行实证检验。借鉴 Andreas 等（2009）的相关研究思路，采用 CES 生产函数建立相关理论分析框架。在开放经济条件下，代表性劳动密集型厂商的弹性生产函数为：

$$Y = A \cdot [\delta_1 \cdot (FDI)^{-\rho} + \delta_2 \cdot K^{-\rho} + \delta_3 \cdot L^{-\rho}]^{-\frac{m}{\rho}} \tag{4.1}$$

其中，δ_1、δ_2 和 δ_3 为份额参数，FDI 为外商直接投资额，K 为国内资本投资额，L 为农村剩余劳动力就业量①。A 为全要素生产率，是广义技术进步的反映，满足 $A>0$。ρ 为替代参数，取值范围为 $-1<\rho<\infty$，m 为规模报酬参数。假定 FDI 和国内资本均享有相同的利率水平 r，劳动力工资水平为 w，则代表性劳动密集型厂商的利润函数为：

$$\pi = A \cdot [\delta_1 \cdot (FDI)^{-\rho} + \delta_2 \cdot K^{-\rho} + \delta_3 \cdot L^{-\rho}]^{-\frac{m}{\rho}} - r \cdot (FDI + K) - W \cdot L \tag{4.2}$$

根据净产出最大化的原则，令利润函数对 FDI、K 和 L 的一阶偏导等于 0，则可进一步得出 FDI、K 和 L 的等式关系：

$$FDI = \left(\frac{\delta_1 \cdot w}{\delta_3 \cdot r}\right)^{-\rho-1} \cdot L \tag{4.3}$$

$$K = \left(\frac{\delta_2 \cdot w}{\delta_3 \cdot r}\right)^{-\rho-1} \cdot L \tag{4.4}$$

将式（4.3）和式（4.4）代入式（4.1），整理可得：

$$Y = A \cdot \left[\frac{\delta_3}{w} \cdot L^{-\rho} \cdot (2r + w)\right]^{-\frac{m}{\rho}} \tag{4.5}$$

考虑到 FDI 的持续流入会通过技术外溢渠道对农村剩余劳动生产率产生重要影响，并进而影响农村剩余劳动力的总体就业水平。因此，令技术进步为 FDI 的非线性函数，则有：

$$A = B \cdot (FDI)^{\varphi} \tag{4.6}$$

① 基于现阶段中国的现实国情，在劳动密集型产业工作的大多是非熟练的农村剩余劳动力。为分析简便，将生产函数中的 L 近似理解为农村剩余劳动力的转移就业量。

其中，φ为 FDI 的技术外溢参数，将式（4.6）代入式（4.5）可得：

$$Y = B \cdot (FDI)^{\varphi} \cdot \left[\frac{\delta_3}{w} \cdot L^{-\rho} \cdot (2r + w)\right]^{-\frac{m}{\rho}} \tag{4.7}$$

将式（4.7）两边同时取对数并变换形式，可得劳动力就业的线性函数为：

$$\ln L = \frac{1}{m}\ln Y - \frac{\varphi}{m}\ln FDI + \frac{1}{\rho}\ln\left(\frac{2r}{w} + 1\right) + \rho\ln\delta_3 - \frac{1}{m}\ln B \tag{4.8}$$

式（4.8）反映了 FDI 流入、经济发展、工资水平等与农村剩余劳动力转移就业具有密切关联，而为了更好地反映经济发展水平对农村剩余劳动力转移就业的影响效应，在进行实证研究时采用“非农产业占 GDP 的比重”作为其替代指标。同时，本章还将劳动力市场灵活性、城镇失业率等其他重要因素作为控制变量纳入空间计量经济模型。

4.2.2 空间计量模型的建立

传统的计量经济模型仅衡量了转入地 FDI 流入、工资水平等对农村剩余劳动力转移的影响效应，而没有考虑周边地区相关要素对本地区农村剩余劳动力转移的空间关联。空间计量模型与一般计量模型的不同之处就在于其在模型中引入了空间效应，通常所说的“空间效应”包括空间自相关（或空间依赖性）和空间差异性两个方面。在空间计量模型中，主要研究的是“空间自相关性”，其既可以体现在误差项中又可以体现在因变量的滞后项里（魏浩等，2011）。借鉴 Anselin（1988）的相关研究思路，根据观测值空间相关性的不同冲击方式分别设置空间滞后模型（spatial lag model，SLM）和空间误差模型（spatial error model，SEM）来全面考察 FDI 集聚对农村剩余劳动力转移的空间影响效应。

空间滞后模型（SLM）的基本形式为：

$$Lnlabor_{i,t} = \alpha_0 + \beta_1 Lnafdi_{i,t} + \beta_2 flex_{i,t} + \beta_3 Lnw_{gap_{i,t}} + \beta_4 gdpr_{i,t} + \beta_5 unempl_{i,t} + \rho W Lnlabor_{i,t} + \mu_{i,t} \tag{4.9}$$

空间误差模型（SEM）的基本形式为：

$$Lnlabor_{i,t} = \alpha_0 + \beta_1 Lnafdi_{i,t} + \beta_2 flex_{i,t} + \beta_3 Lnw_{gap_{i,t}} + \beta_4 gdpr_{i,t} + \beta_5 unempl_{i,t} + \varepsilon_{i,t} \tag{4.10}$$

其中，i 和 t 分别表示时间和截面样本个体，β 表示解释变量的系数向量，W 为空间权重矩阵，α_0 表示截距项，$\mu_{i,t}$为服从正态分布的随机误差项，满足 $\mu_{i,t} \sim (0,\sigma^2 I)$。ρ 为空间滞后系数，度量周边省份的农村剩余劳动力转移量加权和对本省农村剩余劳动力转移的影响程度，其满足 $-1<\rho<1$。$\varepsilon_{i,t}$为随机误差项，且其满足 $\varepsilon_{i,t} = \lambda W \varepsilon_{i,t} + \mu_{i,t}$。λ 为空间误差系数，同样也反映了空间效应的大小，但其反映的是周围省份不可测因素影响本省农村剩余劳动力转移的程度，其满足 $-1<\lambda<1$。在空间权重矩阵的建立方面，由于空间面板计量方法将面板数据与空间特征相结合，因此 W 是一个 NT × NT 的空间权重矩阵。W 中的非对角元素全部为 0，对角线上的每个元素 W_n(30 × 30)是某一年的空间权重矩阵，其元素 $w_{i,j}$定义了省份之间的空间联系，若两个省份在地理上是相邻的，则 $w_{i,j}=1$，否则 $w_{i,j}=0$。省份的空间邻接关系具有时间不变性，即 $W_{1996} = W_{2002} = \cdots\cdots = W_{2011}$。

$$W = \begin{bmatrix} W_{1996} & 0 & \Lambda & 0 \\ 0 & W_{2002} & \Lambda & 0 \\ \Lambda & \Lambda & \Lambda & \Lambda \\ 0 & 0 & \Lambda & W_{2011} \end{bmatrix}, \quad W_n = \begin{bmatrix} w_{1,1} & w_{1,2} & \Lambda & w_{1,30} \\ w_{2,1} & w_{2,2} & \Lambda & w_{2,30} \\ \Lambda & \Lambda & \Lambda & \Lambda \\ w_{30,1} & w_{30,2} & \Lambda & w_{30,30} \end{bmatrix} \tag{4.11}$$

4.2.3 数据来源、变量选取及参数估计方法

在省域研究样本的选取上，考虑到数据的可得性以及制度不同所

造成的研究结果差异，研究样本中不含香港、澳门和台湾地区。本章选取1996~2011年全国其他30个省区市（重庆市并入四川省）作为样本，相关指标数据主要由《中国统计年鉴》《中国劳动统计年鉴》和《新中国六十年资料汇编》整理计算而得。为消除价格因素的影响，涉及价值形态的数据均用固定资产投资价格指数或居民消费价格指数进行平减化处理（以1990年为基期）。在用永续盘存法计算实际外商直接投资存量时，提取的折旧率为9.6%。

农村剩余劳动力转移量（labor）方面，参照赵德昭等（2012）的做法，用采掘、制造和建筑三个产业的职工人数总和减去相应的国有职工人数总和来表示农村剩余劳动力转移量。外商直接投资存量（afdi）方面，参照Leonard等（2000）的相关思路，首先利用以1990年为基期的固定资产投资价格指数平减化得到实际FDI流量（亿元），其次用永续盘存法得到实际FDI存量。劳动力市场灵活性（flex）方面，借鉴Eichhorst等（2011）等的研究思路，用“城镇单位雇用的农村劳动力占城镇单位就业人员的比重”来表征劳动力市场灵活性。城乡实际收入差距（w_{gap}）方面，借鉴沈坤荣等（2007）等的研究思路，首先用城镇居民家庭年人均总收入减去农村居民家庭年人均纯收入得到名义城乡收入差距，其次用以1990年为基期的居民消费价格指数平减化得到城乡实际收入差距。非农产业生产总值占GDP的比重（gdpr）方面，用“非农产业生产总值占GDP的比重”来反映非农劳动市场对劳动力的需求水平，其对农村剩余劳动力的转移就业具有极其重要的影响。城镇失业率（unempl）方面，城镇失业率及预期变动对农村剩余劳动力向城市转移就业的决策将产生重要影响，其可以衡量农村剩余劳动力向城市转移就业的难度或风险成本。

在空间滞后模型（SLM）和空间误差模型（SEM）的参数估计方面，最小二乘法不适合估计空间计量经济模型，这是因为在模型包含空间滞后误差项的情况下，虽然OLS估计量是无偏的但已不再有效（魏浩等，2011）。更为重要的是，在模型包含空间滞后被解释变量的情况下，OLS 估计量不仅是有偏的而且是非一致的。为解决上述问题，本章借鉴 Elhorst（2003）提出的极大似然法（ML）来估计空间计量模型的参数，这不仅可以有效克服因内生性问题而产生的估计偏误（Blonigen et al.，2007），而且可以科学地反映各省份农村剩余劳动力转移之间的空间关联性，并准确度量"第三方"因素对本省农村剩余劳动力转移的影响效应。在具体操作方面，本章主要采用 Matlab 软件和 Spatial econometric 模块对空间滞后模型（SLM）和空间误差模型（SEM）的相关参数进行回归估计。

4.3　空间计量模型回归结果及分析

4.3.1　FDI 影响农村剩余劳动力转移的全样本空间效应检验

通过对 1996～2011 年的变量数据进行检验可知（见表 4－1），Moran'I 指数值为 0.4525，相应 P 值为 0.0000，这表明各省区市农村剩余劳动力转移及其影响因素之间存在显著的空间效应。由于实证检验仅针对全国 30 个省区市，因而固定效应模型是更好的选择（何江等，2006）。根据固定效应对空间和时间两类非观测效应的不同控制，可以分为无固定效应（nonF）、空间固定效应（sF）、时间固定效应（tF）、空间时间固定效应（stF）四种类型。同时，通过 Lmsar 和 Lmerr 统计量来检验空间滞后模型（SLM）和空间误差模型（SEM）的适用性①，考虑到上述两种统计检验都是针对截面数据所提出的，将其直接用于面板数据将导致结果偏差。因此，采用克罗内克积计算分块对角矩阵 $C = I_T \otimes W$ 代替原有截面统计量计算公式中的

① 借鉴 Anselin（1988）的研究思路，通过 Moran'I 指数来验证是否存在显著的空间效应，并采用 Lmsar 和 Lmerr 统计量来检验空间滞后模型（SLM）和空间误差模型（SEM）的适用性。

表 4－1　FDI 对农村剩余劳动力转移影响的全样本空间计量结果

自变量	SLM				SEM			
	nonF	sF	tF	stF	nonF	sF	tF	stF
constant	3.0616 *** (7.3216)				3.6277 *** (11.0034)			
Lnafdi	0.4098 *** (13.7891)	0.4104 *** (13.7261)	0.4245 *** (19.5768)	0.4317 *** (19.8646)	0.3443 *** (10.1903)	0.3254 *** (9.3809)	0.5355 *** (23.5207)	0.5798 *** (25.5517)
flex	1.3899 *** (4.5848)	1.3865 *** (4.4463)	1.1399 *** (3.7249)	1.2713 *** (4.0679)	2.4796 *** (7.1491)	2.5369 *** (7.1774)	1.4678 *** (3.9108)	1.7044 *** (4.5252)
Lnw_{gap}	0.0013 (0.0312)	0.0084 (0.1892)	0.0435 (0.7142)	0.1267 ** (2.0595)	0.0138 (0.4231)	0.2181 *** (5.5152)	0.1748 *** (2.7298)	0.3793 *** (5.9487)
gdpr	2.1366 *** (5.6173)	2.1198 *** (5.5426)	1.6627 *** (5.2498)	1.5702 *** (5.0772)	1.4723 *** (2.9326)	1.1519 ** (2.2561)	2.0988 *** (5.5138)	2.1346 *** (5.7593)
unempl	−3.2952 * (−1.4972)	−3.0542 (−1.3695)	−0.9296 (−0.4020)	−2.2119 (−0.9455)	−2.5257 (−1.3659)	−2.2464 *** (−2.2239)	−3.1002 (−1.2223)	−6.0230 ** (−2.3896)
ρ	0.1909 *** (3.7533)	0.1889 *** (3.6771)	0.2019 *** (5.4816)	0.2060 *** (5.6268)				
λ					0.8339 *** (38.7115)	0.8499 *** (42.5685)	0.6050 *** (15.4197)	0.6449 *** (17.6062)

续表

自变量	SLM				SEM			
	nonF	sF	tF	stF	nonF	sF	tF	stF
R^2	0.8119	0.8149	0.7489	0.7590	0.9254	0.9294	0.7841	0.8012
$Adj-R^2$	0.8093	0.8002	0.7365	0.7300	0.9245	0.9240	0.7740	0.7779
Log L	-226.3552	-222.6645	-331.3383	-326.9836	-74.9048	-65.9202	-279.5946	-265.2046
Obs	480	480	480	480	480	480	480	480
空间相关性检验								
Moran		0.4525		Marginal Probability		0.0000		
Lmsar		203.1367		Marginal Probability		0.0000		
Lmerr		163.6589		Marginal Probability		0.0000		

注：***、** 和 * 分别表示 1%、5% 和 10% 的显著性水平，以下表同。

空间权重矩阵 W，将 T 维单位时间矩阵 I_T 纳入空间模型（何江等，2006）。检验结果显示，Lmsar 值为 203.1367（P 值为 0.0000），Lmerr 值为 163.6589（P 值为 0.0000），所以本章同时采用空间滞后固定效应和空间误差固定效应模型进行回归分析。

根据 Anselin 等（1996）提出的模型判别准则，由于 SEM 模型中的 Log - L 和 Adj - R^2 值明显优于 SLM 模型，因而 SEM 模型对样本的解释力度更强。同时，从估计系数的显著性水平和模型的拟合优度来看，SEM 模型中的空间固定效应（sF）模型均是更优选择。这可能是由于，一方面，本章选取的面板数据时间序列的个数（16 个）小于截面个体的数量（30 个），此种“短面板”的数据中不同截面个体的效应更为明显。另一方面，从中国农村剩余劳动力转移的现实情况来看，不同省份之间的横截面差异效应相对于时间序列变化所引起的差异效应来说更为突出。同时，表 4 - 1 的估计结果显示，空间误差系数 λ 的估计值显著为正且在 1% 的显著性水平下通过检验，这意味着中国各省份农村剩余劳动力转移存在明显的空间依赖特征，周边省份对本省存在正向的空间溢出效应。如果周边省份农村剩余劳动力转移数量较多，则本省份农村剩余劳动力转移数量也较多，反之亦然。从中国的现实国情来看，东部沿海（尤其是长三角和珠三角地区）形成了农村剩余劳动力转移的高—高集聚区域，而在西部边疆地区形成了低—低集聚区域，“马太效应”十分明显。

Lnafdi 的估计系数为正，说明 FDI 对中国农村剩余劳动力转移具有显著的正向促进作用，这与赵德昭等（2013）的研究结论相一致。作为一种典型的外部资本流入形式，FDI 在中国经济发展和解决就业中的重要作用毋庸置疑。由于流入中国的 FDI 主要集中在以制造业为主的第二产业和以服务业为主的第三产业，上述产业均属于劳动密集型行业且对劳动力素质要求较低，因而成为农村剩余劳动力转移就业的首要选择。加之改革开放以来中国积极承接劳动密集型国际产业转移并大力发展“两头在外”的加工贸易，FDI 流入所带来的充裕资金和先进技术促进了加工贸易的发展和制造业出口规模的扩大，外资企业日益成为吸纳农村剩余劳动力转移就业的重要力量（赵德昭等，2012）。而且，在新的全球分工体系中，外资企业和内资企业之间广泛开展竞争与合作，外资企业通过竞争效应、技术外溢效应和产业关联效应为内资企业带来先进的技术，这些综合作用于中国经济增长和劳动密集型产业的发展壮大，最终引起就业机会增加和农村剩余劳动力转移速度加快。

进一步考察其他结构性误差冲击对农村剩余劳动力转移的影响效应。flex 的估计系数为正，且在 1% 的显著性水平下通过假设检验。自 20 世纪 90 年代中期以来，农村剩余劳动力转移和城市经济的重组导致了劳动力市场非正规化加剧的局面。随着经济吸纳就业的能力在不断增强，劳动力市场供求关系也面临着转变。劳动力市场灵活性的增强，可以使劳动力市场保持竞争性并使农村剩余劳动力有机会获得更高福利，而积极的就业政策和稳定和谐劳动关系也有利于降低劳动力市场中的各种刚性（包括雇用和解雇成本），农村剩余劳动力转移的进程也大幅加快。Lnw_{gap} 的系数为正符合逻辑，这是因为农村剩余劳动力正是在工资信号的引导下转移至非农产业就业（王德文等，2008）。大量的理论与实证研究亦证明，城市较高的人力资本工资是诱发农村劳动力向城市迁移的重要因素（Zhang et al.，2005）。

gdpr 的估计系数为正，且在 5% 的显著性水平下通过假设检验。配第—克拉克定理认为，随着社会经济的不断发展，第一产业的就业比重将逐渐下降，第二、第三产业的就业比重将持续上升，库兹涅茨的多国统计和钱纳里的多国模型的实证研究则证明了配第—克拉克定律的实际存在。农村剩余劳动力向非农产业转移产生的动因是“劳动力套利”，其实质上是以劳动力为基础的农业部门和非农产业部门的生产要素贸易，这也是市场经济条件下劳动力资源优化配置的结果。由此可见，非农产业规模的不断扩大将对农村剩余劳动力转移形成正向的促进作用，其已成为吸纳中国农村剩余劳动力转移就业不可忽视的重要力量。unempl 的估计系数显著为负，这主要是因为，对于大量非熟练的农村剩余劳动力而言，因生存压力产生的“生存理性选择”是其向城市转移的最根本动因（赵德昭等，2012），其对失业的敏感程度较高且很难承受长时间找不到工作的机会成本。较高的城镇失业率极大降低了农村剩余劳动力向城市转移的期望工资和预期收益，转移激励的大幅下降对其转移就业将产生显著的负向影响，这可在“沮丧工人”假说（Paul Flaim，1984）中得到印证。

4.3.2 FDI影响农村剩余劳动力转移的分地区样本空间效应检验

根据中国农村剩余劳动力转移的路径特征以及区域劳动力市场发育的现状，将整体样本分为东部和中西部地区[①]进行进一步的详细考察。从分地区样本变量的空间相关性检验结果可知，东部地区和中西部地区 Moran'I 指数值分别为 0.6811 和 0.5107，且均在 1% 的显著性水平下通过假设检验，这说明东部地区和中西部地区各省份农村剩余劳动力转移及其影响因素之间均存在显著的空间自相关关系。而从 Lmsar 和 Lmerr 统计量的检验结果来看，空间滞后模型（SLM）和空间误差模型（SEM）都能较好地解释数据和模型，即农村剩余劳动力转移的空间效应既可以通过模型所选取的自变量来传递，也可以通过误差项的随机冲击来传递。从 SLM 的估计结果来看，东部地区的

① 东部地区包括北京、天津、河北、辽宁、山东、江苏、浙江、上海、福建、海南、广东和广西共 12 个省市（自治区），中西部地区包括黑龙江、吉林、河南、安徽、湖北、湖南、江西、内蒙古、山西、陕西、甘肃、宁夏、四川、贵州、云南、青海、西藏和新疆共 18 个省市（自治区）。

空间滞后系数 ρ 仅在 10% 的显著性水平下通过假设检验，而中西部地区的空间滞后系数 ρ 则在 1% 的显著性水平下通过假设检验，这说明中西部地区农村剩余劳动力转移的空间集聚效应要强于东部地区。从 SEM 的估计结果来看，东部和中西部地区空间误差系数 λ 的估计值显著为正且在 1% 的显著性水平下通过检验，这说明上述地区周边省份对本省份均存在明显的空间溢出效应。从 Log - L 和 Adj - R^2 值进行判别可发现，SEM 模型明显优于 SLM 模型且对样本解释力度更强（见表 4 - 2）。

Lnafdi 的估计系数显著为正，但东部地区的估计系数要大于中西部地区。这主要是因为，首先，改革开放初期，东部沿海地区的劳动力成本低廉且具有先天的交通区位优势，大量劳动力密集型的加工装配业、制造业从香港转移到珠江三角洲地区，使粤港地区形成“前店后厂”的集聚格局。根据马歇尔产业集聚效应的阐释，FDI 产业在东部沿海的集聚所带来共享的劳动力市场也必将创造更多的就业机会，因此东部地区农村剩余劳动力转移就业的速度要大于中西部地区。其次，现阶段在东部地区就业的农民工大多已成长为熟练劳动力，虽然其名义工资要高于中西部地区的农村剩余劳动力，但若将劳动力的生产效率考虑在内，东部地区劳动力的相对工资水平并不高于甚至低于中西部地区，这就导致了大部分成本导向型的劳动密集型 FDI 产业仍然选择在东部沿海地区进行投资，东部地区 FDI 产业在向中西部地区进行产业转移时的“粘滞效应”可以在一定程度上解释上述现象。最后，由于新中国成立初期国家发展战略的区域差异，中西部地区目前仍属于偏资本密集型的工业结构（江霈等，2008）。随着中西部地区农村剩余劳动力无限供给的特征被不断弱化，劳动边际报酬增加而资本边际报酬逐渐降低，这将进一步抑制劳动密集型 FDI 产业资本向中西部地区的梯度转移，从而使 FDI 对农村剩余劳动力转移的吸纳作用低于东部地区（见表 4 - 3）。

表 4-2　分地区样本的空间滞后模型（SLM）估计结果

自变量	东部地区				中西部地区			
	nonF	sF	tF	stF	nonF	sF	tF	stF
constant	2.9328 *** (5.3574)				3.2869 *** (6.0138)			
Lnafdi	0.5037 *** (10.3545)	0.5082 *** (10.4085)	0.5636 *** (12.1168)	0.5660 *** (12.1754)	0.4741 *** (12.4557)	0.4754 *** (12.6152)	0.5036 *** (16.9442)	0.5016 *** (17.1021)
flex	2.2401 *** (6.0031)	2.2186 *** (5.9714)	2.2619 *** (5.8021)	2.2451 *** (5.7627)	1.4069 ** (2.4679)	1.0030 * (1.7385)	1.2386 ** (2.1605)	0.9029 (1.5493)
Lnw_{gap}	-0.1690 *** (-2.8631)	-0.1666 *** (-2.8379)	-0.2465 *** (-2.7287)	-0.2409 *** (-2.6698)	0.0095 (0.1488)	0.0373 (0.5888)	0.1375 * (1.6093)	0.1116 (1.3237)
gdpr	-1.0477 *** (-2.2402)	-1.1021 ** (-2.3542)	-0.8920 * (-1.7251)	-0.9401 * (-1.8144)	2.2901 *** (3.7201)	2.3802 *** (3.9324)	1.1627 ** (2.0089)	1.2965 ** (2.2564)
unempl	-1.1614 (0.4397)	-0.8226 (0.3096)	-7.0992 ** (2.3506)	-6.9227 *** (2.2796)	-11.6015 *** (-3.4088)	-12.8159 *** (3.7353)	-11.3769 *** (-3.1639)	-12.6519 *** (3.4668)
ρ	0.0950 (1.5538)	0.0940 (1.5381)	0.1119 * (1.9163)	0.1109 * (1.9008)	0.1680 *** (2.7950)	0.1699 *** (2.8532)	0.1890 *** (4.2643)	0.1950 *** (4.4592)
R^2	0.7323	0.7367	0.6005	0.6043	0.7659	0.7772	0.6979	0.7118

续表

自变量	东部地区				中西部地区			
	nonF	sF	tF	stF	nonF	sF	tF	stF
Adj - R^2	0. 7228	0. 7102	0. 5460	0. 5191	0. 7606	0. 7575	0. 6725	0. 6662
Log L	-60. 3949	-58. 9128	-104. 1462	-103. 2627	-154. 6169	-147. 9200	-224. 1619	-221. 2262
Obs	192	192	192	192	288	288	288	288
空间相关性检验								
	Moran	0. 6811	Marginal P	0. 0000	Moran	0. 5107	Marginal P	0. 0000
	Lmsar	116. 1182	Marginal P	0. 0000	Lmsar	153. 2696	Marginal P	0. 0000
	Lmerr	107. 2716	Marginal P	0. 0000	Lmerr	123. 2698	Marginal P	0. 0000

表 4－3　分地区样本的空间误差模型（SEM）估计结果

自变量	东部地区				中西部地区			
	nonF	sF	tF	stF	nonF	sF	tF	stF
constant	2.3405*** (5.1089)				4.3163*** (10.5404)			
Lnafdi	0.4957*** (8.0045)	0.4067*** (8.2090)	0.7196*** (12.9938)	0.7213*** (13.0265)	0.4606*** (11.5811)	0.4658*** (12.0363)	0.6469*** (22.4915)	0.6510*** (22.8112)
flex	2.4146*** (5.7862)	2.4260*** (5.8636)	2.2897*** (5.1814)	2.2482*** (5.0660)	1.8432*** (3.2151)	1.4332** (2.4481)	2.0031*** (2.8955)	1.7470** (2.4589)
Lnw_{gap}	−0.1090** (−2.4415)	−0.1068** (−2.4061)	−0.1944* (−1.8291)	−0.1785* (−1.6707)	0.0306 (0.6574)	0.0213 (0.4676)	0.4842*** (5.6781)	0.4809*** (5.6787)
gdpr	0.5965 (0.8715)	0.3883 (0.5650)	−1.3801** (−2.1464)	−1.4847** (−2.2913)	2.4415*** (3.5519)	2.3818*** (3.5503)	0.3833 (0.5800)	0.3879 (0.5886)
unempl	−3.7386 (−1.3849)	−3.8325 (−1.4089)	−5.5910* (−1.6593)	−5.3032* (−1.7649)	−7.5577*** (−2.9412)	−7.6426*** (−2.9972)	−8.1611** (−2.2577)	−8.4183*** (−2.2892)
λ	0.7429*** (22.0797)	0.7360*** (21.4214)	0.4569*** (7.9526)	0.4680*** (8.2480)	0.7670*** (24.4066)	0.7679*** (24.5198)	0.5559*** (11.2787)	0.5600*** (11.4269)
R^2	0.8945	0.8971	0.6609	0.6674	0.8935	0.9006	0.7247	0.7331
Adj－R^2	0.8914	0.8875	0.6172	0.5986	0.8915	0.8922	0.7027	0.6923
Log L	−6.9469	−3.9674	−89.5705	−88.3472	−79.1584	−69.8957	−190.0004	−185.9917
Obs	192	192	192	192	288	288	288	288

flex 的估计系数为正，且东部地区劳动力市场灵活性对农村剩余劳动力转移的促进作用要远大于中西部地区。这可能是由于，中西部地区经济发展对劳动力的总需求仍然远小于东部地区，这使大部分农村剩余劳动力不愿主动辞职去寻找更好的工作机会，因为不能找到一份新工作而失业导致的收入下降意味着沦落到贫困境地。因此，在寻找工作方面较高的不安全感在很大程度上降低了中西部地区劳动力市场灵活性改革对农村剩余劳动力转移就业的积极影响。与之相对应，东部地区积极的劳动力市场政策、完善的再就业服务体系等均保证了劳动力市场灵活性充分发挥其对就业的积极影响效应。东部地区 Lnw_{gap} 的估计系数显著为负，这可以从“相对贫困假说”中找到相应理论依据。更为重要的是，沿海地区最低工资水平的不断提升虽在一定程度上提高了农村剩余劳动力的转移激励，但这种政策性的指令在一定程度上伤害了劳动力市场价格的形成机制，用工成本的快速上升也降低了企业的用工需求并对其产业结构升级形成“倒逼机制”，最终对农村剩余劳动力转移就业形成不利影响。

东部地区 gdpr 的估计系数显著为负，这主要是因为东部地区企业为开展国际化竞争和紧跟国家产业结构政策调整的需要，已从“产业结构的合理化”迈向“产业结构的高度化”阶段，其以产业高技术化、高附加值化、高集约化和高加工度化为主要特征。因此，非农产业就业比重的不断增加意味着资本、技术对非熟练农村剩余劳动力转移就业的“挤出效应”越发明显。受益于近年来不断承接沿海地区劳动密集型产业转移和自身资源禀赋，中西部地区非农产业中的绝大部分仍为劳动或资源密集型产业，其对农村剩余劳动力转移就业的吸纳能力较强。unempl 的估计系数显著为负，但中西部地区农村剩余劳动力对失业信号更为敏感。这主要是因为，中西部地区的农村剩余劳动力往往受教育程度较低和缺乏专业技能，人力资本的可替代性较强且承担就业风险的能力有限，失业率的上升将极大降低其向城市转移就业的积极性。而东部地区的农村剩余劳动力通过吸收 FDI 技术外溢和“干中学”效应成长为具有专业技能的高素质劳动力，人力资本的可替代性较弱且其在劳动力市场上具有较强的讨价还价能力，因而其对失业率释放的悲观就业信号并不十分敏感。

4.4 实证结果拓展分析：新型城镇化推进的大国雁阵模式

中国是一个幅员辽阔的“不均质大国”（曾铮，2008），不同地区之间因产业结构、资源禀赋和经济发展水平不同而具有异质性。而且，中国具有明显的大国经济特征，因而通过先发地区拉动后发地区递次起飞的“雁阵模式”（Kojima，2000；曲玥等，2013）仍然具有很强的适用性。新型城镇化的本质与核心是“以人为本”和产业支撑，其主要内容便是满足农村剩余劳动力在城市定居所需的基本公共服务，从而快速推进“农民工市民化”进程。而由前面的分析可知，农村剩余劳动力跨区域转移就业或回流均与FDI产业集聚和梯度转移紧密联系在一起。因此，中国新型城镇化推进的现实逻辑是，FDI产业梯度转移→农村剩余劳动力的“雁阵式”转移→新型城镇化推进的“大国雁阵模式”。而未来新型城镇化的一个可行模式便是，通过FDI产业梯度转移在中西部地区打造若干个产业园区或产业新城，充分实现产业转移布局与新型城镇化的有机融合，最终形成“企业入驻产业集聚区、产业集聚区拉动新区建设、新区承载农村剩余劳动力转移就业和定居”的崭新发展格局。

基于中国的大国经济特征，本章创造性地提出“新型城镇化推进的大国雁阵模式”。而新型城镇化“大国雁阵模式”得以实现的一个重要前提便是，劳动密集型FDI产业转移必须在一国内的区域之间完成，这正是大国经济区别于小国经济的最主要特征。这主要是因为，如果从传统逻辑或表面现象进行判断的话，绝大多数的劳动密集型 FDI 产业很可能按照简单化的雁阵模型所预期的那样，从中国转移至越南、老挝等显性劳动力成本更为低廉的国家，但事实情况与上述论断并非完全符合。如果从一个复杂雁阵理论所包含的全面内容出发，同时将熊彼特创造性毁灭理论应用到中国经济的区域发展特征分析中，就可以得出劳动密集型 FDI 产业比较优势可以在中国区域内部得以保持的结论（蔡昉等，2009），即劳动密集型 FDI 产业的“雁阵式”转移可以在区域内部完成。基于东部与中西部的较大差距，中国完全可以在 31 个省区市之间独立完成若干周期的雁阵式产业转移。而在中国经济全力打造升级版的新时期，过去主要通过 FDI 产业梯度转移进行联结的“雁阵模式”，也将相应升级至中心城镇辐射外围城镇，以及先行先试地区创新示范与推广的更高版本。

本章所提出的新型城镇化“雁阵模式”主要包括两个方面的内容：第一，区域间新型城镇化推进的“雁阵模式”，这是目前政府和社会最为关注的热点问题。鉴于中国区域间城镇化水平存在较大差异，加强新型城镇化建设中的紧密衔接和平衡性至关重要。因此，本章提出新型城镇化建设的“三圈一体”战略，即第一圈层要争取实现“头雁高飞”，第二圈层要努力实现“中雁竞飞”，第三圈层要加快实现“尾雁快飞”，最终实现区域间新型城镇化建设的合力。第二，以家庭为决策单位的“雁阵式”转移模式，这也是往往容易被人们所忽略的。区别于过去大多只关注适龄劳动力向城镇的转移就业及定居，本章所提出的“雁阵式”转移模式以整个家庭向城镇的永久性迁移为最终目的。具体而言，以农民工精英、农村现存的高人力资本劳动力为“雁头”，以劳动技能和人力资本存量较低的劳动力为“雁翼”，以基本丧失劳动能力的老龄人口为“雁尾”。“人”字阵型强调雁头和两翼的协调统一，从而在完全市民化的城市劳动力市场中实现人尽其用，有效满足经济发展对各层次劳动力的需求。鉴于社会经济发展的现实情况，以下将着重分析区域间新型城镇化推进的“雁阵模式”。

FDI 与农村剩余劳动力转移的空间形态呈从沿海到内陆依次递减的“核心—外围”分布格局。从两者空间集聚的类型和区域分布来看，FDI 高值集聚区是农村剩余劳动力转移的高值集聚区（主要是东部沿海地区），FDI 低值集聚区一般也是农村剩余劳动力转移的低值集聚区（主要是西部边疆地区），这说明 FDI 与农村剩余劳动力在空间集聚类型和区域分布上基本保持一致。由此看来，无论是从经济发展还是劳动力就业角度来看，保持劳动密集型 FDI 产业在中国的存在和发展对未来农村剩余劳动力转移和城镇化进程均具有重要意义。但一个不容忽视的问题是，鉴于东部沿海地区劳动力成本和原材料价格的上涨，其已经开始面临产业结构升级的现实需求，这就对劳动密集型 FDI 产业在中国区域间的重新布局提出了新的要求，从而对区域新型城镇化发展模式的变革和创新带来了更高的挑战。有鉴于此，本章认为中国各城市圈城镇化采取“大国雁阵式”的推进格局更具现实意义和可操作性。具体而言，新型城镇化建设将在地理空间上则形成以东部地区为“头雁”、中部地区为“中雁”、西部地区为“尾雁”的雁阵式格局。进一步来说，未来中国的新型城镇化不仅要靠产业转移推动，也需要充分发挥城市圈的辐射带动作用。

4.4.1 东部地区：争取实现“头雁高飞”

东部地区是中国对外开放的重点区域，其在经济发展水平、工业化进程、城镇化建设方面均位于三大区域之首。东部地区新型城镇化的推进应以北京和天津为核心的京津冀城市圈、以上海为核心的长三角城市圈、以广州和深圳为核心的珠三角城市圈、以福州和厦门为核心的海西都市圈等为核心区域，辐射带动哈长地区、环渤海地区、冀中南地区、东陇海地区、海峡西岸经济区、北部湾地区等的新型城镇化建设，通过“以点带面、点面结合、整体推进”实现新型城镇化整体水平的提高。鉴于东部地区的大多数省份均处于工业化的后期，城镇化率早已超过 60% 且接近“诺瑟姆曲线”，其未来的新型城镇化建设应主要依靠第三产业（特别是现代服务业）来推动。同时，东部地区应积极进行产业结构的优化升级，并将部分劳动密集型 FDI 产业逐步转移至周边欠发达省份，充分发挥其空间溢出效应。

4.4.2　中部地区：努力实现“中雁竞飞”

中部地区是中国的农村剩余劳动力输出大区、经济腹地和重要市场，加快中部地区新型城镇化建设不仅是实现中部崛起、进一步挖掘内需潜力和提升国家竞争力的战略举措，更是实现新型城镇化东西融合、南北对接和区域经济平衡发展的客观需要。中部地区新型城镇化的推进应以郑州为核心的中原城市圈、以武汉为核心的武汉城市圈、以长沙为核心的长株潭城市圈等为核心区域，辐射带动太原城市群、江淮地区、长江中游地区等的新型城镇化建设，并由此带动上述地区农村剩余劳动力转移就业、居民消费和经济发展水平的提高，有效避免“中部塌陷”的形成。鉴于中部地区的大多数省份均处于工业化的中期，城镇化率普遍在 40% ~60%，其未来的新型城镇化应仍将主要由工业化驱动。因此，中部地区应积极承接沿海地区劳动密集型 FDI 产业转移和发展传统服务业，加快农村剩余劳动力迁移定居的进程，并在部分有条件的地区进行产业结构优化升级以提高整体竞争力。

4.4.3　西部地区：加快实现“尾雁快飞”

西部地区是经济欠发达、城镇化水平较低的地区，但从《全国促进城镇化健康发展规划（2011 ~2020 年）》可以看出，其将是未来推进新型城镇化建设的重点区域。西部地区新型城镇化的推进应以重庆为核心的成渝城市圈、正在筹备建设中的兰西城市圈和乌昌石城市圈为核心区域，辐射带动藏中南地区、滇中地区、黔中地区、宁夏沿黄经济区、关中—天水地区、呼包鄂榆地区、天山北坡地区等的新型城镇化建设，并可通过边疆对外开放等反梯度推移战略加快上述地区的经济发展和劳动力就业水平的提高。鉴于西部地区的大多数省份均处于工业化的初期，城镇化率普遍在40%以下，其未来的新型城镇化也应主要靠工业化驱动。但与中部地区稍有不同，西部地区在积极承接沿海地区劳动密集型FDI产业转移的同时，还应着重推动农业科技进步和加快现代农业发展，充分发掘“第二次人口红利”。同时，矫正政府主导型的、资本密集型的投资模式，有效避免“梅佐乔诺陷阱”的出现。

4.5 本章小结

FDI集聚影响了农村剩余劳动力转移空间分布吗？如何利用FDI产业转移实现新型城镇化推进的“大国雁阵模式”？对上述问题的回答构成本章研究的主题。探索性空间数据分析结果表明，FDI集聚和农村剩余劳动力转移空间分布在整体上体现出显著的空间正相关关系，并在东部沿海地区和西部边疆地区形成明显的高值集聚区和低值集聚区。全国样本的实证结果分析发现，各省份农村剩余劳动力转移存在明显的空间依赖特征，周边省份对本省存在正向的空间溢出效应，农村剩余劳动力转移的空间集聚具有明显的“马太效应”特征。FDI对农村剩余劳动力转移具有持续显著的正向影响，劳动力市场灵活性、城乡工资差距和非农产业发展对农村剩余劳动力转移均具有正向的促进作用，但城镇失业率具有显著的负向影响。分地区样本的实证结果表明，东部和中西部地区农村剩余劳动力转移均存在明显的空间集聚和空间溢出效应，但中西部地区农村剩余劳动力转移的空间集聚效应要强于东部地区。而且，东部地区FDI对农村剩余劳动力转移的促进作用要大于中西部地区，但上述地区城乡工资差距和非农产业发展对农村剩余劳动力转移的影响效应却截然相反。

以上研究结论对中国利用 FDI 产业梯度转移加快农村剩余劳动力转移，并进而实现新型城镇化推进的“大国雁阵模式”具有重要意义。基于中国的大国经济特征，本章创造性地提出“新型城镇化推进的大国雁阵模式”，在中国经济全力打造升级版的新时期，未来中国的新型城镇化进程不仅要依靠 FDI 产业梯度转移进行联结和推动，也需要充分发挥城市圈的辐射带动作用。具体而言，新型城镇化建设将在地理空间上则形成以东部地区为“头雁”、中部地区为“中雁”、西部地区为“尾雁”的雁阵式发展格局。

第5章　FDI、第三方效应与农村剩余劳动力转移

5.1 引言

通过第4章的研究，可以发现在FDI影响农村剩余劳动力转移就业的过程中，空间集聚效应和空间溢出效应均是普遍存在的。但新的问题随之而来，虽然第4章的研究结论表明空间关联效应是显著存在且是不容忽视的，但其并不能够详细刻画相邻省份重要解释变量的变动对本省农村剩余劳动力转移的影响效应。为什么FDI和农村剩余劳动力会有如此明显的区域选择偏好？农村剩余劳动力转移空间集聚的影响因素有哪些？哪些因素的变动对改变农村剩余劳动力的区域聚集、实现区域劳动力市场均衡发展有明显作用？上述问题不仅成为劳动力转移区域选择理论的前沿问题，也是本章研究的关键所在。

为了探索劳动力流动及其区域选择的深层次原因，FDI与劳动力流动之间的互动关系一直以来是学术界研究的焦点问题之一。目前，关于FDI对劳动力就业影响的主要理论有就业替代论（Kravis et al.，1993；Lipsey et al.，2000）、就业补充论（Andersen et al.，1998）、就业差别论（David Williams，2003；Christopher Ernst，2005）、积极贡献论（Greenwood et al.，1991；Debaere et al.，2010）和就业复合作用论（Lin et al.，2009；Santos－Paulino et al.，2009）等。国外代表性的文献如Helpman（1984）建立一般均衡模型分析了“垂直型FDI”对东道国就业的影响，其认为外资企业跨国投资的动因在于获得东道国较低的劳动要素成本，从而对东道国就业产生重要影响。Michiewicz等（2000）采用四个中欧国家的就业数据，证实FDI可以为东道国带来可观的就业创造效应。Mišun等（2002）的研究却表明，投资波兰的FDI对当地内资企业具有较强的就业挤出作用，而投资捷克和匈牙利的FDI却带来较强的就业挤入作用。国内代表性的文献如王剑（2005）认为，FDI可通过直接效应带动就业，但又通过挤出国内投资和提高生产率减少就业，总体就业效应是积极的。赵德昭等（2012）的研究发现，FDI 产业在东部沿海地区的集聚将带来更多就业机会，其产业集聚效应的深化将促使中西部地区农村剩余劳动力形成持续跨区域转移的“路径依赖”特征。

但传统的理论研究和实证分析均建立在独立观测值假定基础之上，并不考虑不同地区要素流动过程中的相互影响和空间相关性。由于区域间要素流动、区际贸易、政策竞争、产业关联以及统计误差等原因，真正意义上的独立观测值在现实生活中并不普遍存在。大量的理论与实证研究证明，中国 FDI 区位分布具有明显的非均衡和“结块效应”特征（Coughlin et al.，2000；Cheng et al.，2000；何兴强等，2008），若不考虑 FDI 集聚对农村剩余劳动力空间流动的影响效应，则难以真正反映其转移空间分布的变化情况与传导机制。而且，已有相关研究大多建立在双边框架基础之上（Helpman et al.，1985；Carr et al.，2001；Anderson et al.，2003），即假定各地区之间相互独立而缺乏关联，并未考虑各地区农村剩余劳动力转移空间自相关的强度和演变趋势。虽然目前中国劳动力市场仍存在一定程度的二元甚至多元分割（Zhao et al.，1999；郭剑雄，2005；Terry Sicular et al.，2007；Sylvie et al.，2009），但随着劳动力市场体制和户籍制度改革的不断推进，区域劳动力市场之间的空间关联性逐渐增强。

中国是一个幅员辽阔的“不均质大国”（曾铮，2008），作为由无数异质个体行为共同决定的供给和需求，其行为特征绝不能孤立地选择某一方面进行刻画（杨海生等，2010），而应考虑区域内部无数个体相互竞争及合作的均衡结果（Egger et al.，2004；Grossman et al.，2006；Ekholm et al.，2007）。因此，在研究农村剩余劳动力转移及其空间集聚时，不仅应考虑各省自身的经济、社会及地理等因素，更应该重视周边省份上述因素的交叉影响，即所谓的“第三方效应”（Yeaple，2003；Baltagi et al.，2007；Ledyaeva，2009）。大量理论研究已经证明，“第三方效应”在研究区域空间关联效应时是十分重要且不可忽视的，但其在实证研究方面的文献尚不多见（Brainard，1997；Blonigen et al.，2003；Ledyaeva，2008；Garrestsen et al.，2009）。同时，传统实证研究文献在开展“第三方效应”研究时，往往存在着因遗漏重要解释变量而造成的研究结论偏误。为修正这一缺陷，Coughlin 等（2000）将各地区观测到的被解释变量进行空间加权后作为滞后变量引入来反映“第三方效应”，但这种只关注被解释变量空间影响的方法，仅能证实“第三方效应”是否存在，而无法准确揭示究竟是什么因素造成了上述结果。Baltagi 等（2007）认为，只有将所有具有统计意义的变量及其空间滞后变量纳入实证模型，才能完整和准确地描述“第三方效应”。由于本章主要是侧重于研究某一地区受相邻地区的影响效应（Blonigen et al.，2003；2007），考察农村剩余劳动力流动在各个地区之间的潜在的互相作用，因此主要使用空间线性回归模型。

本章的主要贡献在于：第一，基于新经济地理学空间视角，综合考虑已有研究文献经常忽略的省份之间的空间影响及其关联机制，首次将“第三方效应”纳入农村剩余劳动力转移的实证分析框架。第二，将影响农村剩余劳动力转移的主要因素及其空间滞后变量同时纳入空间计量模型，弥补了以往研究文献遗漏重要解释变量的不足，更为全面和完整地刻画了 FDI 影响农村剩余劳动力转移空间集聚过程中的“第三方效应”。第三，将古典统计方法用于与地理位置相关的空间数据，利用探索性空间数据分析和空间计量方法科学阐释了农村剩余劳动力转移的空间集聚机制、时空跃迁和“第三方效应”，这为研究农村剩余劳动力跨区域流动和劳动力市场发育提供了更为广阔的思路。

5.2 FDI 与农村剩余劳动力转移的探索性空间数据分析

探索性空间数据分析（简称 ESDA）是衡量某一现象空间效应的

一种方法，可以探测全局和局部异常值、寻求全局变化趋势和研究空间自相关等，其独特之处在于通过空间权重矩阵建立省份与周边省份之间的空间关系，并通过空间滞后向量确定每一个省份的空间邻域状态，进而揭示研究对象间的空间关联性及其相互作用机制。一般用两类指标来衡量：全局空间自相关指标（Moran's I）和局部空间自相关指标（Moran 散点图和 LISA 集聚分析）。

5.2.1　FDI 与农村剩余劳动力转移的全局空间自相关检验

借鉴 Anselin（1988）的相关研究思路，运用全局 Moran's I 来验证是否存在显著的空间效应，全局 Moran's I 的取值介于 -1 到 1 之间。全局 Moran's I 指数是度量空间自相关的全局指标，可以反映空间邻接或空间邻近的区域单元属性值的相似程度，即测量了区域单元的集聚效应。对于任意的 t 年份，Moran's I 指数的计算公式为：

$$I_t = \frac{n\sum_{i=1}^{n}\sum_{j=1}^{n} w_{ij}(x_i - \bar{x})(x_j - \bar{x})}{\sum_{i=1}^{n}\sum_{j=1}^{n} w_{ij}\sum_{i=1}^{n}(x_i - \bar{x})^2} = \frac{\sum_{i=1}^{n}\sum_{j\neq i}^{n} w_{ij}(x_i - \bar{x})(x_j - \bar{x})}{S^2\sum_{i=1}^{n}\sum_{j\neq i}^{n} w_{ij}} \tag{5.1}$$

其中，n 是地区数量，x_i 代表 i 地区 t 期的观测值，S 为地区间经济变量的方差。$\bar{x}$ 为地区间经济变量的平均数，w_{ij} 为空间权重矩阵，通常用一个二元对称空间权重矩阵 W 来表示 n 个位置的空间邻近关系。w_{ij} 为地区 i 与 j 的邻近关系，本章用一个基于邻接标准的二进制邻接矩阵来表示 w_{ij}。平均数 $\bar{x}$ 和方差 S 的计算公式为：

$$\bar{x} = \frac{1}{n}\sum_{i=1}^{n} x_i; \quad S^2 = \frac{1}{n}\sum_{i=1}^{n}(x_i - \bar{x})^2 \tag{5.2}$$

在零假设条件下，即分析对象之间没有任何空间自相关性，此时 Moran's I 的期望值为 E(I)。对于全局 Moran's I 指数，可用标准化的统计量 Z(I)来检验空间自相关的显著性水平，其相应的计算公式分别为：

$$E(I) = -\frac{1}{n-1};\quad Z(I) = \frac{1-E(I)}{\sqrt{var(I)}} \tag{5.3}$$

在给定的显著性水平下（一般取 $\alpha = 0.05$），如果 Moran's I 值大于期望值且显著时，表明存在正的空间自相关，即相似观测值趋于空间集聚；当 Moran's I 值小于期望值且显著时，表明存在负的空间自相关，即相似观测值趋于分散分布；当 Moran's I 值接近于期望值时，表明观测值之间相互独立，即属性分布呈无规律的随机分布状态。

本章利用 GeoDa9.5 软件计算了 1996～2011 年各年度被解释变量（Lnlabor）和主要解释变量（Lnafdi、flex、Lnw、gdpr 和 unempl）区域分布的 Moran's I 指数，结果列于表 5－1 中。从表 5－1 中可以看出，被解释变量（Lnlabor）和主要解释变量（Lnafdi、flex）在研究时段内各年度的 Moran's I 指数均为正值，且 Moran's I 指数均通过了5%水平的显著性检验。这表明 20 世纪 90 年代以来，农村剩余劳动力转移（Lnlabor）、外商直接投资（Lnafdi）和劳动力市场灵活性（flex）在中国各个省份的分布并不是随机的，而是在整体上体现出显著的空间正相关关系，其各自在农村剩余劳动力转移量较大、外商直接投资存量较高和劳动力市场较为灵活的省份具有显著的地理集中的趋势，反之亦然。同时，其他解释变量城乡工资差距（Lnw）、非农产业占 GDP 的比重（gdpr）和城镇失业率（unempl）并没有表现出明显的空间集聚特征，城镇失业率（unempl）的个别年份（1996 年和 1997 年）除外。

观察农村剩余劳动力转移和 FDI 的 Moran's I 指数变化可以发现其集聚特征的时空演变趋势。从整体上来看，1996～2011 年农村剩余劳动力转移的 Moran's I 指数一直在稳定区间内波动且在统计上显著。但以 2008 年为界，FDI 的 Moran's I 指数值经历了“先抑后扬”的变化，这主要是因为：第一，中国陆续推行的西部大开发、中部崛

表 5-1　　1996～2011 年主要变量的 Moran's I 指数统计

年份	Lnlabor		Lnafdi		flex		Lnw		gdpr		unempl	
	Moran's I 指数	P 值	Moran's I 指数	P 值	Moran's I 指数	P 值	Moran's I 指数	P 值	Moran's I 指数	P 值	Moran's I 指数	P 值
1996 年	0. 2941	0. 0080	0. 3537	0. 0020	0. 1777	0. 0410	-0. 0164	0. 7820	0. 0684	0. 1150	0. 2199	0. 0220
1997 年	0. 2977	0. 0040	0. 3664	0. 0010	0. 1787	0. 0340	-0. 0133	0. 7850	0. 0713	0. 1130	0. 1803	0. 0270
1998 年	0. 2766	0. 0070	0. 3739	0. 0020	0. 1797	0. 0360	-0. 0118	0. 7760	0. 0646	0. 1020	0. 1094	0. 1050
1999 年	0. 2863	0. 0050	0. 3840	0. 0010	0. 2060	0. 0140	-0. 0095	0. 7980	0. 0517	0. 1290	0. 0112	0. 3000
2000 年	0. 2854	0. 0050	0. 3765	0. 0010	0. 2378	0. 0100	-0. 0073	0. 7930	0. 0469	0. 1290	-0. 0035	0. 6240
2001 年	0. 2543	0. 0100	0. 3672	0. 0030	0. 2395	0. 0090	-0. 0065	0. 7950	0. 0427	0. 1560	-0. 0707	0. 3600
2002 年	0. 2506	0. 0090	0. 3664	0. 0010	0. 2431	0. 0090	0. 0025	0. 1580	0. 0440	0. 1390	-0. 0056	0. 5770
2003 年	0. 2399	0. 0100	0. 3690	0. 0020	0. 2866	0. 0060	0. 0099	0. 1450	0. 0596	0. 1110	0. 0544	0. 1630
2004 年	0. 2505	0. 0060	0. 3704	0. 0010	0. 3456	0. 0020	0. 0129	0. 1420	0. 0566	0. 1140	0. 0218	0. 2670
2005 年	0. 2546	0. 0100	0. 3734	0. 0010	0. 3323	0. 0020	0. 0177	0. 1440	0. 0600	0. 1200	-0. 0130	0. 5890
2006 年	0. 2258	0. 0140	0. 3737	0. 0020	0. 3804	0. 0010	0. 0193	0. 1390	0. 0541	0. 1020	-0. 0200	0. 5870
2007 年	0. 2215	0. 0170	0. 3740	0. 0010	0. 4112	0. 0010	0. 0207	0. 1370	0. 0586	0. 1230	-0. 0513	0. 4710
2008 年	0. 2212	0. 0160	0. 3710	0. 0030	0. 4261	0. 0020	0. 0237	0. 1390	0. 0585	0. 1100	-0. 0507	0. 4860
2009 年	0. 2502	0. 0070	0. 3675	0. 0020	0. 4280	0. 0010	0. 0269	0. 1420	0. 0569	0. 1210	-0. 0643	0. 4150
2010 年	0. 2505	0. 0100	0. 3527	0. 0020	0. 4209	0. 0030	0. 0276	0. 1270	0. 0590	0. 1150	-0. 0469	0. 4880
2011 年	0. 2581	0. 009	0. 3549	0. 0030	0. 4080	0. 0010	0. 0108	0. 1320	0. 0529	0. 1090	-0. 0500	0. 4760

注：对 Moran's I 的推断是基于随机序列，它多次重新计算统计量产生一个参考分布。本章在对 Moran's I 的显著性检验时，选择 Randomization > 999permutations 产生直方图并得出相应 P - Value 值。

起和边疆对外开放等“反梯度推移战略”吸引了部分FDI向中西部地区转移，这在很大程度上降低了FDI在东部沿海地区的集聚性。而受2008年金融危机影响，东部沿海地区出现了外资出逃现象，这使得FDI在各地区分布不均的情况有所改善，Moran's I指数也随之降低。第二，2008年以后，随着金融危机的阴霾逐渐散去，FDI重新向区位和市场条件优越的东部沿海地区集中，这进一步强化了FDI在东部地区集聚的格局，Moran's I指数也随之逐年上升。可以预见的是，FDI和农村剩余劳动力转移仍将在未来相当长一段时期内呈现地理集聚特征。

5.2.2 FDI与农村剩余劳动力转移的局部空间相关性分析

全局空间自相关假设空间同质且只存在一种充满整个区域的趋势，但要素的空间异质性在现实中普遍存在。如果衡量FDI或农村剩余劳动力转移在“局部（一般为相邻）”的相关性质，就必须进行局部空间自相关分析，常用方法是Moran散点图和LISA集聚分析。

5.2.2.1 Moran散点图

Moran散点图以省份观测值为横坐标，以其空间滞后向量为纵坐标绘制具有可视化的二维图，研究各观测值局部空间的异质性。Moran散点图中的高（H）值和低（L）值只是相对于区域平均水平而言的，并没有绝对的标准。Moran散点图可将各省份农村剩余劳动力转移集群分为四个象限的空间关联模式：第一象限为高—高（H-H）关联类型，即省份自身及其周边省份农村剩余劳动力转移量均较大，其中通过显著性检验的区域为高值集聚中心，扩散作用的存在使得两者之间的空间差异趋于缩小。第二象限为低—高（L-H）关联类型，即省份自身农村剩余劳动力转移量较小但其周边省份较大，其中通过显著性检验的区域为低值孤立点，极化作用的存在使得两者之间的空间差异趋于扩大。第三象限为低—低（L－L）关联类型，即省份自身及其周边省份农村剩余劳动力转移量均较小，其中通过显著性检验的区域为低值集聚中心。第四象限为高—低（H－L）关联类型，即省份自身农村剩余劳动力转移量较大但其周边省份较小，其中通过显著性检验的区域为高值孤立点。

从图 5－1、图 5－2、图 5－3 和图 5－4 可以看出，大部分省份均落入了第一象限（H－H）和第三象限（L－L），这表明 FDI 与农村剩余劳动力转移均存在显著的空间正相关，大部分省份与其邻近省份表现出相似的集群特征，而“H－H”“L－L”两类空间分异集群鲜明地体现了 FDI 分布及劳动力市场发育不均衡的空间格局。FDI 的散点图中，1996 年分别有 14 个和 9 个省份落在第一和第三象限，两者合计占样本总数的 76.67%。2011 年分别有 17 个和 7 个省份落在第一和第三象限，两者合计占样本总数的 80.00%。农村剩余劳动力转移的散点图中，1996 年分别有 18 个和 7 个省份落在第一和第三象

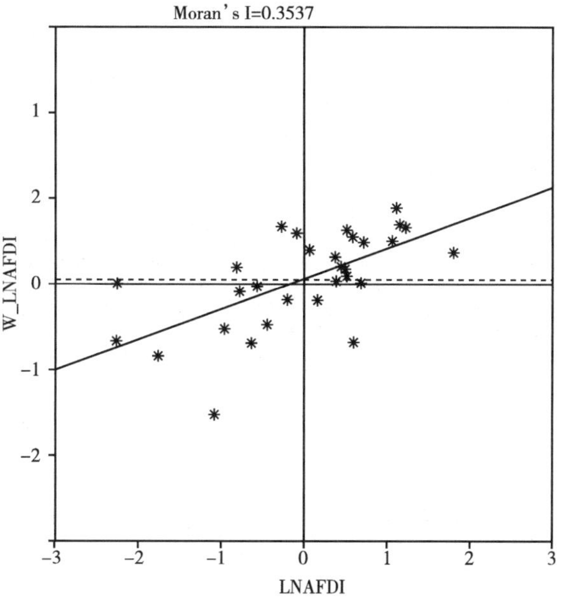

图 5－1　1996 年 FDI 存量的 Moran 散点图

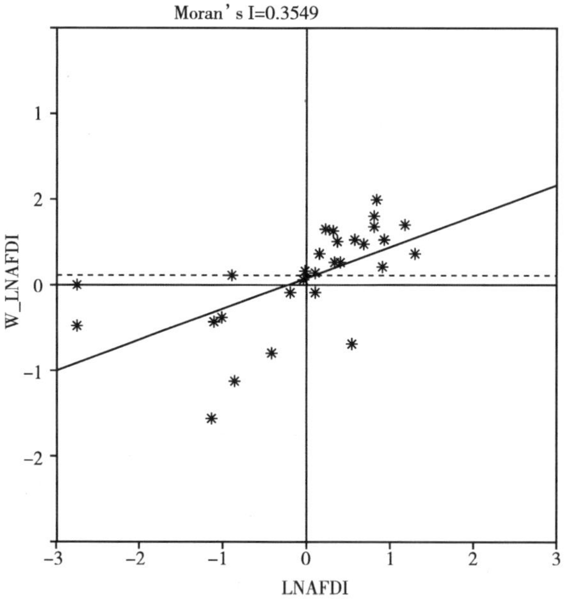

图 5－2　2011 年 FDI 存量的 Moran 散点图

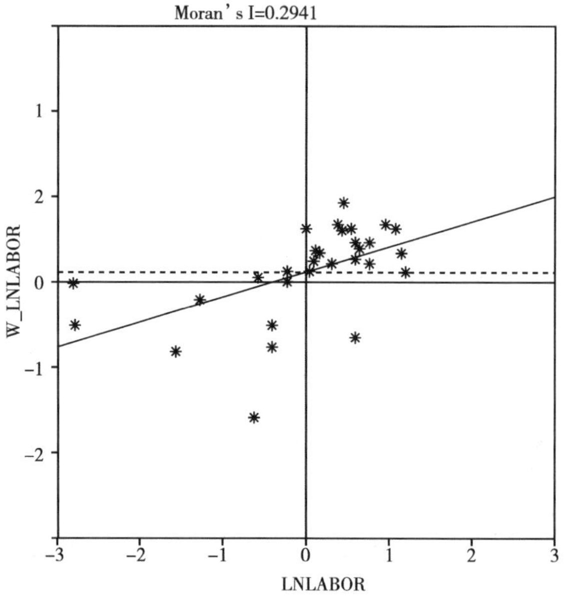

图 5－3　1996 年 labor 的 Moran 散点图

限，两者合计占样本总数的 83.33%。2011 年分别有 15 个和 6 个省份落在第一和第三象限，两者合计占样本总数的 70.00%。偏离全局空间正相关模式的地区（“非典型”地区）较少，位于第二象限（L－H）和第四象限（H－L）。

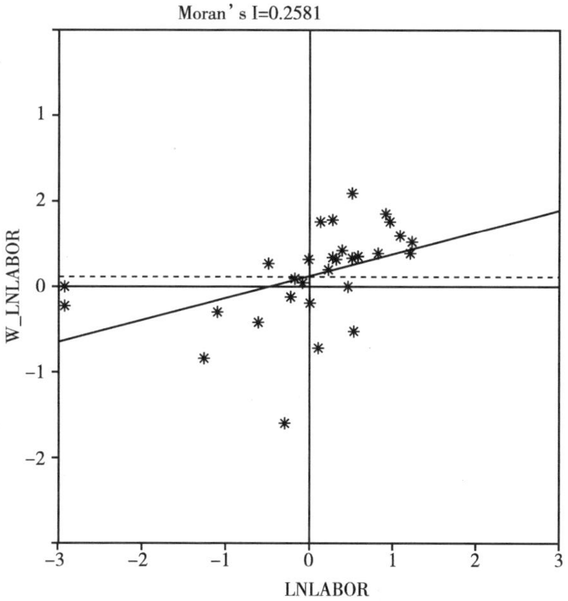

图 5－4　2011 年 labor 的 Moran 散点图

通过对不同时点的 Moran 散点图进行比较分析，不仅能够观察到各类集聚区的空间分布状况，还可以考察其在初始阶段和深化阶段的时空变迁。运用 Rey（2001）提出的时空跃迁测度法（space－time transitions）来刻画其时空跃迁，包含如下四种类型：第一种是相对位移的省份跃迁，包括 $HH_t \to LH_{t+1}$，$HL_t \to LL_{t+1}$，$LH_t \to HH_{t+1}$，$LL_t \to HL_{t+1}$；第二种是相关空间临近省份的跃迁，$HH_t \to HL_{t+1}$，$HL_t \to HH_{t+1}$，$LH_t \to LL_{t+1}$，$LL_t \to LH_{t+1}$；第三种是某省份及其临近省份均发生跃迁，包括 $HH_t \to LL_{t+1}$，$HL_t \to LH_{t+1}$，$LL_t \to HL_{t+1}$，$LH_t \to HL_{t+1}$；第四种是省份保持相同水平的情况，包括 $HH_t \to HH_{t+1}$，$HL_t \to HL_{t+1}$，$LH_t \to LH_{t+1}$，$LL_t \to LL_{t+1}$。通过对比 1996 年和 2011 年 FDI 的 Moran 散

点图可以发现，发生第一、第二、第三类动态跃迁的省份仅有 8 个，占总体样本的 26.67%；发生第四类变迁的省份多达 22 个，占总体样本的 73.33%，这说明 FDI 区域集聚的稳定性较强。将 1996 年和 2011 年农村剩余劳动力转移的 Moran 散点图进行对比发现，发生第一、第二、第三类动态跃迁的省份仅有 7 个，占总体样本的 23.33%；发生第四类变迁的省份多达 23 个，占总体样本的 76.67%，这说明农村剩余劳动力转移的区域分布具有高凝固性和高集聚性特征。由于 FDI 依然偏好于在东部沿海地区投资，这导致农村剩余劳动力形成从中西部向东部地区持续跨区域转移的“路径依赖”（见表 5 -2）。

表 5 -2　1996 年和 2011 年 FDI 和农村剩余劳动力转移 Moran 散点图对应省区市

		第一象限（H - H）	第二象限（L - H）	第三象限（L - L）	第四象限（H - L）
FDI 流入	1996 年	上海、福建、江苏、广东、山东、浙江、天津、北京、湖南、河北、河南、广西、湖北、吉林	江西、安徽、贵州、海南	西藏、青海、新疆、宁夏、甘肃、云南、内蒙古、陕西、山西	辽宁、黑龙江、四川
	2011 年	上海、福建、浙江、山东、江苏、广东、辽宁、天津、北京、安徽、江西、河北、吉林、湖北、河南、山西、黑龙江	广西、贵州、海南、湖南	西藏、陕西、云南、宁夏、甘肃、青海、新疆	内蒙古、四川
农村剩余劳动力转移量	1996 年	山东、江苏、辽宁、广东、浙江、黑龙江、河南、河北、福建、上海、安徽、吉林、湖北、湖南、天津、北京、山西、内蒙古	江西、广西、陕西、贵州	西藏、海南、青海、宁夏、甘肃、云南、新疆	四川
	2011 年	福建、江苏、山东、浙江、广东、上海、河南、湖北、湖南、河北、安徽、江西、天津、北京、山西	广西、陕西、吉林、贵州、海南	内蒙古、甘肃、宁夏、新疆、青海、西藏	黑龙江、辽宁、云南、四川

5.2.2.2　LISA 集聚分析

由于 Moran 散点图不能显示局部空间相关的显著性，因此选择可视化的 LISA 地图来揭示某省份与其存在不同程度空间关联的省份相似或异质的程度，并评估局部空间集聚的显著性。局部 Moran's I 指数是被普遍采用的 LISA 指标（Moran，1950），其计算公式为：

$$I_i = \frac{(x_i - \bar{x})}{S^2}\sum_{j=1}^{n} w_{ij}(x_j - \bar{x}) \tag{5.4}$$

其中，I_i为第 i 个局部对象全局相关性系数，x_i 为空间单元 i 的属性值，空间权重矩阵 W 表示空间单元 i 和 j 之间的影响程度，平均数 $\bar{x}$ 和方差 S 的计算公式为：

$$\bar{x} = \frac{1}{n}\sum_{i=1}^{n} x_i;\quad S^2 = \frac{1}{n}\sum_{i=1,j\neq i}^{n}(x_j - \bar{x})^2 \tag{5.5}$$

局部 Moran's I 指数为正，表明该省份与相邻省份的观测值相似，相应的集聚类型为高—高集聚（H－H 集聚）和低—低集聚（L－L 集聚）。反之，表明该省份与相邻省份的观测值不相似，相应的集聚类型为高—低集聚（H－L 集聚）和低—高集聚（L－H 集聚）。另外，局部指标可通过标准化的统计量 $Z_i = (I_i - E(I_i))/\sqrt{var(I_i)}$ 来进行相应的显著性检验。

因此，FDI 与农村剩余劳动力转移的空间形态呈从沿海到内陆依次递减的阶梯状分布，在地理空间上则形成以东部沿海地区为集聚中心的“核心—外围”格局，空间近邻效应十分明显。从两者空间集聚的类型和区域分布来看，FDI 高值集聚区是农村剩余劳动力转移的高值集聚区（主要是东部沿海地区），FDI 低值集聚区一般也是农村剩余劳动力转移的低值集聚区（主要是西部边疆地区），这说明 FDI 与农村剩余劳动力在空间集聚类型和区域分布上基本保持一致。资本与劳动的有机结合不仅在很大程度上形成了改革开放 40 年以来经济高速发展的巨大动力，而且也阐释了 20 世纪 90 年代“孔雀东南飞”的深层次经济诱因。通过 FDI 的 LISA 集聚图可以发现，FDI 的高—高集聚（H－H 集聚）区域不断扩大，已在长三角和珠三角区域形成了“扩散中心”和较为稳定的集聚区域，这与国家引资政策倾斜及自身区位优势密切相关（Kim et al.，2001；Wen，2004），而其核心省份通过交流合作带动了周边省份的 FDI 流入。长三角、珠三角地区 FDI 产业发展较为成熟且具有完备的供应链，而东部省份间本土供应链等因素均有利于 FDI 产业关联，从而决定了 FDI 在上述区域形成高—高集聚。同时，FDI 的低—低集聚（L－L 集聚）和低—高集聚（L－H 集聚）区域在不断缩小，表明各省份的引资水平均在不断提高。但以四川省为中心，其与周边省份共同组成 FDI 的高—低集聚（H－L 集聚）区域，表明四川已成为周边省份引资的“极化中心”，其较高的引资水平不但没有促进周边省份 FDI 增长，反而可能起到抑制作用。与 FDI 集聚相类似，农村剩余劳动力转移在西部边疆地区（以新疆和青海为中心）形成了低—低集聚（L－L 集聚），而在山东半岛、长三角、珠三角地区形成了高—高集聚（H－H 集聚）区域，而且高值集聚区域呈不断扩大趋势，这说明东部沿海仍然是农村剩余劳动力转移就业的首选地。

5.3 空间计量模型建立、指标选取及数据来源说明

5.3.1 空间计量模型的设定

空间计量经济学方法考虑了空间个体的相互影响，因而它可以分析要素流动的“第三方效应”。在考察第三方效应的经典文献中，Coughlin 等（2000）仅将因变量的空间滞后项引入计量模型，Baltagi 等（2007）则认为进入解释变量的还应该包括其他地区影响变量的

滞后因素，并考虑所有地区可能受到同样的随机冲击。从计量模型设定的角度来说，当“第三方效应”存在时，忽略“第三方效应”或只考虑单一因素的“第三方效应”均属于遗漏重要解释变量，这将导致估计结果的偏离（杨海生等，2010）。本章在借鉴 Baltagi 等（2007）相关研究思路的基础上，同时构建了不包含空间效应的和包含空间效应的两个计量模型，以着重考察 FDI 影响农村剩余劳动力转移空间集聚过程中的“第三方效应”。

不包含空间效应（无“第三方效应”）的传统计量模型为：

$$\begin{aligned} Lnlabor_{i,t} = {} & \alpha_i + \beta_1 Lnafdi_{i,t} + \beta_2 flex_{i,t} + \beta_3 Lnw_{gap\,i,t} \\ & + \beta_4 gdpr_{i,t} + \beta_5 unempl_{i,t} + \gamma_t + \varepsilon_{i,t} \end{aligned} \tag{5.6}$$

其中，t 代表年份，i 代表省份，$labor_{i,t}$表示农村剩余劳动力转移量，$fdi_{i,t}$表示实际 FDI 存量，$flex_{i,t}$表示劳动力市场灵活性，$w_{gapi,t}$表示城乡实际收入差距，$gdpr_{i,t}$表示非农产业生产总值占 GDP 的比重，$unempl_{i,t}$表示城镇失业率，α_i 和 γ_t 分别代表区域性和时间性的干扰，$\varepsilon_{i,t}$代表扰动项，该模型只反映了不同省份自身经济、社会及地理等因素对本省农村剩余劳动力转移的影响，而不考虑周边省份对本省份的影响效应。传统模型是标准的面板数据模型，估计方法主要参考 Hsiao（2003）的可行广义最小二乘法（FGLS）进行。但同时应该看到，农村剩余劳动力转移过程中可能存在明显的“同群效应”，周围省份劳动力转移情况等也是影响其转移决策的重要因素，如不考虑上述因素就忽略了“第三方效应”的影响。

包含“第三方效应”的空间计量模型为：

$$\begin{aligned} Lnlabor_{i,t} = {} & \alpha_i + \beta_1 Lnafdi_{i,t} + \beta_2 flex_{i,t} + \beta_3 Lnw_{gap\,i,t} + \beta_4 gdpr_{i,t} \\ & + \beta_5 unempl_{i,t} + \gamma WX_{-i,t} + \gamma_t + \mu_{i,t} \\ & \mu_{i,t} = \rho W\mu_{-i,t} + \varepsilon_{i,t}, t, |\rho| \leqslant 1 \end{aligned} \tag{5.7}$$

其中，t 代表年份，i 代表省份，α_i 和 γ_t 分别代表区域性和时间性的干扰，$\varepsilon_{i,t}$代表扰动项，ρ 为空间滞后系数。与模型（5.6）不同的是，模型（5.7）中通过引入所有解释变量的空间滞后项

WX_{-it}来考察 FDI 影响农村剩余劳动力转移空间集聚过程中的“第三方效应”，空间滞后变量的系数度量了一种集聚效应①，因而这是一个考虑周边省份对本省空间影响的空间计量模型。如果所有空间滞后变量的系数均不显著，则说明不存在“第三方效应”，传统模型的结论成立；反之，如果一个或者多个空间滞后变量的系数显著，则说明“第三方效应”是不容忽视的，空间滞后变量的系数和显著性水平反映了各影响因素“第三方效应”的具体作用方向和效果。由于空间面板计量方法将面板数据与空间特征相结合，因此 W 是一个 $NT \times NT$ 的空间权重矩阵，N 为横截面样本个数，T 为样本年度，本章 $N = 30$，$T = 16$。W 中的非对角元素全部为 0，对角线上的每个元素 W_n（30×30）是某一年的空间权重矩阵，其元素 $w_{i,j}$定义了省份之间的空间联系，若两个省份在地理上是相邻的，则 $w_{i,j} = 1$，否则 $w_{i,j} = 0$。在具体估算过程中，本章对地理空间权重矩阵进行行标准化，使其每一行之和为 1。虽然海南与其他省份在地理上并不相邻，但考虑到其与广东省的经济和历史联系，在设定权重矩阵时假定两者相邻。省份的空间邻接关系具有时间不变性，即 $W_{1996} = W_{2002} = \cdots\cdots = W_{2011}$。

根据 Anselin（1988）的相关研究思路，由于空间效应的存在，因此采用最小二乘法（OLS）的系数估计值是有偏或无效的。对于空间面板模型的估计，本章采用 Elhorst（2003）提出的极大似然法（ML），并采用 Matlab 软件进行空间计量回归分析。极大似然估计（MLE）不仅可以有效克服因内生性问题产生的估计偏误，还可以科学反映各省份间农村剩余劳动力转移存在的空间依赖性，并准确度量“第三方效应”的影响方向和程度。

5.3.2 指标选取及数据来源说明

在省份研究样本的选取上，考虑到数据的可得性以及制度不同所

① 此处的空间集聚效应是指与周边地区相联系的一种区域集聚，这与 Wheeler 等（1992）所定义的集聚经济有所不同，其所定义的集聚是基于一个地区内的集聚。

造成的研究结果差异，研究样本中不含香港、澳门和台湾地区。本章选取 1996 ~2011 年全国其他 30 个省区市（重庆市并入四川省）作为样本，相关指标数据主要由《中国统计年鉴》《中国劳动统计年鉴》和《新中国六十年资料汇编》整理计算而得。为消除价格因素的影响，涉及价值形态的数据均用固定资产投资价格指数或居民消费价格指数进行平减化处理（以 1990 年为基期）。在用永续盘存法计算实际外商直接投资存量时，提取的折旧率为 9.6%。

表 5 –3　　主要变量的统计性描述

	平均值	最大值	最小值	标准差	偏度	峰度	变异系数	标准误差
Lnlabor	4.3827	6.4037	1.3552	0.9216	−0.6665	3.8127	0.2103	0.0435
Lnafdi	5.5186	8.9575	0.9449	1.6194	−0.2442	2.3883	0.2934	0.0765
flex	0.1075	0.4384	0.0150	0.0832	1.8798	6.6565	0.7742	0.0039
Lnw_{gap}	7.9475	10.1056	6.6560	0.6541	0.7898	3.7428	0.0823	0.0309
gdpr	0.8526	0.9935	0.6380	0.0724	−0.0839	2.6098	0.0849	0.0034
unempl	0.0354	0.0740	0.0000	0.0092	−0.1616	5.7503	0.2607	0.0004
WLnlabor	4.4515	6.7827	2.6132	0.7288	−0.2825	3.3496	0.1637	0.0344
WLnafdi	5.5514	9.2751	1.9740	1.3749	−0.2044	2.7771	0.2477	0.0650
Wflex	0.1142	0.4764	0.0235	0.0753	1.9151	7.5787	0.6596	0.0036
$WLnw_{gap}$	8.0466	12.9932	6.8944	0.8291	1.8902	8.4883	0.1030	0.0392
Wgdpr	0.8539	1.2106	0.6760	0.0783	1.7169	9.0781	0.0917	0.0037
Wunempl	0.0358	0.0587	0.0145	0.0062	0.1448	4.5803	0.1741	0.0003

农村剩余劳动力转移量（labor）：现有统计资料中并没有该指标的相应数据，已有实证研究文献大多按照相关数据进行估算，代表性文献如 Hu（2009）、刘志忠等（2007）和赵德昭等（2012）。本章参照赵德昭等（2012）的做法，用采掘、制造和建筑三个产业的职工人数总和减去相应的国有职工人数总和来表示农村剩余劳动力转移量。

外商直接投资存量（afdi）：FDI 一方面通过“就业创造”效应增加劳动力需求和极大缓解了中国的就业压力；另一方面其可能通过

挤出国内投资的方式产生“就业挤出”效应，从而对农村剩余劳动力向城市的转移就业产生不利影响。同时，考虑到外商直接投资存量比流量更能体现其影响效应在时间上的延续性，众多学者均采用了实际 FDI 存量指标（Leonard et al.，2000；Zhang et al.，2001）。本章首先利用以 1990 年为基期的固定资产投资价格指数平减化得到实际 FDI 流量（亿元），然后用永续盘存法得到实际 FDI 存量。

劳动力市场灵活性（flex）：在现阶段存在二元甚至多元分割的情况下，劳动力市场本身的制度政策决定了其灵活程度。如果劳动力市场缺乏灵活性，将导致大量农村剩余劳动力无法通过浮动工资方式向快速发展的经济实体中转移。关于劳动力市场灵活性指标的构建，代表性的文献如 Marika 等（1998）、Alfred Kleinknecht（1998）、Michie 等（2005）、Eichhorst 等（2011）等。借鉴上述文献的研究思路，本章用“城镇单位雇用的农村劳动力占城镇单位就业人员的比重”来表征劳动力市场灵活性，该指标值越大则说明劳动力在城乡间迁移面临的限制越小，从而越有利于农村剩余劳动力的转移就业。

城乡实际收入差距（w_{gap}）：对于大量非熟练农村剩余劳动力而言，因生存压力产生的“生存理性选择”是其向城市转移的最根本动因，城乡收入差距也因而成为影响其转移就业的重要因素。关于城乡收入差距指标的构建，代表性的文献如 Zhao 等（1999）、Terry Sicular 等（2007）和沈坤荣等（2007）等。借鉴上述文献的研究思路，本章首先用城镇居民家庭年人均总收入减去农村居民家庭年人均纯收入得到名义城乡收入差距，然后用以 1990 年为基期的居民消费价格指数平减化得到城乡实际收入差距。

非农产业生产总值占 GDP 的比重（gdpr）：一方面，非农产业部门是农村剩余劳动力转移就业的主要力量。配第—克拉克定理认为，随着经济发展程度的不断提高，第一产业的就业比重会逐渐下降，第二、第三产业的就业比重会逐渐上升。另一方面，随着非农产业比重不断上升，产业结构优化升级成为必然趋势，这将形成资本技术对农村剩余劳动力的“就业挤出”（Louis et al.，2006）。本章用“非农产业生产总值占 GDP 的比重”来反映非农劳动市场对劳动力的需求水平，其对农村剩余劳动力的转移就业具有极其重要的影响。

城镇失业率（unempl）：“沮丧工人假说”认为，长期找不到工作的失业者将由于丧失信心而退出劳动力市场。同时，在正常情况下本欲进入劳动力市场的劳动者，也会由于心理预期造成就业信心不足，从而延迟或放弃进入劳动力市场（Paul Flaim，1984）。因此，城镇失业率及预期变动对农村剩余劳动力向城市转移就业的决策将产生重要影响，其可以衡量农村剩余劳动力向城市转移就业的难度或风险成本（非货币成本）。

5.4　空间计量检验结果及分析

为了更好地阐释农村剩余劳动力转移空间集聚中的“第三方效应”和便于比较分析，本章参考传统文献的研究思路，首先估计不包含“第三方效应”变量的传统模型，发现上述因素对农村剩余劳动力转移的影响方向和效应大致保持一致。当考虑空间影响效应并在计量模型中加入空间“第三方效应”变量后，发现 FDI 影响农村剩余劳动力转移空间集聚过程中存在明显的“第三方效应”。同时，本章将整体样本分为东部地区和中西部地区[①]进行进一步的详细考察，发现“第三方效应”在不同地区的影响效应和作用机制略有差异。

① 东部地区包括北京、天津、河北、辽宁、山东、江苏、浙江、上海、福建、海南、广东和广西共 12 个省市（自治区），中西部地区包括黑龙江、吉林、河南、安徽、湖北、湖南、江西、内蒙古、山西、陕西、甘肃、宁夏、四川、贵州、云南、青海、西藏和新疆共 18 个省市（自治区）。

5.4.1 FDI影响农村剩余劳动力分地区的“第三方效应”检验

表5-4报告了基于全国总体样本和分地区样本的计量结果。结果表明，FDI影响农村剩余劳动力转移空间集聚的过程中存在显著的“第三方效应”，这可以从6个空间变量中至少有4个变量的系数高度显著中得到验证。同时，“第三方效应”变量的加入提高了传统变量估计系数的大小和显著性，这表明解释变量的增加并未影响实证模型与理论预期的一致性，并进一步验证了空间变量引入对解释中国农村剩余劳动力转移集聚的适用性。

外商直接投资（Lnafdi）对农村剩余劳动力转移具有显著的正向促进作用，这主要是因为改革开放以来中国积极承接国际产业转移并大力发展加工贸易，从而决定FDI在制造业的集中具有典型的劳动密集型特征（许和连等，2013）。FDI流入所带来的充裕资金和先进技术促进了劳动密集型制造业出口规模的扩大，而且非熟练农村剩余劳动力较低的工资水平符合FDI企业的低成本战略导向，外资企业因而成为吸纳农村剩余劳动力转移就业的重要力量，这一影响效应在中西部地区尤为明显。WLnafdi的系数显著为正，即相邻地区FDI流入量的增加将会提高当地农村剩余劳动力的转移量。大量的理论与实证研究已证明，中国FDI的区位分布具有明显的“结块效应”特征（Cheng et al.，2000；何兴强等，2008），所以相邻地区FDI流入量的增加将会促进当地FDI的流入，进而对当地二元就业结构转型和农村剩余劳动力的向城市非农产业的转移就业产生积极的正向影响。

WLnlabor的系数显著为正，即相邻地区农村剩余劳动力转移量的增加将会提高当地农村剩余劳动力的转移量。这可能是由于，随着中国市场一体化和劳动力市场体制改革进程的不断推进，相邻地区在劳动力流动、内贸往来、信息共享等方面的联系愈发紧密，并逐渐在一定的区域范围内形成了“共享劳动力市场”，这极大降低了农村剩余劳动力转移就业的搜寻成本和失业率，因而相邻地区农村剩余劳动力

表 5 – 4　传统模型和空间计量模型估计结果

样本	全国总体		东部地区		中西部地区	
	模型（1）	模型（2）	模型（3）	模型（4）	模型（5）	模型（6）
传统变量	No Spatial	With Spatial	No Spatial	With Spatial	No Spatial	With Spatial
Lnafdi	0. 3803 *** （0. 0145）	0. 2198 *** （0. 0271）	0. 2752 *** （0. 0165）	0. 1072 ** （0. 0593）	0. 4013 *** （0. 0112）	0. 1116 ** （0. 0306）
flex	2. 0717 *** （0. 1775）	3. 1682 *** （0. 2650）	2. 5781 *** （0. 1828）	3. 7922 *** （0. 3621）	1. 5492 *** （0. 0563）	2. 1121 *** （0. 3708）
Lnw_{gap}	0. 0773 *** （0. 0198）	0. 1238 * （0. 0968）	0. 0988 *** （0. 0226）	0. 3171 *** （0. 1221）	0. 0868 *** （0. 0126）	0. 2406 ** （0. 1049）
gdpr	1. 6145 *** （0. 2116）	0. 8885 ** （0. 4349）	– 0. 7231 ** （0. 3374）	5. 8471 *** （1. 1006）	2. 1939 *** （0. 0933）	2. 1502 *** （0. 5019）
unempl	– 1. 6799 *** （0. 1993）	– 3. 3116 *** （1. 3858）	– 0. 0229 （0. 1632）	– 6. 4230 （1. 7948）	– 3. 5804 *** （0. 2239）	– 1. 8201 *** （0. 5874）
“第三方效应” 变量						
WLnlabor		0. 7331 *** （0. 0660）		0. 3718 *** （0. 1255）		0. 8089 *** （0. 0777）
WLnafdi		0. 1362 ** （0. 0449）		0. 1452 * （0. 0896）		0. 1125 ** （0. 0540）

续表

样本	全国总体		东部地区		中西部地区	
	模型（1）	模型（2）	模型（3）	模型（4）	模型（5）	模型（6）
Wflex		-3.2622*** (0.4047)		-2.6619*** (0.6924)		-1.5964*** (0.5930)
$WLnw_{gap}$		-0.0465*** (0.0002)		0.4638*** (0.1253)		-0.0385 (0.1514)
Wgdpr		-0.5667** (0.2987)		-4.8436*** (1.4670)		-0.4326 (0.6938)
Wunempl		3.5777*** (1.9050)		5.0739*** (2.7308)		2.5227*** (0.4519)
Wald chi2	2149.31***		889.77***		6620.34***	
Log L		100.9079		77.4499		61.0228
LR chi2		581.56***		307.98***		337.12***
Obs	480	480	192	192	288	288

注：***、**和*分别表示1%、5%和10%的显著性水平，括号内为稳健性标准误，以下表同。

转移量呈现空间正相关关系。加之农村剩余劳动力获取就业信息途径主要来源于家庭成员、亲戚和同乡这种社会关系网络（Du et al.，2005），而中国传统文化对故乡和乡情的重视使这种社会网络的联系强度随距离的增加而衰减，因而其转移就业主要依靠相邻地区的社会关系网络。中国社会关系网络在劳动力迁移中的重要作用可以与许多国家中非法外籍劳工的类似特点相比（Roberts，1997），这也解释了农村剩余劳动力在相邻地区集聚的主要原因。同时，由于中西部地区农村剩余劳动力的整体知识水平更低以及获取就业信息的渠道更少，造成其对社会关系网络的依赖性要远大于东部地区，所以相邻地区间农村剩余劳动力转移的空间影响效应更强。

劳动力市场灵活性（flex）的系数显著为正，这主要是因为，劳动力市场灵活性增强将显著降低劳动力市场中的各种刚性（包括雇用和解雇成本），农村剩余劳动力可以在工资信号的正确指引下顺利实现转移就业，劳动力市场也会更迅速地向其均衡位置移动。Wflex 的系数显著为负，即相邻地区劳动力市场灵活性增强将会降低当地农村剩余劳动力的转移量。在现阶段结构性“民工荒”不断出现的现实背景下，各地区政府在政绩考核和“晋升锦标赛”（周黎安，2007）的压力下为争夺区域内劳动力而开展竞争，相邻地区劳动力市场体制改革的推进和劳动力市场灵活性的增强将会对当地形成一种“虹吸效应”，使部分本应转移至当地就业的农村剩余劳动力流向了相邻地区。由于农村剩余劳动力转移的目的是实现自身收益最大化，因而城乡收入差距（Lnw_{gap}）成为其向城市转移就业的主要原因（Todaro，1969；吴忠民，2003；Lu et al.，2006；孙宁华等，2009）。在考虑空间效应之后，$WLnw_{gap}$的系数显著为负，这是因为处于“生存理性选择”阶段的农村剩余劳动力依然偏好于工资激励（赵德昭等，2012），相邻地区间的工资差异将会对其转移就业决策形成一种竞争效应。但一个令人意外的结果是，东部相邻地区的这一效应显著为正。这可能是因为，东部地区的市场化水平较高和劳动力市场机制较为健全，相邻地区城市工资水平上升对当地城市工资水平形成正向激励或“倒逼效应”，这增加了当地农村剩余劳动力的相对迁移收益。

非农产业生产总值占 GDP 的比重（gdpr）对农村剩余劳动力转移具有显著的正向促进作用，这主要是因为在经济发展的过程中，非农产业（特别是非国有经济）在整个经济中所占比重越来越大，资本的迅速增加与积累产生了大量的劳动力需求（吴忠民，2003），从而对农村剩余劳动力向非农产业转移就业形成了一股巨大的“拉力”。东部地区这一效应显著为负的原因在于，东部地区已处于产业升级的高级阶段，资本、技术密集型产业对农村剩余劳动力的“就业替代”效应大于“就业创造”效应。Wgdpr 的系数显著为负，这与劳动力市场灵活性（flex）的传导机制相似，在此不再详述。较高的城镇失业率（unempl）降低了农村剩余劳动力向城市转移的期望工资和预期收益，转移激励的大幅下降对其转移就业将产生显著的负向影响，“沮丧工人”假说（Paul Flaim，1984）对此作出了很好的阐释。Wunempl 的系数显著为正，即相邻地区城镇失业率的上升将提高当地农村剩余劳动力的转移量。相邻地区城镇失业率的上升向外传达了令人悲观的就业信号，这使本欲跨区域转移就业的农村剩余劳动力选择就近转移，而已转移至相邻省份的部分劳动力则选择回流。

5.4.2 FDI 影响农村剩余劳动力转移分时段的“第三方效应”检验

为了更好地考察“第三方效应”在时间上是否具有连续性，本章将全部样本分为 1996 ~ 2001 年、2002 ~ 2006 年和 2007 ~ 2011 年三个时间段。选择 2001 年为分界点的原因在于，中国在 2001 年成功加入世界贸易组织，投资与贸易领域的开放度得到极大提高，FDI 流入数量大幅增加。选择 2006 年为分界点的原因在于，东部沿海地区的“民工荒”开始成为常态，劳动力市场体制和户籍制度改革等加速推进，其对农村剩余劳动力转移的影响效应日益显现。表 5 - 5 报告了

表 5-5 "第三方效应"的分时段检验

样本	1996 ~ 2001 年		2002 ~ 2006 年		2007 ~ 2011 年	
	模型（1）	模型（2）	模型（3）	模型（4）	模型（5）	模型（6）
传统变量	No Spatial	With Spatial	No Spatial	With Spatial	No Spatial	With Spatial
Lnafdi	0. 4403*** (0. 0403)	0. 1606** (0. 0595)	0. 4122*** (0. 1369)	0. 1514*** (0. 0696)	0. 4266*** (0. 0523)	0. 2395** (0. 0973)
flex	2. 7468** (0. 9305)	3. 5109*** (0. 8169)	2. 2452** (0. 9434)	4. 3475*** (0. 7419)	2. 3969*** (0. 5809)	1. 4989** (0. 6671)
Lnw_{gap}	0. 2562 (0. 1739)	0. 1315*** (0. 0151)	0. 3878*** (0. 0114)	0. 3531 (0. 2011)	0. 4203*** (0. 1009)	0. 3132** (0. 1297)
gdpr	1. 7124** (0. 8774)	0. 7801* (0. 4248)	2. 5505** (1. 0644)	1. 3403** (0. 3721)	3. 1989** (1. 7659)	1. 8434** (0. 7127)
unempl	-0. 1497 (0. 6727)	-0. 1682 (0. 1671)	-4. 3965*** (0. 7452)	-1. 1949* (0. 5470)	-6. 0931** (2. 1076)	-4. 2907*** (0. 7574)
"第三方效应"变量						
WLnlabor		0. 8580*** (0. 1498)		0. 8898*** (0. 1326)		0. 5721*** (0. 1123)

续表

样本	1996～2001年		2002～2006年		2007～2011年	
	模型（1）	模型（2）	模型（3）	模型（4）	模型（5）	模型（6）
WLnafdi		0.2029** (0.0806)		0.0304** (0.1080)		0.0970*** (0.0076)
Wflex		-7.4642*** (1.0423)		-3.4655*** (1.3173)		-2.2234* (1.1707)
$WLnw_{gap}$		-0.1699 (0.1474)		-0.1051 (0.2721)		-0.7486** (0.2084)
Wgdpr		-1.5847 (1.2233)		-2.1454** (1.0190)		-1.8965*** (0.4313)
Wunempl		1.0409 (1.8148)		1.9090 (0.9607)		3.2398** (1.1043)
Wald chi2	182.44***		140.72***		483.78***	
Log L		71.7759		29.8986		15.9507
LR chi2		72.26***		146.40***		86.35***
Obs	180	180	150	150	150	150

注：同表5-4。

分时段样本的计量结果，传统变量估计系数的大小和符号没有发生太大的变化，说明传统变量对其影响效应具有时间上的连续性和稳健性。在加入“第三方效应”变量之后，变量估计系数的显著性水平有了显著提高，1996～2001 年的 6 个“第三方效应”变量中有 3 个变量系数显著，2002～2006 年的 6 个“第三方效应”变量中有 4 个变量系数显著，2007～2011 年的 6 个“第三方效应”变量系数全部显著，这表明 FDI 影响农村剩余劳动力转移空间集聚的“第三方效应”在时间上持续存在，并呈现逐渐增强的趋势。

5.5　实证结果拓展分析：为什么中国劳动力市场非均衡现象突出？

纵观中国劳动力市场的发展历程，计划经济时期的“平均主义”和“中央统一调控”决定了不同部门和地区的劳动力需求及工资水平，其缺乏市场竞争机制和从根本上排斥市场，因而改革开放以前的中国社会并不存在真正意义上的劳动力市场（Brooks et al.，2003）。改革开放以来，中国实施以市场为导向的经济体制改革，“社会主义市场经济”转型极大激发了劳动力市场的出现和发育（Gustafsson et al.，2001），改革进程中所出现的一系列制度变迁和经济结构变化重塑了中国劳动力市场体系（Parish et al.，1995）。

20 世纪 80 年代，农村家庭联产承包制改革以及乡镇企业的迅速发展，使得大量农村剩余劳动力顺利实现就近的转移就业，完全竞争的农村劳动力市场开始出现。90 年代初，国家放宽人口流动限制导致了规模巨大的“民工潮”，跨区域的劳动力市场逐渐形成（Xu et al.，2002）。在城市内部，劳动合同制、工资制度改革、国有企业的改革重组等，不仅使大量隐性失业工人“显性化”，而且极大促进了城市竞争劳动力市场的发育。但一个不容忽视的问题是，劳动力市场化进程的区域差异成为中国经济体制转型过程中的一个重要特征。现阶段，农村剩余劳动力转移就业构成区域劳动力市场发展和城乡劳动力市场融合的主要内容，而且其影响效应日益凸显。因此，本章试图从农村剩余劳动力转移的空间集聚特征出发，从经济诱因和社会关系网络两个层面分析劳动力市场非均衡现象的深层次原因。

5.5.1 农村剩余劳动力转移的空间集聚呈现明显的“核心-外围”模式

空间计量模型的估计结果显示，FDI 及其“第三方效应”成为农村剩余劳动力转移和跨区域流动的主要原因。探索性空间数据的分析结果表明，FDI 与农村剩余劳动力的空间集聚模式与区域分布极为一致，因此分析 FDI 的空间区位分布也就解释了农村剩余劳动力转移空间集聚模式的原因。图 5-5 和图 5-6 给出了 1996 年、2004 年和 2011 年 FDI 和农村剩余劳动力转移集聚的核密度变化图。从图中可以看出，FDI 和农村剩余劳动力转移集聚的核密度曲线持续不断地向右平移，两者的变化趋势较为一致。同时，核密度图显示 FDI 和农村

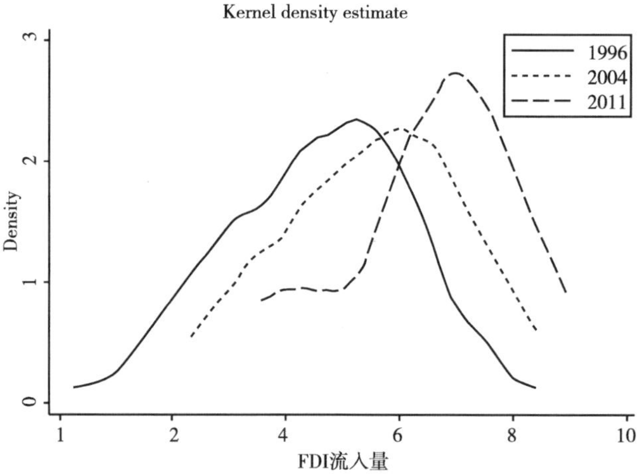

图 5-5　部分年份 FDI 的核密度图

剩余劳动力转移的集聚水平有逐步提高的趋势，而且高值集聚区域在不断扩大。从整体上来看，FDI 的空间集聚呈现以长三角、珠三角地区为“高高集聚”的核心区域，以中部地区“高低集聚”和“低高集聚”、以西部边疆地区“低低集聚”的外围区域分布特征。

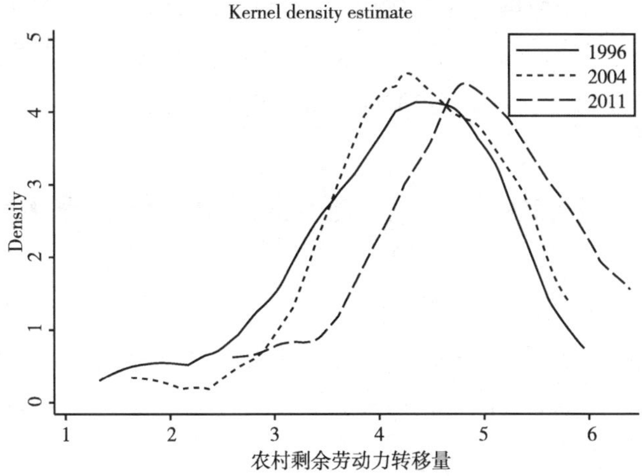

图 5－6　部分年份农村剩余劳动力转移的核密度图

具体而言，由于东部沿海地区独特的区位优势、初始经济条件和国家引资政策的倾斜，FDI 在长三角和珠三角地区形成了劳动密集型产业集聚。根据 Krugman（1991）的核心—外围（core－periphery）理论，FDI 的定位行为具有动态的空间扩散模式，为追求关联企业聚集带来的外部经济性，新进入的 FDI 企业倾向于选择外资企业集中的地区。在循环累积机制的作用下，上述地区 FDI 的集聚效应得以强化且集聚度进一步增强，从而导致长三角、珠三角地区长期以来成为 FDI 投资的首选地区，江苏的苏州、无锡便是其中的典型代表。反观 FDI 流入比较少的中西部地区，虽然国家陆续实施了西部大开发和中部崛起战略以推动区域引资的协调发展，但 Moran 指数全局与局部指标的分析结果显示，FDI 在中西部地区的产业集聚特征并没有发生实质性的改变。虽然东部沿海地区劳动密集型 FDI 产业转移可在一定程度上改善区域引资和劳动力市场发育的非均衡性，但区域经济一体化所产生的市场外溢效应却极大阻止了劳动密集型产业的转移和扩散，这是符合中国产业转移的经验事实的（王业强等，2007）。由此看来，FDI产业集聚一旦在某区域形成，将由于产业空间关联和本地市场效应形成累积循环机制，从而导致农村剩余劳动力转移存在高—高集聚或低—低集聚的“马太效应”。在市场经济条件下，政府导向对市场主体的预期影响不如计划经济时期那样强烈和有效，这也使得劳动力市场非均衡的局面在短期内难以改变。

5.5.2 农村剩余劳动力转移在“邻里效应”作用下实现多重均衡

中国正处于社会转型的关键时期，制度上的社会分割以及信息不充分的存在，使得农村剩余劳动力转移过程中存在明显的“邻里效应”（neighborhood effect），即强调使自己行为趋同于社会关系网络中其他人的行为，这是在信息不完全条件下使自己获得最大效用的有效选择（Zanella，2007）。在中国特有的“伦理本位”和“差序格局”下，社会关系网络已成为一种极为重要的社会资源。对于低素质农村剩余劳动力而言，其就业信息大多直接来源于信任度较高的老乡和亲朋好友，社会关系网络提高其找到工作的概率和预期收入。蔡昉（2001）研究表明，65.8%的农村流动劳动力靠亲缘和地缘关系获得工作信息，75.4%的农村劳动力外出就业所依靠的社会资源来源于其所处的社会关系网络。

值得注意的是，社会关系网络虽然是一种社会资本，但“邻里效应”考察的主要是通过行为模仿和非对称信息条件下的决策来影响人的行为，因此不存在边际收益递减现象。而社会互动的存在和行为的相互依赖预示劳动力市场可能存在着多重均衡效应（Moffitt，2001；Zanella，2007），即农村剩余劳动力可能一起外出打工，从而实现高流动率和高水平集聚的均衡状态；农村剩余劳动力也可能观测到其他劳动力的不流动而选择不外出就业，这就会导致低流动率和低水平集聚的均衡状态。现阶段，长三角、珠三角地区农村剩余劳动力转移处于高水平集聚的均衡状态。一个可以让人信服的解释是，上述地区的市场一体化进程和支持劳动力就业的政策通过社会互动放大了劳动力转移决策中“邻里效应”的正面效应，使得农村剩余劳动力转移就业维持在高水平的均衡状态。反观广大的中西部地区，农村剩余劳动力转移量较少，加之外在阻碍劳动力流动的城乡分割政策通过社会互动放大了“邻里效应”的负面效应，使得农村剩余劳动力转移就业被长期“锁定”在低水平均衡中。

5.6　本章小结

中国农村剩余劳动力在城乡间或跨地区的转移就业构成现阶段人口流动的主要内容，其是在全球市场一体化和国内劳动力市场分割的背景下出现的。本章利用 1996 ~ 2011 年的省级面板数据，运用探索性空间数据分析方法对研究时段内农村剩余劳动力在各省份的集聚格局和时空跃迁进行了详细分析，结果显示 FDI 与农村剩余劳动力转移的空间形态呈从沿海到内陆依次递减的阶梯状分布，在地理空间上则形成以东部沿海地区为集聚中心的“核心—外围”格局，空间近邻效应十分明显。从两者空间集聚的类型和区域分布来看，FDI 高值集聚区是农村剩余劳动力转移的高值集聚区（主要是东部沿海地区），FDI 低值集聚区一般也是农村剩余劳动力转移的低值集聚区（主要是西部边疆地区），两者在空间集聚类型和区域分布上基本保持一致。

同时，本章采用空间计量模型实证分析了 FDI 对农村剩余劳动力转移集聚的影响及其“第三方效应”。空间计量检验结果表明，由于 FDI 产业集聚和本地市场效应形成的累积循环机制，农村剩余劳动力转移存在高—高集聚和低—低集聚的“马太效应”。分地区样本的实证结果表明，“第三方效应”显著存在，但其对农村剩余劳动力转移空间集聚的影响效应和作用机制略有差异。分时段样本的实证结果表明，FDI 影响农村剩余劳动力转移空间集聚的“第三方效应”在时间上持续存在，并呈现逐渐增强的趋势。进一步的，本章试图从农村剩余劳动力转移的空间集聚特征出发，从经济诱因和社会关系网络两个层面分析劳动力市场非均衡现象的深层次原因，结果发现 FDI 产业集聚一旦在某区域形成，将由于产业空间关联和本地市场效应形成累积循环机制。而在市场经济条件下，政府导向对市场主体的预期影响不如计划经济时期那样强烈和有效，这也使得劳动力市场非均衡的局面在短期内难以改变。而且，农村剩余劳动力转移在“邻里效应”作用下可能处于多重均衡状态，东部沿海地区农村剩余劳动力转移就业维持在高水平的均衡状态，而中西部地区则被长期“锁定”在低水平均衡中。

第6章 FDI、农业技术进步与农村剩余劳动力转移

6.1 引言

2004~2011年，中央连续8年发布关于“三农”问题的“一号文件”，足见国家对“三农”问题的重视。“三农”问题的本质在于贫困问题和较低的全要素生产率，所以解决该问题的根本途径在于有效促进农村剩余劳动力向城市非农产业的转移就业。改革开放初期，中国的劳动要素充裕而资本要素稀缺，如何积累足够资本要素吸纳过剩劳动力成为社会经济发展的重中之重。在国内资本短期内积累有限的情况下，积极吸引外资成为解决就业问题的重要选择。20世纪90年代以来，凭借劳动力成本优势和巨大的市场潜力，中国通过吸引外资迅速成为世界制造业的加工生产基地。由于外资在东部沿海制造业的集聚具有典型的劳动密集型特征，因而吸引了大批农村剩余劳动力向城市的转移就业，并引发历史上规模最大的人口迁移——“民工潮”，由此可见外资对农村剩余劳动力转移就业的巨大“拉力”。

虽然外资的持续流入极大缓解了中国的就业压力，但农村仍然面临剩余劳动力转移压力加大和资源环境约束等新挑战，因此必须不断提高农业科技创新和应用水平，依靠农业技术进步加快农村剩余劳动力转移和实现农业现代化[①]。近年来，东部沿海地区的“民工荒”渐成常态，甚至中西部地区部分城市也开始出现“招工难”，如何有效提高劳动力总供给已迫在眉睫。农业发展的成功经验表明，劳动节约型技术进步可以极大地提高农业劳动生产率，将劳动力从农业中进一步“释放”出来，从而为城市非农产业提供充足的劳动力供给。因此，农业技术进步对农村剩余劳动力向非农产业转移就业的“推力”作用愈发受到重视。2012年，“中央一号文件”明确锁定农业科技创

① 农业部部长韩长赋在2011年7月21日农业部党组中心组（扩大）学习会上研讨农业科技发展时的讲话。

新，这是因为农业技术进步是农业经济可持续增长的内在客观规律，其技术层面的演进趋势必将对农业部门的劳动力调整产生显著影响。由于农村剩余劳动力向城市非农产业的转移决策还受到二元户籍制度、各地就业政策等“其他中间因素”的影响，因此，本章在对传统“推—拉”模型进行完善和重构的基础上，构建“合力模型”研究各因素对农村剩余劳动力向城市非农产业转移就业的影响效应。

6.2　相关文献评述

在研究农村剩余劳动力向城市的迁移决策时，“推—拉理论”一直作为经典分析框架被广泛运用。人口学家 D. J. Bagne (1969)[①] 首先提出“推—拉理论”，该理论侧重地域的研究视角，通过对流出和流入地“推力”和“拉力”因素的分析来解释劳动力的转移动因和迁移行为。E. S. Lee (1966)[②] 对该理论进行了进一步补充，认为在流出和流入地之间还存在“中间障碍因素”。但实际上，除“推—拉”因素外的诸多可观测或不可观测的因素，对农村剩余劳动力向城市转移决策的作用方向并不明确，可能同时存在正负两种效应，仅将其归纳为“中间障碍因素”是不合理的。因此，将上述因素统称为“其他中间因素”，认为推力、拉力和其他中间因素形成的“合力”共同影响农村剩余劳动力向城市的转移决策。

首先，研究“推力因素”对农村剩余劳动力转移的影响效应。众多文献一致认为，农业技术进步是农村剩余劳动力向城市转移最为关键的“推力”。John C. H. Fei 和 Gustav Ranis (1978) 认为，农业技术进步不仅可以有效促进农业剩余劳动力向工业部门的转移，而且农业部门和工业部门将获得同步发展。Matsuyama (1992) 认为农业

① D. J. Bogue 人口学原理 [M]. 威利出版社，1969.

② E. S. Lee A theory of migration [J]. Demography, 1966, 3 (1): 47 -57.

技术进步在增加农业劳动力向现代产业转移数量的同时还会显著提高工业部门的增长率。陈宗胜和黎德福（2004）利用内生农业技术进步的二元经济增长模型研究发现，中国农业劳动力转移的主要推动力即对农业部门投资增加所带来的农业技术水平的提高。蒙景阳（2008）认为农业技术进步使大量农业剩余劳动力“脱农而出”，拓宽了农业生产范围和影响与农业相关产业的就业，从而为农业剩余劳动力开辟更为广阔的就业空间。周申等（2009）认为农业技术进步是农业剩余劳动力得以顺利转移的前提条件，农业技术进步速度越快，农业剩余劳动力转移的速度也越快。

其次，研究“拉力因素”对农村剩余劳动力转移的影响效应。在户籍制度等内部要素变革缓慢的情况下，外资企业成为吸引农村剩余劳动力向城市转移就业的重要“拉力”。Xiaolan Fu 和 V. N. Balasubramanyam（2005）认为 FDI 在吸收大量农村剩余劳动力的同时，对改善中国总体就业质量有着积极的正向作用。许和连等（2012）认为，外资在东部沿海地区的聚集不仅解决了大批农村剩余劳动力的就业问题，而且可以利用外资梯度转移的机遇加快消除区域劳动力市场的不平衡性，从而实现劳动力市场一体化。徐涛（2005）认为 FDI 的进入不仅直接增加对劳动力的需求，还会通过总需求扩张等渠道产生外部性进而影响国内就业，FDI 对总需求的刺激已成为影响中国就业的主要渠道。但 FDI 对东道国就业数量影响具有二重性，王剑等（2005）认为，一方面 FDI 通过直接吸纳效应提高了就业水平；另一方面 FDI 通过挤出国内投资和提高生产率水平降低了就业水平，但总体就业效应是积极的。

最后，研究“其他中间因素”对农村剩余劳动力转移的影响效应。“其他中间因素”主要源于政府针对劳动力流动和就业的相应制度安排。李强（2003）认为在户籍制度的限制下，农村劳动力无法实现真正的自由流动，“推拉模型”在此条件下是失效的。蔡昉等（2001）认为地方性就业政策往往给予城市人口高度优先的就业地位，制订各项政策或规制排斥外地民工在城市就业，在阻碍劳动力自由流动的同时导致劳动力市场的继续分割。郑江淮等（2007）认为土地股份合作社和社区股份合作社等农民土地权利实现的新制度安排，在一定程度上可以缓解农民失地后“就业难”的困境。由此可以看出，对农村剩余劳动力向城市转移的“中间力量”不仅包含诸多要素而且作用方向不明，需要在研究实际问题时进行具体分析。

综上所述，已有研究文献主要存在以下不足：第一，缺乏 FDI 影响农村剩余劳动力转移的实证研究，已有研究大多局限在研究 FDI 对劳动力市场供求总量的层面。第二，较为注重计量模型和处理手段，缺乏系统的 FDI 影响农村剩余劳动力转移的理论分析框架。第三，在指标选取上，学者较多采用流量指标表征 FDI 或用单一替代指标表征农业技术进步。本章采用永续盘存法处理得到 FDI 存量，并采用非参数 DEA 的曼奎斯特（Malmquist）指数法对农业技术水平进行测算，从而使得研究结论更加科学可靠。基于此，本章在构造包含 FDI、农业技术进步和农村剩余劳动力转移在内的理论分析框架的基础上，考虑各项影响因素建立影响农村剩余劳动力转移的“合力模型”，并利用 1996～2009 年中国 28 个省级单位的面板数据进行了详细的实证检验，以期在现有研究基础上有所完善。

6.3　理论分析框架与计量模型

6.3.1　理论分析框架

已有研究 FDI 和劳动力就业关系的文献，大多借鉴柯布—道格拉斯（Cobb－Douglas）的分析框架。一个比较符合中国的现实情况是资本（包括外来资本 FDI 和国内资本）边际收益因充足的剩余劳动力而不再递减，但劳动力边际收益仍然呈递减趋势，最终的结果是两者总报酬保持不变，所以本章以不变规模报酬的 C－D 函数为基础（即 $\alpha+\beta+\gamma=1$），推导和分析 FDI、农业技术进步对农村剩余劳动力向城市转移就业的影响效应。在开放经济条件下，中国经济发展存在 FDI 等外部生产要素的流入，从而建立如下理论模型：

$$Q = A \cdot F(FDI, K_I, L) = A \cdot (FDI)^{\alpha} K^{\beta} \cdot L^{\gamma} \tag{6.1}$$

其中，Q 代表吸纳农村剩余劳动力转移就业的城市劳动密集型企业的产出水平，A 代表农业技术进步速度（农村剩余劳动力的全要素生产率），FDI 代表外来资本要素，K_I代表国内资本要素，L 代表农村剩余劳动力就业数量（城市职工数量忽略不计），α、β 和 γ 分别表示 FDI、国内资本和劳动力的产出弹性。则厂商的总生产成本为：

$$C = WK + r(FDI + K_I) \tag{6.2}$$

其中，W 为单位劳动力成本（农村剩余劳动力的工资水平），r 为 FDI 和国内资本均享有的相同真实利率，则厂商的利润函数为：

$$\pi = A \cdot (FDI)^{\alpha} K_I^{\beta} \cdot L^{\gamma} - WL - r(FDI + K_I) \tag{6.3}$$

根据厂商利润最大化的原则，则利润函数对劳动力的一阶偏导为 0：

$$\frac{\partial \pi}{\partial L} = \gamma \cdot A \cdot (FDI)^{\alpha} K_I^{\beta} \cdot L^{\gamma-1} - W = 0 \tag{6.4}$$

将等式两边同时取对数并变换形式，则有：

$$\ln L = \frac{1}{1-\gamma}\ln\gamma + \frac{\alpha}{1-\gamma}\ln FDI + \frac{1}{1-\gamma}\ln A + \frac{\beta}{1-\gamma}\ln K_I + \frac{1}{\gamma-1}\ln W \tag{6.5}$$

由此可见，FDI 是农村剩余劳动力流入地（城市）存在的重要“拉力”，流入城市的 FDI 越多，农村剩余劳动力向城市转移的速度也相应越快（$\alpha/(1-\gamma)>0$）。农业技术进步 A 是农村剩余劳动力流出地（农村）存在的重要“推力”，农业技术进步在解放农业劳动力的同时，还将极大提高劳动生产率，这使得农村剩余劳动力在城市找到一份工作变得相对容易。因此，农业技术进步速度越快，农村剩余劳动力向城市转移的速度也越快（$1/(1-\gamma)>0$）。“其他中间因素”如二元户籍制度、各地就业政策等，虽在理论模型推导中并没有明确体现，但其对农村剩余劳动力的转移决策也有着不可忽视的重要影响。

6.3.2 计量模型建立与处理方法

根据理论模型的推导结果，在计量模型中加入体现“其他中间因素”的系列控制变量，由此可以得到本章进行实证检验所需的“合力模型”：

$$\begin{aligned} Lnlabor_{i,t} = {} & \beta_0 Lnafdi_{i,t} + \beta_1 tp_{i,t} + \beta_2 Lnflex_{i,t} + \beta_3 Lnw_{gap_{i,t}} + \beta_4 Lngdpr_{i,t} \\ & + \beta_5 unempl_{i,t} + \beta_6 control_{i,t} + \varepsilon_{i,t} \end{aligned} \tag{6.6}$$

其中，i 表示省份，t 表示年份，$labor_{i,t}$表示农村剩余劳动力转移量，$afdi_{i,t}$表示按 1990 年不变价格计算的实际 FDI 存量，$tp_{i,t}$表示农业技术进步，$flex_{i,t}$表示劳动力市场灵活性，$w_{gapi,t}$表示城乡实际收入差距，$gdpr_{i,t}$表示非农产业生产总值占 GDP 的比重，$unempl_{i,t}$表示城镇失业率，$control_{i,t}$表示不可观测的“其他中间因素”，$\varepsilon_{i,t}$是残差项。本章仅以中国 28 个省区市样本进行实证研究，所以宜采用固定效应模型。在采用固定效应模型进行计量检验时，可以在方程中加入相应恒量以设定截面和时间固定效应，考虑不同个体的不同稳态值和个体自身稳态值随时间变化而变化等因素，从而将计量模型修正为：

$$\begin{aligned} Lnlabor_{i,t} = {} & \alpha + \lambda_i + \gamma_t + \beta_0 Lnafdi_{i,t} + \beta_1 tp_{i,t} + \beta_2 Lnflex_{i,t} + \beta_3 Lnw_{gap_{i,t}} \\ & + \beta_4 Lngdpr_{i,t} + \beta_5 unempl_{i,t} + \beta_6 control_{i,t} + \mu_{i,t} \end{aligned} \tag{6.7}$$

其中，α 为不变截距，λ_i 和 γ_t 分别表示省份固定效应和时间固定效应，$\mu_{i,t}$为随机误差项。但考虑到影响剩余劳动力转移的因素还应包括年龄、性别、健康状况等本章数据无法包含的信息，因此通过在模型中引入滞后一期的因变量 $Lnlabor_{i,t-1}$，来控制这些相对不随时间变化的劳动力特征的影响，同时采用 GMM 估计方法解决由于滞后因变量的引入可能导致的内生性问题[①]（Baum，2006；Roodman，2007）。在具体估计中，对工具变量选取的有效性进行 Hansen 检验，并对随机误差项的序列相关进行一阶相关 AR（1）和二阶相关 AR（2）检验。从而将计量模型进一步修正为：

$$\begin{aligned} Lnlabor_{i,t} &= \alpha_0 + \alpha_1 Lnlabor_{i,t-1} + \beta_0 Lnafdi_{i,t} + \beta_1 tp_{i,t} + \beta_2 Lnflex_{i,t} + \beta_3 Lnw_{gap_{i,t}} \\ &+ \beta_4 Lngdpr_{i,t} + \beta_5 unempl_{i,t} + \beta_6 control_{i,t} + \mu_{i,t} \end{aligned} \quad (6.8)$$

此外，在进行系统 GMM 估计时还遵循以下原则：（1）如果 GMM 估计值落在固定效应估计值和混合 OLS 估计值之间，则 GMM 估计是可靠有效的（Bond，2002）。（2）满足系统 GMM 方法“工具变量数不宜超过截面数”的大拇指法则。

6.4 数据来源与变量说明

6.4.1 数据来源

在省份研究样本的选取上，考虑到数据的一致性和可得性，研究样本不含海南、西藏和重庆（并入四川）3 个省区市。同时，由于制度不同将带来研究结果的差异和波动，因此研究样本亦不含香港、澳门和台湾地区。本章数据的时间跨度为 1996～2009 年，主要由《中国国内生产总值核算历史资料（1952～2004）》《中国统计年鉴》《中国农村统计年鉴》《中国劳动统计年鉴》和《中国人口和就业统计年鉴》各期数据整理计算而得。

为消除价格因素的影响，涉及价值形态的数据均用固定资产投资

① 由于滞后因变量与随机误差项相关，因此传统的 OLS 或面板数据的随机效应估计是有偏的。虽然可通过面板数据的固定效应变换（或称组内变换）消除企业的非观测固定效应，但经过组内变换后的滞后因变量仍与随机误差项存在负相关关系（Bond，2002），因此组内变换并不能得到一致的估计量。

价格指数或居民消费价格指数进行平减化处理（以 1990 年为基期）。历年 FDI 数据则根据当年平均汇率进行折算，并用永续盘存法计算得到实际 FDI 存量；农业技术进步指标则采用非参数 DEA 的曼奎斯特指数法进行测算。

6.4.2　变量说明

农村剩余劳动力转移量（labor）方面，参照刘志忠等（2007）的做法，用采掘、制造和建筑三个产业的职工人数总和减去相应的国有职工人数总和来表示农村剩余劳动力转移量。外商直接投资存量（afdi）方面，首先利用以 1990 年为基期的固定资产投资价格指数平减化得到各省区市每年的实际 FDI 流量（亿元），然后用永续盘存法得到各省市每年实际 FDI 存量。

农业技术进步（tp）方面，借鉴 Fare 等（1994）的方法，以第一产业从业人数、第一产业资本存量为投入变量，以第一产业生产总值为产出变量，用非参数 DEA 方法测算出的 Malmquist 生产率指数来表示农业技术进步（tp），数据处理工具为 Deap 2.1 软件。在投入产出变量的估算中，借鉴徐现祥等（2007）的基本思路，采用《中国国内生产总值核算历史资料（1952 ~ 2004）》中的相关数据，估算得到 1996 ~ 2004 年中国各地区第一产业资本存量（以 1990 年为基期）。由于数据来源的限制，2005 ~ 2009 年的第一产业资本存量的估算，则以前期估算的 2004 年资本存量为初始值，以《中国统计年鉴（2006 ~ 2010）》中“农、林、牧、渔业当年固定资产形成额”表示“第一产业固定资产投资额”，首先利用“各地区固定资产投资价格指数”对“第一产业固定则产投资额”进行平减化，然后运用永续盘存法得到 2005 ~ 2009 年“各地区第一产业资本存量”（以 1990 年为基期）。参照张军等（2004）的做法，固定资产折旧率取 9.6%。1996 ~ 2009 年“第一产业生产总值”则按照“各地区居民消费价格指数”进行平减化处理（以 1990 年为基期）。

劳动力市场灵活性（flex）方面，用“城镇单位雇用的农村劳动力占城镇单位就业人员的比重”来表示。劳动力市场越灵活，则越有利于农村剩余劳动力向城市的转移就业，它可以衡量户籍制度等的变革状况。城乡实际收入差距（w_{gap}）方面，首先用城镇居民家庭年人均总收入减去农村居民家庭年人均纯收入得到名义的城乡收入差距，然后用以 1990 年为基期的居民消费价格指数平减化得到城乡实际收入差距。非农产业生产总值占 GDP 的比重（gdpr）方面，由于非农产业规模直接反映了非农劳动市场对劳动力的需求水平，对农村剩余劳动力转移呈正向相关关系。城镇失业率（unempl）方面，城镇失业率是衡量农村剩余劳动力在城镇就业难度的指标，可被看作农村剩余劳动力转移就业的风险成本（非货币成本）。

6.5 变量描述及单位根检验

6.5.1 变量描述

表 6－1 报告了样本观测值的统计性描述。从表 6－1 中可以看出，东部地区农村剩余劳动力转移量（labor）、外商直接投资存量（afdi）和农业技术水平（tp）均要显著大于中西部地区，这与中国社会经济发展的现状相吻合。此外，东部和中西部地区在劳动力市场灵活性（flex）、城乡实际收入差距（w_{gap}）以及非农产业生产总值占 GDP 的比重（gdpr）方面也存在较为明显的差异。为了验证面板数据的平稳性以及变量间是否存在长期稳定的关系，将进行面板数据的单位根检验和协整性检验[①]。

---

① 受篇幅的限制，文中仅报告了全国层面变量的平稳性检验（单位根检验）以及协整性检验的结果，而东部和中西部地区的相关检验结果并未列出。

表 6 - 1　　　　　　变量的统计性描述

地区		Lnlabor	Lnlabor (-1)	Lnafdi	tp	Lnflex	Lnw_{gap}	Lngdpr	Lnunempl
全国整体	均值	4.3548	4.2786	5.4974	1.0405	-2.5051	7.8899	-0.1591	-3.3654
	标准差	0.8985	0.8964	1.5696	0.1561	0.6838	0.4375	0.0789	0.2916
	最小值	1.3552	1.3552	1.9039	0	-4.1997	6.8296	-0.3783	-4.1352
	最大值	6.1727	6.0441	8.7479	1.6080	-0.8574	8.9602	-0.0070	-2.7334
东部地区	均值	4.9027	4.8273	6.9088	1.0474	-2.0909	8.0677	-0.1070	-3.4442
	标准差	0.6291	0.6056	0.8327	0.0739	0.6195	0.4636	0.0753	0.3871
	最小值	3.6087	3.5409	5.5826	0.7930	-3.3524	6.9061	-0.3595	-5.1159
	最大值	6.1727	6.0441	8.7479	1.2610	-0.8574	8.9602	-0.0070	-2.7334
中西部地区	均值	4.0002	3.9235	4.5841	1.0359	-2.7731	7.7749	-0.1927	-3.3143
	标准差	0.8691	0.8757	1.2185	0.1919	0.5832	0.3787	0.0608	0.1922
	最小值	1.3552	1.3552	1.9039	0	-4.1997	6.8296	-0.3783	-4.1352
	最大值	5.4634	5.4634	6.8869	1.6080	-1.1720	8.4306	-0.0439	-3.0159

6.5.2　面板数据的单位根及协整性检验

（1）面板数据的单位根检验。

为避免"伪回归"问题，首先需要进行面板数据的平稳性检验，考察各变量是否存在同阶单整。如果确定各变量存在同阶单整，则进一步进行协整检验。根据原假设的不同可将单位根检验分为同质面板单位根检验（LLC 检验，Breitung 检验）、异质面板单位根检验（IPS 检验，Fisher - ADF）检验与不存在同质面板单位根检验（Hadri 检验）。本章选取 LLC 检验、Breitung 检验和 IPS 检验三种方法对各变量及其差分序列进行检验。从表 6 - 2 中可以看出，只有 LLC 检验方法下各变量的水平序列平稳，而另外两种方法下各变量的水平序列均呈现明显的不平稳，但三种检验方法下各变量的一次差分序列均至少在 10% 的显著水平上呈现平稳性，即不存在单位根。因此，所有变量均为一阶单整 I（1），可以进行面板数据的协整性检验。

表 6－2　　　　面板数据的单位根检验

变量	LLC 检验		Breitung 检验		IPS 检验	
	水平序列	一阶差分	水平序列	一阶差分	水平序列	一阶差分
Lnlabor	－1.6700** (0.0475)	－6.2830*** (0.0000)	2.9047 (0.9982)	－5.9278*** (0.0000)	5.2446 (1.0000)	－3.9372*** (0.0000)
Lnafdi	－5.7728*** (0.0000)	－4.9200*** (0.0000)	11.4933 (1.0000)	－2.0884*** (0.0184)	10.2568 (1.0000)	－1.5967* (0.0849)
tp	－4.4269*** (0.0000)	－12.8312*** (0.0000)	5.4819 (1.0000)	－8.2214*** (0.0000)	3.2258 (0.9956)	－7.6797*** (0.0000)
Lnflex	－2.4108*** (0.0080)	－10.0521*** (0.0000)	6.0319 (1.0000)	－5.1322*** (0.0000)	5.2644 (1.0000)	－5.2104*** (0.0000)
Lnw_{gap}	－3.5055*** (0.0002)	－7.9894*** (0.0000)	11.9512 (1.0000)	－6.5474*** (0.0000)	2.5599 (0.9948)	－6.3378*** (0.0000)
Lngdpr	－7.1960*** (0.0000)	－10.7748*** (0.0000)	8.0449 (1.0000)	－5.4063*** (0.0000)	2.2047 (0.9137)	－6.2817*** (0.0000)
Lnunempl	－8.1959*** (0.0000)	－2.4420*** (0.0073)	1.0983 (0.8640)	－3.5309*** (0.0002)	5.2481 (1.0000)	－6.1513*** (0.0000)

注：***、** 和 * 分别表示 1%、5% 和 10% 的显著性水平，采用 Schwarz 准则来确定滞后阶数，表中括号内数据为相应的 P 值。

（2）面板数据的协整性检验。

目前，面板数据协整性检验的方法主要分为两大类：一类是基于回归残差的协整关系检验，如 ADF 检验、E－G 两阶段检验等；另一类则是基于回归系数的协整检验，如 Johansen 检验等。本章采用基于回归残差的 E－G 两步法对变量的长期关系进行协整性检验，主要包括 Pedroni 检验和 Kao 检验两种方法，这两种检验方法的原假设均为不存在协整关系，从面板数据中得到残差统计量进行检验，检验结果如表 6－3 所示。从 Pedroni 检验和 Kao 检验的结果来看，检验结果均至少在 5% 的显著性水平下拒绝原假设，表明变量之间存在着协整关系即长期稳定关系，可以进行进一步的回归分析。

表 6-3　面板数据的协整检验结果

检验方法	统计量	统计值	P 值
Pedroni 检验	Panel v - Statistic	-3.1455***	0.0028
	Panel rho - Statistic	8.7542***	0.0000
	Panel PP - Statistic	-13.9995***	0.0000
	Panel ADF - Statistic	-2.0903**	0.0449
	Group rho - Statistic	10.3921***	0.0000
	Group PP - Statistic	-18.0029***	0.0000
	Group ADF - Statistic	-2.7890***	0.0026
Kao 检验	ADF	-3.4773***	0.0003

注：***、** 分别表示在 1%、5% 的显著水平上拒绝原假设。

6.6 实证检验结果与分析

6.6.1 变量相关系数矩阵

表 6-4 中的 Spearman 相关性检验显示，无论是外商直接投资存量（afdi）、农业技术进步（tp）以及劳动力市场灵活性（flex），还是城乡实际收入差距（W_{gap}）和非农产业生产总值占 GDP 的比重（gdpr），均与农村剩余劳动力转移（labor）存在显著的正向相关关系。但较高的城镇失业率（unempl）释放出令其敏感的就业冲击信号，极大降低了农村剩余劳动力向城市迁移的期望收益，所以其转移就业的积极性随之大幅下降，这与前面的理论预期基本一致，但更严谨的结论有待于进一步的实证检验与分析。

6.6.2 基本估计结果

由于计量模型的等式右边包含滞后一期的因变量（$Lnlabor_{-1}$），

表 6－4　Spearman 相关性检验

	Lnlabor	Lnlabor（－1）	Lnafdi	tp	Lnflex	Lnw_{gap}	Lngdpr	Lnunempl
Lnlabor	1.0000							
Lnlabor（－1）	0.7617	1.0000						
Lnafdi	0.6389	0.6317	1.0000					
tp	0.1007	0.0346	0.0821	1.0000				
Lnflex	0.2528	0.1748	0.3815	0.1743	1.0000			
Lnw_{gap}	0.3794	0.1174	0.2721	0.1545	0.0291	1.0000		
Lngdpr	0.2157	0.1026	0.2931	0.1983	0.3097	0.1331	1.0000	
Lnunempl	－0.0573	－0.1125	－0.0692	0.3964	－0.0095	0.2555	－0.0486	1.0000

普通 OLS 估计不能得到无偏和一致的估计量。同时，为了更好控制计量模型变量之间的内生性问题，本章使用系统广义矩模型（system GMM）进行估计，同时将固定效应模型（FE）的估计结果作为参照同样列入估计结果的表格中。在系统 GMM 估计过程中，内生变量的选择至关重要，通过对表 6－4 中 Spearman 相关性检验的分析，将农村剩余劳动力转移量的滞后一期（$Lnlabor_{-1}$）和外商直接投资存量（Lnafdi）设定为内生变量。通过对模型①～④和⑤～⑧估计结果的对比分析发现，其相应系数值和统计意义并没有发生大幅度的改变，说明表 6－5 中的基本估计结果具有较强的稳健性。表 6－5 的估计结果显示，系统 GMM 估计较好地处理了模型的内生性问题，因此本章的分析主要基于系统 GMM 的估计结果。

模型⑤～⑧的估计结果显示，外商直接投资（afdi）对农村剩余劳动力转移（labor）形成一股巨大的“拉力”，对其向城市非农产业的转移就业具有显著的正向促进作用，这与许和连和赵德昭（2012）、徐涛（2005）以及王剑和张会清（2005）的研究结论相一致。改革开放以来，中国廉价的劳动力和巨大的国内消费市场吸引了大批外资企业在中国投资建厂。FDI 的大量流入为制造业（特别是劳

表6－5　　基本估计结果（因变量为农村剩余劳动力转移量 Lnlabor）

	模型① FE	模型② FE	模型③ FE	模型④ FE	模型⑤ GMM two－step	模型⑥ GMM two－step	模型⑦ GMM two－step	模型⑧ GMM two－step
$Lnlabor_{-1}$	0.4063*** (0.0462)	0.3849*** (0.0472)	0.3773*** (0.0473)	0.3919*** (0.0479)	0.1569*** (0.0481)	0.1667*** (0.0396)	0.1740*** (0.0394)	0.1489*** (0.0425)
Lnafdi	0.1165*** (0.0309)	0.0732*** (0.0378)	0.0618* (0.0383)	0.0627* (0.0382)	0.1766*** (0.0274)	0.1488*** (0.0568)	0.0776* (0.0271)	0.0774* (0.0278)
tp	0.0289** (0.079)	0.0776 (0.0830)	0.0823** (0.0128)	0.0869*** (0.0082)	0.0899*** (0.0256)	－0.0092 (0.0315)	0.0628* (0.0338)	0.0591*** (0.034)
Lnflex	0.3438*** (0.0437)	0.2955*** (0.0498)	0.3088*** (0.0504)	0.3290** (0.0516)	0.4506*** (0.0297)	0.4115*** (0.0374)	0.4452** (0.0358)	0.4304** (0.0390)
Lnw_{gap}		0.1036** (0.0524)	0.0502 (0.0613)	0.0026 (0.0686)		0.0689 (0.0456)	0.0149** (0.0089)	0.0598* (0.0268)
Lngdpr			0.7501** (0.2506)	0.5088* (0.4506)			1.5771*** (0.2588)	1.4736*** (0.2768)
Lnunempl				－0.1091 (0.0743)				－0.0725* (0.0499)
Adj－R^2	0.8663	0.8614	0.8444	0.8542				
F检验值	6.27***	6.34***	6.33***	6.32***				

续表

	模型① FE	模型② FE	模型③ FE	模型④ FE	模型⑤ GMM two - step	模型⑥ GMM two - step	模型⑦ GMM two - step	模型⑧ GMM two - step
Hausman Test	171.35***	169.11***	170.27***	174.85***				
时间固定	否	否	否	否				
省份固定	是	是	是	是				
Wald Test					1238.02	1728.21	1403.37	1459.80
Hansen Test					26.61	26.54	27.00	25.36
AR（1）检验					0.014	0.012	0.010	0.012
AR（2）检验					0.436	0.313	0.532	0.553
Obs	364	364	364	364	364	364	364	364

注：（1）***、** 和 * 分别表示 1%、5% 和 10% 的显著性水平，括号内为稳健性标准误，FE 表示固定效应估计。（2）Hansen/sargan 检验的零假设是选取的工具变量不存在过度识别。AR（1）和 AR（2）检验的结果为残差项的自相关性检验的 P 值。若残差项存在一阶自相关而不存在二阶自相关，则 GMM 估计是有效的。

动密集型制造业）带来了充裕的资金和较为先进的技术，第一产业的农业剩余劳动力源源不断地流入第二产业（见图 6－1），促进了制造业的发展和出口规模的扩大，最重要的是为农村剩余劳动力向城市转移提供了大量的就业机会。

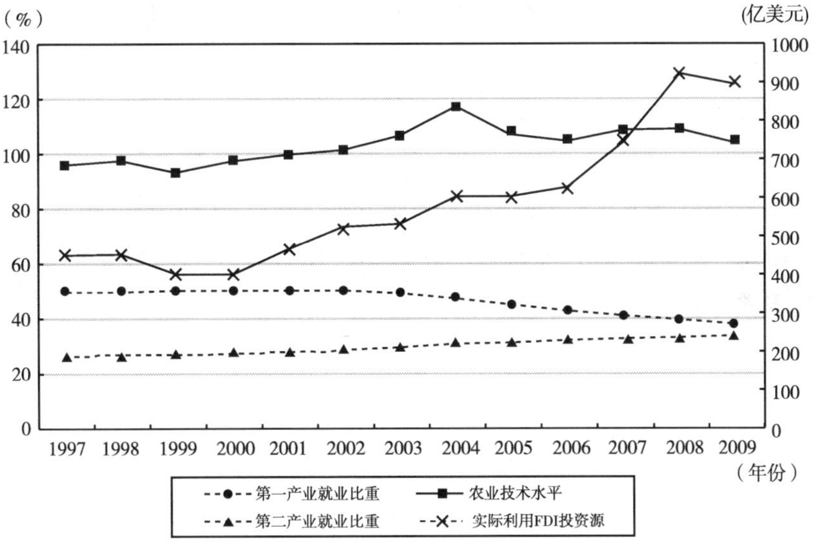

图 6－1　1997～2009 年 FDI 投资额、农业技术水平和第一产业就业比重的变化趋势

注："第一产业就业比重"和"实际利用 FDI 投资额"数据来源于 1998～2010 年《中国统计年鉴》，"农业技术水平"则用非参数 DEA 方法测算的曼奎斯特（Malmquist）生产率指数法来表示，为了在图中更加清晰地显示和便于比较分析，将"农业技术水平"各年数据均乘以 100%。

同时，FDI 产业在东部沿海地区的集聚所带来的更多就业机会和工资升水的潜在可能性极大激发了中西部地区农村剩余劳动力跨区域转移就业的积极性。农业技术进步（tp）对农村剩余劳动力转移（labor）形成的巨大"推力"，不仅使大批农业劳动力"脱农而出"（见图 6－1），而且极大降低了第一产业的就业比重和促进农村剩余劳动力向城市非农产业的转移就业，这与 Matsuyama（1992）、陈宗胜和黎德福（2004）以及蒙景阳（2008）的研究结论相一致。这是因为，农业技术进步将大幅提高农村剩余劳动力的劳动生产率水平，这使其在城市找到一份合适工作的概率大幅增加。

另外，城乡实际收入差距（w_{gap}）和非农产业生产总值占GDP的比重（gdpr）也是农村剩余劳动力向城市转移极为重要的“拉力”。长期以来，对于大量非熟练的农村剩余劳动力而言，因生存压力产生的“生存理性选择”是其向城市转移的最根本动因，城乡收入差距也因而成为农村剩余劳动力向城市转移就业的主要激励。一些实证研究发现，中国农村劳动力的流动正是在工资信号的引导下由劳动力市场的供求机制实现就业（王德文等，2008），较高的人力资本工资是诱发农村劳动力向城市迁移的重要因素（Zhang et al.，2005），不断深化的就业市场化改革将进一步强化此效应。

改革开放以来，中国民营经济整体规模的不断扩大使非农产业占GDP的比重不断上升，作为吸纳中国农村剩余劳动力转移就业不可忽视的重要力量，其大量的用工需求对农村剩余劳动力转移的“拉力”作用是显而易见的。同时，通过对“其他中间力量”的考察发现，劳动力市场灵活性（flex）对农村剩余劳动力转移具有重要的促进作用。近年来，由于经济快速发展对劳动力的持续大量需求，各地政府考虑到自身经济发展的需要进行了不同程度的户籍制度改革，劳动力市场的灵活性得以提高，农村剩余劳动力转移的进程也大幅加快。但是，较高的城镇失业率降低了农村剩余劳动力向城市转移的期望工资和预期收益，转移激励的大幅下降对其转移就业将产生显著的负向影响，“沮丧工人”假说（Paul Flaim，1984）对此做出了很好的解释。

6.6.3 分地区的估计结果

根据中国农村剩余劳动力转移的路径特征以及区域劳动力市场发

育的现状，将整体样本分为东部地区和中西部地区①进行进一步的详细考察，分析仍然主要基于系统GMM的估计结果。从表6－6中可以看出，按照东部地区和中西部地区进行分组后，其估计结果与总体样本的估计结果基本一致，外商直接投资存量（afdi）、农业技术进步（tp）和劳动力市场灵活性（flex）仍然是促进农村剩余劳动力转移（labor）的重要因素。

但与总体样本估计结果不同的是，东部地区FDI对农村剩余劳动力转移的“拉力”（估计系数在0.3042～0.3488之间）要远远高于中西部地区（估计系数在0.0106～0.0422之间），这可能是由于东部地区长期以来具有便利的交通优势和政策扶持，吸引的大多是成本导向型的FDI，该类型FDI在制造业的集聚具有典型的劳动密集型特征。根据马歇尔产业集聚效应的阐释，FDI产业在东部沿海的集聚所带来共享的劳动力市场也必将创造更多的就业机会，因而对农村剩余劳动力向城市的转移就业形成巨大的“拉力”。

在中国二元经济体制下的劳动力无限供给特征尚未完全消失之前，东部地区FDI产业集聚效应的深化将促使中西部地区的农村剩余劳动力形成持续跨区域转移的“路径依赖”。由于新中国成立初期国家发展战略的区域差异，中西部地区目前仍属于偏资本密集型的工业结构（江霈等，2008）。随着农村剩余劳动力不断跨区域转移至东部沿海地区，中西部地区农村剩余劳动力无限供给的特征被不断弱化，劳动边际报酬增加而资本边际报酬逐渐降低，这将进一步抑制FDI资本向中西部地区的转移，因而其FDI的“拉力”作用要明显低于东部沿海地区。但随着国家对中西部地区政策支持力度的加强和FDI产业梯度转移进程的加快，东部和中西部地区FDI“拉力”作用的差距

① 参照朱彤等（2010）的划分方法，东部地区包括北京、天津、河北、辽宁、山东、江苏、浙江、上海、福建、广东和广西共11个省市（自治区），中西部地区包括黑龙江、吉林、河南、安徽、湖北、湖南、江西、内蒙古、山西、陕西、甘肃、宁夏、四川、贵州、云南、青海和新疆共17个省市（自治区）。

表 6－6　　分地区的估计结果（因变量为农村剩余劳动力转移量 Lnlabor）

	东部地区				中西部地区			
	模型① FE	模型② FE	模型③ GMM one－step	模型④ GMM one－step	模型⑤ FE	模型⑥ FE	模型⑦ GMM one－step	模型⑧ GMM one－step
$Lnlabor_{-1}$	0.4580*** (0.0587)	0.4643*** (0.0595)	0.4285*** (0.0439)	0.4284*** (0.0445)	0.2420*** (0.0678)	0.2810*** (0.0685)	0.1342*** (0.0536)	0.1665*** (0.0565)
Lnafdi	0.3042*** (0.0678)	0.3145*** (0.0695)	0.3488*** (0.0523)	0.3467*** (0.0532)	0.0106* (0.0070)	0.0043 (0.0463)	0.0303 (0.0447)	0.0422*** (0.0053)
tp	0.1887** (0.0615)	0.1789 (0.1624)	0.1928** (0.0973)	0.1951** (0.0974)	0.2129** (0.1050)	0.2221** (0.1035)	0.2141** (0.1038)	0.2556** (0.1064)
Lnflex	0.2639*** (0.0649)	0.2827*** (0.0702)	0.3459*** (0.0489)	0.3332*** (0.0522)	0.3999*** (0.0682)	0.4248*** (0.0679)	0.4563*** (0.0551)	0.4644*** (0.0553)
Lnw_{gap}	－0.3245*** (0.0927)	－0.3627*** (0.1074)	－0.4725*** (0.0737)	－0.4559*** (0.0807)	0.2193** (0.0948)	0.0919 (0.1059)	0.1910** (0.0842)	0.1113 (0.0962)
Lngdpr	2.1320*** (0.8246)	2.1913*** (0.8478)	2.3473*** (0.7087)	2.1705*** (0.7041)	0.1877 (0.6256)	0.0369 (0.6225)	0.0702* (0.0372)	0.0449 (0.5771)
Lnunempl		－0.0431 (0.0608)		－0.0128 (0.0461)		－0.0974 (0.1067)		－0.1947 (0.1112)

续表

	东部地区				中西部地区			
	模型① FE	模型② FE	模型③ GMM one - step	模型④ GMM one - step	模型⑤ FE	模型⑥ FE	模型⑦ GMM one - step	模型⑧ GMM one - step
Adj - R^2	0. 7057	0. 7137			0. 5576	0. 6001		
F 检验值	7. 91 ***	7. 88 ***			7. 25 ***	7. 64		
Hausman Test	74. 39 ***	92. 61 ***			119. 72 ***	135. 08 ***		
时间固定	否	否			否	否		
省份固定	是	是			是	是		
Wald Test			1154. 73	1158. 96			631. 60	634. 11
Sargan Test			201. 23	210. 07			323. 09	321. 41
AR（1）检验			0. 143	0. 124			0. 319	0. 230
Obs	143	143	143	143	221	221	221	221

注：模型①～④和⑤～⑧分别是东部和中西部地区固定效应和系统 GMM 的估计结果，其他同表 6 - 5。

将逐步缩小。

从农业技术进步（tp）来看，中西部地区农业技术进步对农村剩余劳动力向城市转移就业的“推力”要明显高于东部地区。这可能是由于长期以来东部地区第一产业就业比重均明显低于中西部地区（见图6－2），加之东部地区农业技术水平已经较高，农业技术进步对农村剩余劳动力的“释放”作用相对有限。而中西部地区第一产业就业比重仍然较大，大量劳动力仍在从事科技附加值较低的传统农业生产活动，较少具备现代化生产对劳动者的技能要求，采用新品种和使用新生产技术的能力也较为欠缺。在此情况下，农业技术进步对劳动力的替代效应必然明显高于东部地区，从而对第一产业的就业调整形成较大影响（见图6－2）。劳动力市场灵活性（flex）的传导机制与影响机理与农业技术进步（tp）相似。同时，中西部地区受制于

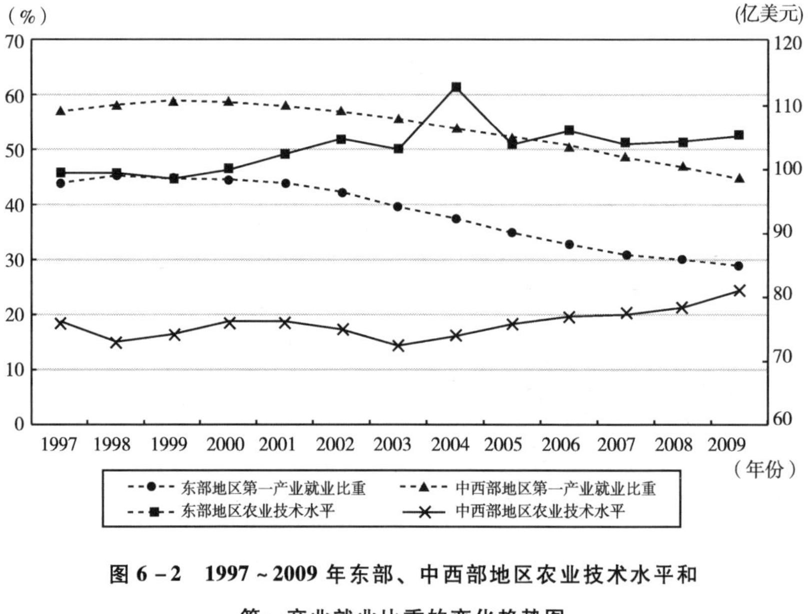

图6－2　1997～2009年东部、中西部地区农业技术水平和第一产业就业比重的变化趋势图

注：“第一产业就业比重”数据来源于1998～2010年《中国统计年鉴》，“农业技术水平”则用非参数DEA方法测算的曼奎斯特（Malmquist）生产率指数法来表示，并将各年数据均乘以100%。

区位劣势、市场发育不成熟和内需不足，非农产业生产总值占 GDP 的比重（gdpr）较低，其对农村剩余劳动力转移就业的“拉力”要明显小于东部地区，这使得大批农村剩余劳动力只能长期向东部沿海地区跨区域转移（如 20 世纪 90 年代的“孔雀东南飞”）。另外，东部和中西部地区城镇失业率（unempl）对农村剩余劳动力转移就业的影响效应均不显著。

一个不容忽视的问题是，城乡实际收入差距（w_{gap}）对东部和中西部农村剩余劳动力转移的影响效应却截然相反。究其原因可能在于，因生存压力产生的“生存理性选择”仍然是中西部地区农村剩余劳动力向城市转移的最根本动因（许和连等，2012），获得比农村更多的劳动报酬成为影响其转移决策的首要因素。因此，城乡收入差距对中西部农村剩余劳动力向城市转移就业具有显著的正向促进作用。与之相对应，东部地区农村剩余劳动力中的较大比重为技术型的熟练劳动力，寻求更多发展机会和实现人生价值已经成为影响其转移就业的主要因素（蔡昉等，2003），因而他们对自身相对社会经济地位的变化较为敏感。“相对贫困假说”理论（Stark et al.，1991）认为，农村剩余劳动力迁移地的城乡收入差距是衡量其“相对贫困”程度的重要指标。东部地区过大的城乡收入差距使具有转移意向的农村剩余劳动力感到自身的相对收入水平和相对社会经济地位将严重下降，从而极大降低了转移激励和阻碍其向城市非农产业的转移就业。

6.7　本章小结

本章从二元劳动力市场分割的现状出发，在系统构建包含 FDI、农业技术进步和农村剩余劳动力转移在内的理论分析框架的基础上，利用 1996 ~ 2009 年中国 28 个省级单位的面板数据进行实证检验。全国层面的研究表明，FDI 形成的“拉力”和农业技术进步形成的

“推力”对农村剩余劳动力转移就业均具有显著的正向影响。城乡实际收入差距和非农产业规模也是影响农村剩余劳动力转移决策极为重要的正向“拉力”。“其他中间力量”作用方向较为复杂，如劳动力市场灵活性具有显著的正向影响，而城镇失业率则具有显著的负向影响。分地区层面的研究表明，东部地区 FDI 对农村剩余劳动力转移就业的“拉力”要远远高于中西部地区，但农业技术进步形成的“推力”要明显低于中西部地区。城乡收入差距对中西部地区农村剩余劳动力转移就业具有显著的正向影响，但对东部地区则具有显著的负向影响。东部和中西部地区城镇失业率对农村剩余劳动力转移就业的影响效应均不显著。

本章的政策启示在于，各地区应充分利用 FDI 产业梯度转移和农业科技创新的机遇，积极进行各项制度变革和政策调整，形成有利于农村剩余劳动力向城市平稳转移的“合力”，最终实现城乡统筹发展和经济发展方式的转变。第一，对“拉力”较大而“推力”不足的东部地区而言，为了解决“招工难”和“民工荒”，一方面应加大农业科技创新力度，继续深入挖掘来自农村的劳动力供给潜力；另一方面应加快劳动密集型 FDI 产业向中西部地区的梯度转移，在减少对传统劳动力依赖的同时实现产业结构的优化升级。而对“拉力”不足而“推力”较大的中西部地区而言，为了避免出现农村剩余劳动力大量积压的局面，应积极主动承接沿海地区劳动密集型 FDI 产业的梯度转移和扩大非农产业规模，从而使中西部地区成为中国继续维系劳动力比较优势和吸纳农村剩余劳动力转移的重点区域。第二，加快劳动节约型技术进步速度，注重资本使用型技术偏向生产要素对劳动力的吸收。劳动节约型技术进步的重点是对农用机械等的研发改造和推广使用，从而不断解放农业劳动力和增加城镇劳动力的有效供给。由于资本使用型技术偏向对劳动力综合素质的要求较高，因此应鼓励和支持农民参加农业教育培训和提高其综合素质，使其顺利实现向城市非农产业的转移就业。第三，深化改革甚至彻底消除二元户籍制度、改革农村土地流转制度和采取积极的就业促进政策，加快对农村劳动力资源的“二次开发”和建立城乡一体的劳动力市场，提高农村剩余劳动力转移就业的信心和积极性。在城市内部，应加快建立更加合理的收入分配、教育和社会保障制度等，为农村剩余劳动力的就业定居提供公平合理的环境，最终实现真正的“农民工市民化”。

第7章　FDI、适度财政分权与农村剩余劳动力转移

7.1 引言

中西部地区农村剩余劳动力的跨区域流动以其特有的轨迹促进了当地二元就业结构转型的进程，FDI 也在其中起着不可忽视的重要作用（任志成，2006）。但另一个不容忽视的事实是，中国是世界上最大的转型经济体，政府在劳动力资源配置方面具有很强的影响力。出于国家竞争力和地区公平发展的考虑，政府可能会选择直接替代市场配置资源来保持一定的经济控制力，这就使农村剩余劳动力转移具有一种制度上而不仅仅是经济上的影响机制。现阶段的实际情况是，虽然 FDI 流入极大缓解了农村剩余劳动力的就业压力，但其中的大多数人并未在城市真正定居下来，“半城市化”和“候鸟型农民工”现象仍然较为突出。2011 年，大约有 2.5 亿生活在城镇里的农民没有城镇户口和居民待遇，表面看是户籍制度造成的，但深层次的原因在于地方政府无力或不愿提供农民工在城市定居所需的基本公共服务，从根本上解决上述问题就必然涉及财政分权体制改革等问题。本章区别于以往研究农村剩余劳动力转移就业时仅仅强调市场因素的单方面作用，而是认为农民工市民化的完全实现必须同时依靠“市场 + 政府”的双重力量，以期在两者的合力作用下快速推进以人为本和更高质量的新型城镇化。

梳理已有研究文献可以发现，利用 FDI 加快农村剩余劳动力转移就业已经成为学者研究的焦点问题之一，其主要集中研究 FDI 对劳动力市场供求总量、就业结构、劳动力人均工资和劳动力区域流动等方面的影响，代表性的文献如 Fu 等（2005）认为 FDI 对改善中国总体就业质量具有积极的促进作用。外资的进入不仅直接增加对劳动力的需求，还会通过总需求扩张等渠道产生外部性进而影响国内就业，FDI 对总需求的刺激已成为影响中国就业的主要渠道。蔡昉等

（2004）认为外资企业对促进整体就业和优化就业结构具有极其重要的作用。由于中国拥有世界上最多的劳动力总量和特定发展阶段注定FDI 产业的劳动密集程度，因而成为在外资部门就业人数最多的国家。张二震等（2005）认为 FDI 作为非国有经济的重要组成部分，已成为推动中国就业结构演进的主要力量。王燕飞等（2006）认为虽然 FDI 促进了发展中国家第二产业的就业，但对第一、第三产业就业的影响略显不足。Feenstra 等（1997）以墨西哥、印度尼西亚为例的实证研究表明，FDI 通过扩大对东道国熟练劳动力的需求提高了东道国劳动力的平均工资水平。杨云彦（2003）认为 FDI 的区域集聚效应将会引起区域就业的不平衡，外资在东部沿海的集聚产生了大量用工需求，从而引发中西部地区劳动力向东部地区的流动。但已有研究主要关注 FDI 对劳动力总体就业的影响，较少将研究视角细化到农村剩余劳动力层面上。由此看来，FDI 的持续流入对加快农村剩余劳动力转移和快速推进城镇化具有十分重要的意义。

但新的问题随之出现，中国的城镇化在很大程度上表现为“土地扩张的城镇化”而非“人口扩张的城镇化”，工业化和城镇化出现明显背离。究其原因在于，虽然 FDI 的持续流入极大缓解了农村剩余劳动力的就业难题，但大多数劳动力却无法在城市真正定居下来，这是因为“农民工市民化”的完全实现必定涉及户籍、社会保障、医疗卫生制度等一系列制度维度的变革。在“政府引导”的基本格局下，中国当前的农村剩余劳动力转移工作，本质上是一项公共的经济社会事务，其核心内容便是满足农民工在城市定居所需的基本公共服务（贺宇，2008）。在财政分权体制改革条件下，地方政府被赋予提供公共服务的责任和通过征收税费为这些服务筹资的权力。而从改革开放的历史经验来看，财政分权通过改变地方政府财政收支和公共服务的供给能力，对地方政府推进城镇化的积极性和“农民工市民化”进程产生至关重要的影响（高培勇，2010），从而成为诸多影响因素中最为重要的维度（赵文哲，2008；Zhuravskaya，2000）。但已有文献并未得出一致的结论，如有学者认为财政分权可能带来地方保护主义和市场分割，或在改变户籍登记归类方式和放宽农村剩余劳动力落户条件后，现行财政分权体制下的城市财政和公共服务体制却无法应对加大了的负担（马拴友等，2003；蔡昉，2010），这将对中国农村剩余劳动力向城市的迁移产生不利影响。

国外的相关理论与实证研究方面，Tiebout（1956）的“公共支出理论”和 Oates（1972）的“财政联邦主义理论”赢得了大多数学者的认同，并围绕着地方政府职能和公共物品供给形成了较为完整的第一代财政分权理论（FGFF）。该理论在一系列严格假定的基础上提出，居民在社区间的“用脚投票”可以促使地方政府公共产品的供给实现帕累托最优状态。第二代分权理论（SGFF）则认为财政分权为地方政府带来激励去推动转型和增长，但地方政府行为并不必然以提高社会公共福利为目标。20 世纪 90 年代以来，财政联邦主义思想在研究“转轨经济”的文献中再次受到重视，众多理论和经验研究均强调财政分权对公共服务提供所产生的积极影响（Qian and Weingast，1997；Shleifer et al.，1998；Treisman，2000；Roland，2000；Yasusada Murate，2002），这是因为财政分权在满足居民对公共产品的需求方面要明显优于财政集权（Inman et al.，1997；Buchanan，1965；Oates，2005），而且从政治经济学视角亦可证明财政分权在供给公共物品方面的优势（Besley et al.，2003；Zhuravskaya，2000）。Faguet（2004）运用玻利维亚分权前后的数据，证实财政分权有利于政府更好地满足民众对公共产品的需求。Kappeler 等（2008）对欧盟十国的经验分析发现，财政分权促进了基础设施、医疗和教育等具有外溢性的生产性公共投资。由此看来，中央政府向地方政府下放一定程度的财政收支权力是世界性的大趋势（Dabla - Norris et al.，2002）。但同时应该注意到，中国的财政分权体制虽与 Weingast（2006）的“发展型财政联邦主义”较为吻合，不过由于中央政府对地方政府在政治上仍具有很强的控制力，这使中国的财政体制与理想的 Tiebout 模型仍有较大差距，突出表现在财权与事权不匹配所造成的地方政府公共产品供给效率低下。

基于中国数据的理论与实证研究发现，中国式财政分权虽然给予地方政府极大的激励作用，使地方政府在城镇化发展过程中扮演了“援助之手”，较好地解决了城镇化建设中基础设施建设资金的问题（Shleifer et al.，1998；张军等，2008）。但与“自下而上”的需求诱致型财政分权不同，中国式“自上而下”的供给主导型财政分权往往导致财权和事权的不匹配，地方政府或因财政支出能力不足无力供给公共服务，或因财政激励导致地方公共支出结构扭曲和“偏差”，如财政分权的竞争效应往往导致地方政府倾向于生产性基础设施投入而忽视公共性产品投入。Musgrave（1959）的研究也表明，只有当财政收入和支出责任相对应时，财政分权才能显著地改善公共福利。Barro（1990）认为在理论上存在一个最优财政支出规模，过度财政分权将不可避免地产生一些负面作用（Davoodi et al.，1998；Zhang et al.，1998，2001；Lin et al.，2000），如财政分权可能导致城乡和地区两种维度上的分割，且分割程度会随分权程度的提高而逐渐强化（王永钦等，2007；范子英等，2009）。在地方财政分权和社会保障地方统筹的体制下，城市往往对没有本地户籍的外来人口进行福利排斥，这是除户籍制度形成“流入壁垒”之外的另一个劳动力跨区域流动障碍（贺宇，2008）。关于农民工的系列调研报告也表明，农民工在城市缺乏基本的公共服务，其后果是劳动力市场体制内外分割的维系甚至强化，所以统一的劳动力市场客观上要求基本公共服务的统一性和开放性（国务院研究室课题组，2006）。另外，财政分权造成的“以邻为壑”的地方保护主义（Li et al.，Forthcoming）、官员的“晋升锦标赛理论”（周黎安，2007）和地方“诸侯经济”（严冀等，2003）等现象均说明，中国式财政分权使得地方政府并未很好地提供基本公共服务（龚锋等，2009），反而容易出现把过多资金作为生产性投资而忽视地方公共物品建设，从而导致区域经济的不平衡发展

（Démurger，2001）。因此，在适度财政分权下最大化城市公共产品的供给能力，将是未来顺利实现农村剩余劳动力向城市转移就业和定居的核心所在。

相比已有文献，本章的主要贡献在于：第一，系统构建包含FDI、财政分权和劳动力就业在内的理论分析框架，从经济因素和制度变革两个层面考察其对农村剩余劳动力转移的影响效应；第二，区别于以往研究较多关注中央与省级政府间的财政支出分权，本章将研究视角拓展到省级与地市政府间的财政分权，并同时构造财政收入和财政支出分权指标，以2003～2010年中国282个地级以上城市面板数据为基础，运用系统GMM方法分别实证检验了其对农村剩余劳动力转移的影响效应；第三，在指标构建上，通过设定特定临界值构建“多值”离散型的“适度财政分权指数”，并对各年分权不足、适度分权以及分权过度的比例进行统计；第四，创造性地提出“农村剩余劳动力转移就业和定居的二分法”，这为经济发展方式转变背景下快速推进城镇化提供了崭新的思路。

7.2 外商直接投资、财政分权对农村剩余劳动力转移的影响机制

改革开放后，中国的经济体制面临着第二次转型，具体表现在计划经济逐步转变为社会主义市场经济[①]，在此期间一直伴随着农村剩余劳动力向城市的转移就业。在经历40年经济的高速发展之后，中国面临着资源环境约束强化、就业总量压力较大和结构性矛盾并存等问题，经济发展方式的转变已经迫在眉睫。2010年《中共中央关于制定国民经济和社会发展第十二个五年规划的建议》明确指出，坚

① 中国的第一次经济体制转型发生在新中国成立初期，具体表现在从一种半统制半市场经济转变为计划经济。

持把经济结构战略性调整作为加快转变经济发展方式的主攻方向，而城镇化正是经济结构战略性调整的关键环节。从中国社会经济发展的历史经验来看，农村剩余劳动力向城市的迁移构成城镇化的基本内容与主要途径，而 FDI 在此过程中起着不可忽视的重要作用。2011 年，中国城镇人口的比重首次超过 50%，这被认为在城镇化进程中具有里程碑式的意义。但实际上，高城市化率背后的“半城市化”现象仍然较为突出，而在尚未完全破除“二元经济体制”的现实背景下，完全的“农民工市民化”还需地方政府具有足够的公共服务供给能力，这就涉及财政分权体制改革问题。

7.2.1 FDI 大规模流入下的农村剩余劳动力转移：“就业驱动”视角

理论研究证明，“三农”问题的本质在于贫困和较低的全要素生产率（Lewis，1954），因而解决该问题的根本途径在于促进农村剩余劳动力向城市的转移就业（程名望等，2007）。在现阶段，农村劳动力的转移路径主要包括向农村非农产业转移、城乡转移和省际跨区域转移（蔡昉，2007），在此主要分析农村剩余劳动力的城乡间转移。城乡间的劳动力流动不仅代表着产业结构的转变，还表现为非城镇户籍人口向城镇地区的空间转换，这将促使城乡分割的二元经济结构最终逐步演变为“城乡统筹”的一元经济结构，不仅对经济发展具有重要的促进作用，同时也是实现城镇化的主要途径。本章以“各地区城镇单位就业人员增加来源”中“从农村招收人数”作为“各地区农村剩余劳动力城乡间转移量”的替代指标，来分析 FDI 大规模流入条件下农村剩余劳动力由农村向城市的转移就业问题。

20 世纪 70 年代末，初步解决温饱问题的农民有着强烈的致富愿望，加之农业技术进步将大量富余劳动力从农业中“释放”出来，所以在实行联产承包责任制后，各地农村顺理成章地选择了兴办集体企业的道路。富庶的苏南地区在此期间得到迅速发展，被人们称为“苏南模式”，成为该时期乡镇企业兴盛的典型代表。但随着农村剩余劳动力数量的逐渐增多，缓慢发展的乡镇企业已经不能满足劳动力就近转移就业的需要，于是大量的农村劳动力开始走出乡村进入城市打工，城乡间的迁移也逐渐成为农村剩余劳动力转移的主要路径。但此时城市经济发展也面临着资本要素稀缺的难题，因此积极吸引 FDI 成为中国解决农村剩余劳动力转移就业的重要选择。虽然农村剩余劳动力中的非熟练劳动力占较大比重，但其较低的期望工资符合外资企业的低成本战略导向，加之外资企业为实施本土化战略也倾向选择多雇佣东道国劳动力，外资企业因而成为吸引农村剩余劳动力转移的主要力量。

1994 年以后，从农村转移至城市的农村剩余劳动力数量飞速增长，由 1994 年的 68.41 万人增长至 1995 年的 241.62 万人（见图 7－1），其中最为重要的原因即在于 FDI 的大量流入。1996～2000 年，受亚洲金融风暴影响，中国的 FDI 流入数量增长缓慢甚至出现了负增长，并于 1999 年达到近期的最低值，城市就业容量大幅降低且出现了大量下岗工人，严重的失业问题迫使地方政府加强了对城乡迁移的控制，农村剩余劳动力转移数量也随之达到最低值（170.84 万人）。2001 年，中国成功加入世界贸易组织，对外开放程度的提高使得 FDI 流入数量迅速增长。2001～2008 年，FDI 流入量和农村剩余劳动力城乡迁移量均出现大幅增长。但 2008 年爆发的美国次贷危机导致全球经济低迷，跨国公司需要更多的资金用于国内周转，很多在华外资企业不得已变卖在中国的资产，将资金带回母国以解决资金链紧张的问题。在“现金为王”的思维模式下，FDI 企业纷纷逃离中国，这直接导致东部沿海地区大量劳动密集型加工制造企业倒闭和大批工人失业，于是便上演了与农村剩余劳动力向城市转移相反趋势的“返乡潮”，农村剩余劳动力城乡间的迁移量因而出现一定程度的下降。随着次贷危机的阴霾逐渐散去，2010 年农村剩余劳动力向城市转移量出现了大幅的回升。总体而言，FDI 已成为推动中国农村剩余劳动力在城乡间迁移不可忽视的重要力量。

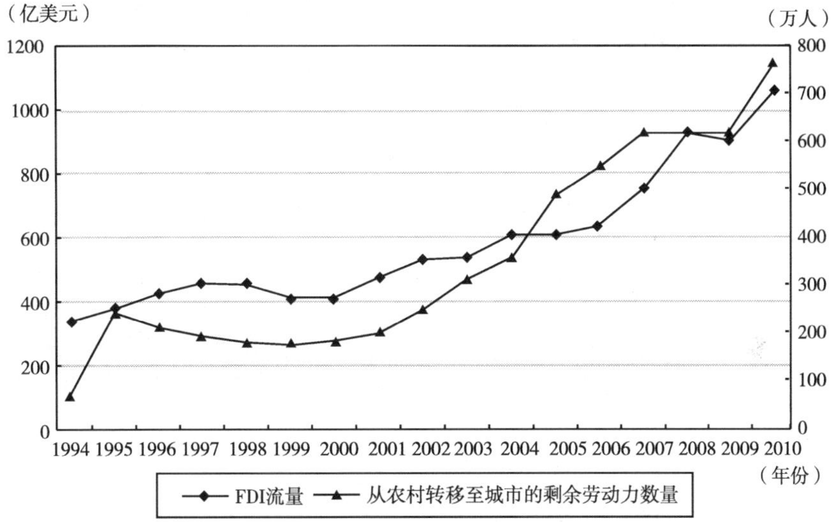

图 7－1　1994～2010 年中国 FDI 与农村剩余劳动力城乡间转移量变化趋势图

注：图中"FDI 流量数据"来源于《中国统计年鉴 2011》，"从农村转移至城市的剩余劳动力数量"来源于《中国劳动统计年鉴（1995～2011）》各期。

7.2.2　财政分权改革下的农村剩余劳动力转移："体制变革"视角

在党的十七大报告中，城镇化与工业化、信息化、市场化和国际化一起并称为"五化"，而城镇化已被视为当今中国的第一内需和最大内需（高培勇，2010），同时也是经济发展方式转变和结构调整的关键所在。由于在城市就业的农村剩余劳动力大多希望转换身份成为市民，而且随着新生代农民工所占比重的逐渐增加，这种身份转换的需求会变得愈发强烈。所以中国现阶段城镇化的核心任务便是加快农村剩余劳动力向城镇的转移就业，从而完成农村居民生活方式向城镇居民生活方式转变，即农业文明向工业文明、农村文明向城市文明的转变，而完成上述过程则必须要有相应财政体制和公共支出体系作为支撑（黄乾，2007）。本章通过对改革开放以来财税体制改革和农村剩余劳动力转移历程的回顾（见表7－1），试图从体制变革视角探讨财政分权与农村剩余劳动力转移之间内在的深层次关联。

表7－1　财税体制改革与农村剩余劳动力转移历程回顾：1978～2012年

时间	财税体制改革历程回顾	农村剩余劳动力转移历程回顾
1978～1982年	总述：实行“分灶吃饭”，建立涉外税收和税制 ①1979年，实行“拨改贷”，启动“放权让利”改革 ②1980年，实行“分灶吃饭”财政体制 ③1980～1981年，建立涉外税法和税制 ④1982年，在国营企业分两步推进“利改税”试点	总述：剩余劳动力向农村非农产业的转移 ①1980年，承认包产到户和大包干，农民的劳动生产率大幅提高，农村开始出现剩余劳动力 ②“利改税”后出现的“工资侵蚀利润”，提高了城市工人的工资和福利水平，对农村剩余劳动力形成巨大的转移激励
1983～1987年	总述：实行“划分税种、核定收支、分级包干” ①1983～1984年，正式实施“利改税” ②1985年，实行“划分税种、核定收支、分级包干” ③1986年，对外资企业和出口企业实施减免所得税和再投资退税等方面的优惠	总述：农村剩余劳动力的快速转移阶段 ①乡镇企业迅速发展产生了大量的用工需求，吸纳农村剩余劳动力向农村非农产业转移 ②减免所得税和再投资退税等税收优惠促进了外资企业和出口企业的发展壮大，农村剩余劳动力转移速度加快
1988～1993年	总述：实行“大包干”财政体制、实施复式预算 ①1988年，实行“大包干”，实施农业综合开发 ②1989年，全面征收农林特产农业税 ③1991年，取消调节税税种，制定《外商投资企业和外国企业所得税法》 ④1993年，实行适度从紧的财政和货币政策	总述：农村剩余劳动力的缓慢转移阶段 ①全面征收农林特产农业税并扩大征收范围，同时实施从紧的财政货币政策，这在很大程度上导致乡镇企业规模萎缩，部分劳动力回归土地 ②外资企业税收优惠政策推动了加工贸易和“三来一补”的发展，农村剩余劳动力开始向东部沿海地区跨区域转移

续表

时 间	财税体制改革历程回顾	农村剩余劳动力转移历程回顾
1994 ~ 2000 年	总述：分税制财政体制改革，试点农村税费改革 ①1994 年，统一内资企业所得税和个人所得税 ②1998 年，提出构建公共财政体制框架的目标 ③1999 年，实施“金财工程” ④2000 年，实行部门预算改革，农村税费改革	总述：在市场体制导向下的有序转移阶段 ①中央对县乡财政的转移支付力度进一步加强，各级政府提供公共产品服务的能力大幅提高，极大激发地方政府推进城镇化的积极性 ②农村税费改革减轻了农民负担和提高了农民收入
2001 ~ 2007 年	总述：加快建立公共财政体制，试点“省管县” ①2002 年，确定中央地方所得税分享比例，进行“省管县”财政体制改革试点 ②2005 年，实施“三奖一补”政策，解决县乡财政困难 ③2006 年，全面取消农业税 ④2007 年，暂征利息所得税等，扩大增值税改革试点	总述：东部沿海地区出现“结构性民工荒” ①“省管县”财政体制改革和“三奖一补”政策提高了县乡财政的收支能力和基本公共产品的供给能力 ②全面取消农业税，切实保障了农民权益和减轻了农民负担，使其可以自由从事非农业的增收活动，非农产业的就业比重快速提升
2008 ~ 2012 年	总述：进一步完善公共财政体制和税制 ①2008 年，合并内外资企业所得税，提高个税起征点 ②2009 年，实施燃油税改革 ③2011 年，国务院在上海、重庆开征房地产税 ④2012 年，在上海试行《营业税改征增值税试点方案》	总述：“民工荒”“招工难”蔓延至中西部城市 ①合并后的内外资企业所得税税率大幅降低，促进了内外资企业的发展，增强了城市的就业容量 ②营业税改征增值税将极大促进现代服务业的发展，促使农村剩余劳动力向第三产业的转移就业 ③由东部向中西部的“劳动力回流”开始出现

通过引用“预算软约束”的概念，Y. Qian（2000）认为，对于中国这样的发展中大国而言，其经济转型的突出特征就是中央政府向地方政府的财政分权。实施财政分权体制之所以如此重要，一个非常突出的原因就是利用地方政府之间的竞争来提高地方公共品提供的效率（王永钦等，2007）。改革开放以前，中国存在一个高度集权的财

政体制，中央政府和各地方政府之间的关系被称为“统收统支”（Y. Qian，2000），但这种制度切断了地方税收收入和地方政府财政支出的联系，使得地方政府公共服务的供给能力较低。1978 年后，中国进行了一系列的财政体制改革，缓解地方政府财政压力是其直接目标和动力，而选择财政体制改革作为经济体制改革的突破口是财政主导型经济体制的内在要求（谷成，2009）。1979～1980 年的放权让利改革战略和“分灶吃饭”财政体制的实施，使地方政府担当了推动地区经济增长的重任，其掌握的经济决策权和可支配资源也得到大范围拓展（金太军等，2003），这使地方政府有能力通过增加财政支出改善本地投资环境和提供更多公共服务（张恒龙等，2006），从而极大激发了地方政府推动城镇化的积极性。同时，中央对县乡财政的转移支付、“扩权强县”“省管县”财政体制改革和“三奖一补”政策①等都极大提高了地方政府提供公共产品的能力，农村剩余劳动力向城市转移就业的速度也明显加快。

一个不可忽视的问题是，农村剩余劳动力向城市的转移也面临着一系列制度约束和体制障碍。而在户籍制度和系列约束性制度障碍的背后，归根结底是由于省级财政承包制及分税制所造成的地方利益分割刚性（孙红玲，2011）。虽然 1994 年以来各省按照中央对省分税制改革的原则模式和基本精神，在省级以下政府陆续推行了分税制改革，但此改革进行的很不彻底。现实的情况是，由于中央和省级政府普遍采取财力向上集中和事权逐级下放的做法，这导致省级以下政府普遍存在不同程度的财政困难。财权与事权的不匹配造成发展型地方政府虽欲改善对农民工的公共服务，但现行的城市财政却无法应对加大了

① “三奖一补”是中国在解决省级以下政府财政困难时的创新性举措，被地方政府称之为“德政工程”。具体是指，对财政困难的县乡政府增加县乡税收收入，以及省市级政府增加对财政困难县财力性转移支付给予奖励，以调动地方政府解决缓解县乡财政困难的积极性和主动性；对县乡政府精简机构和人员给予奖励，促进县乡政府提高行政效率和降低行政成本；对产粮大县给予奖励，以确保粮食安全，调动粮食生产的积极性；对以前缓解县乡财政困难工作做得好的地区给予补助，以体现公平的原则。

的负担（马拴友等，2003）。所以 20 世纪 90 年代以来逐步推行“撤乡并镇”改革和“省管县”改革，以期减轻省级以下政府的财政负担。

同时，在城乡二元财政制度下，城市政府往往仅负责城市户籍人口的基本社会保障、补贴住房和子女教育等财政支出，并不负责提供农村剩余劳动力所需的公共服务，这就造成城市承接农村剩余劳动力的转移就业却不接纳其在城市落户。更有部分城市为了减轻财政压力，设置种种“进入门槛”或歧视性的就业政策，最终造成“劳动承接、户籍拒绝”的候鸟型农民工问题（孙红玲，2011）。由此可见，财政分权对农村剩余劳动力转移可能同时存在正向和负向的双重影响。而由财政分权与农村剩余劳动力转移量的散点图（见图 7－2）

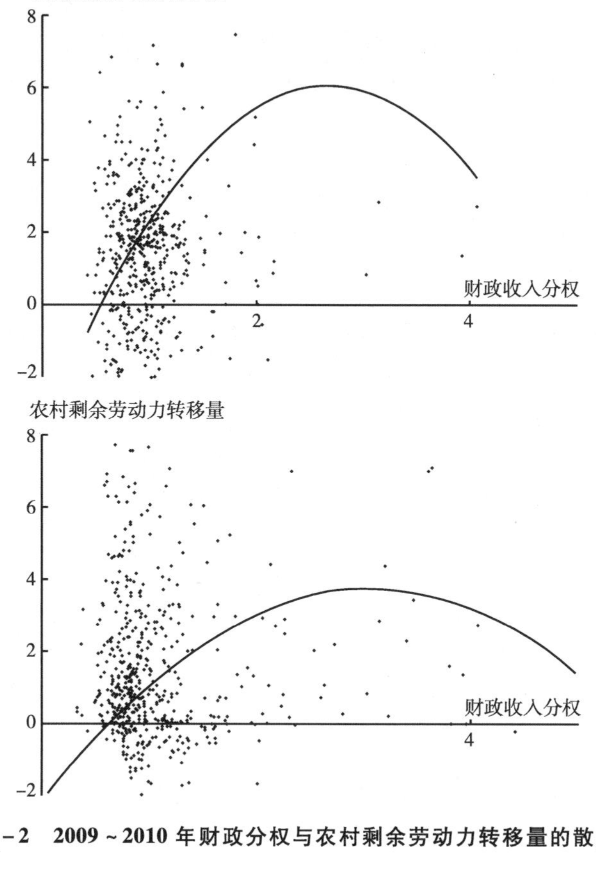

图 7－2　2009～2010 年财政分权与农村剩余劳动力转移量的散点图

可发现，其对农村剩余劳动力转移的影响效应呈现出明显的倒“U”型曲线特征。

7.3 理论分析框架与计量模型的建立

7.3.1 理论分析框架

已有研究FDI和劳动力就业关系的文献，大多借鉴柯布—道格拉斯（Cobb－Douglas）的分析框架。结合中国改革开放以来经济发展的历史经验，为了迅速实现资本密集型的经济发展战略，地方政府一方面积极吸引FDI流入，另一方面则倾向于直接通过公共支出来快速增加资本积累。所以本章不仅在生产函数中加入FDI变量，而且根据Barro（1990）建立的政府支出内生经济增长模型，将政府支出作为重要生产变量加入生产函数中。假定政府购买一部分私人产出，然后利用这些购买向私人生产部门提供免费的公共产品。此时，地方政府购买部分私人产出用以提供基本公共产品而不是致力于公共产品生产的假设，使地方政府的生产函数在形式上与私人企业的生产函数保持一致。令G表示地市政府公共支出，它具有非竞争和非排他特征，并由省级政府和地市政府共同提供（G = FG + SG）。则地市政府的生产函数为：

$$Y = A \cdot F(FDI, K_I, L, FG, SG) = A \cdot (FDI)^{\alpha} \cdot K_I^{\beta} \cdot L^{\gamma} \cdot (FG)^{\theta_1} \cdot (SG)^{\theta_2} \tag{7.1}$$

其中，Y代表地方产出（GDP），A代表全要素生产率，FDI代表外来资本，K_I代表国内资本，L代表劳动力就业人数，FG代表省级政府转移支付，SG代表地市政府公共支出。α、β、γ、θ_1和θ_2均大于0而小于1，分别表示FDI、国内资本、劳动力、省级政府转移支付和地市政府公共支出的产出弹性。为保证政治集中下考核的有效性，上级政府设定了以 GDP 为核心的官员晋升考核机制，从而使地方政府之间普遍开展“标尺竞争”（Li et al.，2005），经济发展较快地区的官员将获得更多晋升机会，这种“政治锦标赛式”的竞争在很大程度上造成了地方政府的“唯 GDP 主义”。而且，中国式的分权改革是将整个经济当作大的政治组织来看，上级政府在组织内部通过“分权”模拟出类似企业组织的激励机制（王永钦等，2007）。由此看来，地市政府在很大程度上是“生产型”而不是“服务型”角色，所以其经济发展的目标与私人企业并无二致。生产型地市政府耗费的总成本为：

$$C = SG + FG + WL + r(FDI + K_I) \tag{7.2}$$

W 为单位劳动成本，r 为 FDI 和国内资本享有的相同真实利率，则政府的净产出为：

$$\pi = A \cdot (FDI)^{\alpha} \cdot K_I^{\beta} \cdot L^{\gamma} \cdot (FG)^{\theta_1} \cdot (SG)^{\theta_2} - (FG + SG) - WL - r(FDI + K_I) \tag{7.3}$$

净产出函数对劳动力的一阶偏导数为：

$$\frac{\partial \pi}{\partial L} = \gamma \cdot A \cdot (FDI)^{\alpha} \cdot K_I^{\beta} \cdot L^{\gamma-1} \cdot (FG)^{\theta_1} \cdot (SG)^{\theta_2} - W \tag{7.4}$$

根据净产出最大化的原则，则须保证净产出函数对劳动力的一阶偏导等于 0，则有：

$$\gamma \cdot A \cdot (FDI)^{\alpha} \cdot K_I^{\beta} \cdot L^{\gamma-1} \cdot (FG)^{\theta_1} \cdot (SG)^{\theta_2} = W \tag{7.5}$$

将等式两边同时取对数并变换形式，则有：

$$\ln L = \frac{\alpha}{1-\gamma}\ln FDI + \frac{\theta_1}{1-\gamma}\ln FG + \frac{\theta_2}{1-\gamma}\ln SG + \frac{1}{1-\gamma}\ln A + \frac{\beta}{1-\gamma}\ln K_I + \frac{1}{\gamma-1}\ln W \tag{7.6}$$

为使理论模型的推导过程不失一般性而又使分析尽可能简化，本章假设政府的生产函数符合不变规模报酬，即 $\theta_1 = 1 - \theta_2 - (\alpha + \beta + \gamma)$，则相应函数变为：

$$\ln L=\frac{\alpha}{1-\gamma}\ln FDI+\frac{1-\theta_2-\alpha-\beta-\gamma}{1-\gamma}\ln FG+\frac{\theta_2}{1-\gamma}\ln SG+$$
$$\frac{1}{1-\gamma}\ln A+\frac{\beta}{1-\gamma}\ln K_I+\frac{1}{\gamma-1}\ln W \quad (7.7)$$

用 FD = SG/FG 表示财政分权度并代入式（7.7），通过合并同类项可得到：

$$\ln L=\frac{\alpha}{1-\gamma}\ln FDI+\frac{\theta_2}{1-\gamma}\ln FD+\frac{\theta_1+\theta_2}{1-\gamma}FG+\frac{1}{1-\gamma}\ln A+\frac{\beta}{1-\gamma}\ln K_I+\frac{1}{\gamma-1}\ln W \quad (7.8)$$

式（7.8）表明，中国的劳动力就业受 FDI、财政分权、全要素生产率、国内资本投资和工资水平等诸多因素的综合影响。当然，劳动力就业水平还会受到其他一系列不可观测或在理论模型中不能体现的因素的影响，这将在后面的实证检验中进行详细分析。

7.3.2 计量模型、数据来源及变量说明

（1）计量模型和估计方法。

为验证理论模型的推导结果，在 Barro（1990）、Davoodi 等（1998）相关研究的基础上，本章将其他影响农村剩余劳动力转移的重要因素作为控制变量引入计量模型。同时，考虑到财政分权对农村剩余劳动力转移的影响效应可能存在的倒“U”型曲线特征，所以在计量模型中引入财政分权变量的二次项，从而建立如下计量模型：

$$labor_{i,t}=\beta_0+\beta_1 Lnafdi_{i,t}+\beta_2 fd_{i,t}+\beta_3 fd_{i,t}^2+\beta_4 indus_{i,t}+\beta_5 stru_{i,t}$$
$$+\beta_6 Lndeep_{i,t}+\beta_7 Lnexpw_{i,t}+\varepsilon_{i,t} \quad (7.9)$$

其中，i 表示地市，t 表示年份。$labor_{i,t}$表示农村剩余劳动力转移量，$afdi_{i,t}$表示按 1990 年不变价格计算的实际 FDI 存量，$fd_{i,t}$表示省级与地市政府之间的财政分权程度（在具体估计时分别引入财政收

入分权 $fdr_{i,t}$ 和财政支出分权 $fde_{i,t}$ 变量)，$indus_{i,t}$ 表示工业化水平，$stru_{i,t}$ 表示产业结构升级速度，$deep_{i,t}$ 表示资本深化程度，$expw_{i,t}$ 表示农村剩余劳动力在城市的期望工资水平，$\varepsilon_{i,t}$ 是残差项。由于影响剩余劳动力转移的因素还应包括年龄、性别、健康状况等本章数据无法包含的信息，因此通过在模型中引入滞后一期的因变量 $labor_{i,t-1}$，来控制这些相对不随时间变化的劳动力特征的影响，同时采用 GMM 估计方法解决由于滞后因变量的引入可能导致传统 OLS 估计方法出现的问题①（Roodman，2007）。从而将计量模型修正为：

$$labor_{i,t} = \beta_0 + \beta_1 labor_{i,t-1} + \beta_2 Lnafdi_{i,t} + \beta_3 fd_{i,t} + \beta_4 fd_{i,t}^2 + \beta_5 indus_{i,t} + \beta_6 stru_{i,t} + \beta_7 Lndeep_{i,t} + \beta_8 Lnexpw_{i,t} + \mu_{i,t} \quad (7.10)$$

在具体估计中，对工具变量选取的有效性进行 Hansen 检验，并对随机误差项的序列相关进行一阶相关 AR（1）和二阶相关 AR（2）检验。此外，在进行系统 GMM 估计时还遵循以下原则：①如果 GMM 估计值落在固定效应和混合 OLS 估计值之间，则 GMM 估计是可靠有效的（Bond et al.，2002）。②满足系统 GMM 方法“工具变量数不宜超过截面数”的大拇指法则。

（2）数据来源、变量定义及说明。

1997～2003 年，中国城市化速度快速推进并新增了 64 个地级市，其中仅 2003 年就增加了 23 个。2003 年以后，地级以上行政区划基本稳定且行政建制数量、类别基本没有变动。而由于本章研究的是地市政府与省级政府之间的财政分权，故研究样本不包含 4 个直辖市。拉萨的数据缺失较为严重，所以也不包含在内。本章在进行实证研究时所使用的数据集为涵盖 2003～2010 年中国 282 个城市的面板数据，共 2256 个观测样本，书中主要指标由《中国城市统计年鉴

① 由于滞后因变量与随机误差项相关，因此传统的 OLS 或面板数据的随机效应估计是有偏的。虽然可通过面板数据的固定效应变换（或称组内变换）消除企业的非观测固定效应，但经过组内变换后的滞后因变量仍与随机误差项存在负相关关系（Bond et al.，2002），因此组内变换并不能得到一致的估计量。

(2004～2011)》各期数据整理计算而得。由于《中国城市统计年鉴》中缺乏地市层面的“固定资产投资价格指数”，因此用当年该市所在省的“固定资产投资价格指数”进行替代计算，相关数据来源于《中国统计年鉴（2004～2011)》各期。为消除价格因素影响，涉及价值形态的数据采用固定资产投资价格指数或消费价格指数进行平减化处理。

农村剩余劳动力转移量（labor）方面，借鉴 Hu（2009）的研究思路，定义农村剩余劳动力转移量 $labor_{i,t} = (L_{i,t} - L_{i,t-1}) - n_{i,t} * L_{i,t-1}$，其中 $L_{i,t}$ 表示 i 市第 t 年的年末总人口，$n_{i,t}$ 表示 i 市第 t 年人口的自然增长率。由于城市人口的居住地具有较强的稳定性，忽略其在城市间的迁移，同时忽略国外移民的影响，因此农村剩余劳动力向城市的转移量由城市人口在两个时间点上的存量之差减去城市人口的自然增量所决定。外商直接投资存量（afdi）是本章重要的解释变量，首先利用以 1990 年为基期的“固定资产投资价格指数”平减化得到实际 FDI 流量（亿元），然后用永续盘存法得到每年实际 FDI 存量（折旧率取 9.6%）。工业化水平（indus）方面，本章以第二、第三产业的国内生产产值之和占国内生产总值的比率来表示工业化水平。按照世界各国工业化的一般经验来看，工业化水平的提高必将创造大量的用工需求，从而极大促进农村剩余劳动力向城市非农产业的转移就业。改革开放以来，中国通过推行“农村工业化战略”等逐步放宽了对农业人口向非农业领域转移的限制。与此前片面追求重工业化不同，非农产业的发展往往伴随着农村剩余劳动力从第一产业向第二、第三产业的转移就业。

财政分权是本章另一个核心解释变量。本章在理论分析中仅引入财政支出分权指标，但研究表明区分财政支出分权和财政收入分权对于更好地揭示财政分权对政府支出行为的影响效应是非常重要的(Jin and Zou，2002)，所以本章在实证研究中同时引入财政收入分权（fdr）和财政支出分权（fde）指标。在已有研究文献中，Zhang 等

(1998) 利用地方预算内、预算外支出与相应的中央预算内、预算外支出的比例来衡量财政分权程度。Lin 等 (2000) 使用边际留成比例衡量财政分权程度，并利用省级数据估算财政分权对经济增长所产生的积极作用。但上述研究均认为分权程度仅取决于自身支出水平而并不依赖于该地区的人口和经济规模，因而存在较大争议。在财政收入分权 (fdr) 方面，借鉴范子英等 (2009) 的基本思路，同时考虑到经济规模越大的地区，税基往往更为丰裕和地市政府征收的本级预算收入越多，若不“过滤”经济规模的影响便无法准确衡量地方财政收入分权程度，所以本章定义财政收入分权 (fdr) 为“地市财政一般预算内收入在全省所占的比重除以地市国民收入在全省所占的比重”，这是一个衡量财政分权的相对指标，其中“地市财政一般预算内收入占全省的比重”定义为“地市财政一般预算内收入与省财政一般预算内收入之比”。按照相同思路，定义财政支出分权 (fde) 为“地市财政一般预算内支出在全省所占的比重除以地市国民收入在全省所占的比重”，其中“地市财政一般预算内支出占全省的比重”定义为“地市财政一般预算内支出与省财政一般预算内支出之比”。

产业结构升级速度 (stru) 方面，由于产业结构升级的重要标志即就业人口的非农化，表现为第一产业就业比重下降和第二、第三产业就业比重增加。作为产业结构变迁的重要方面，就业结构能够真正体现产业结构升级的情况 (王燕飞等，2006)。因此，本章定义产业结构升级速度 (stru) 为第二、第三产业就业比重之和的变化率，变化率为正则代表产业结构正在逐步升级。

资本深化程度 (deep) 方面，用“工业资本存量/工业就业人员数”反映各地市的资本深化水平。由于缺少全部工业企业的数据，本章用“限额以上工业企业”的相关数据替代计算，该指标反映经济发展过程中的技术路径选择。从理论上看，资本深化对农村剩余劳动力向城市的转移就业具有双重影响。一方面，资本深化提高了劳动生产率，很可能出现“资本挤出劳动”的现象；另一方面，资本深化所带来劳动生产率的提高将提升农村剩余劳动力的工资和消费水平，进而带动相关产业发展并进一步增加劳动力需求，从而产生对农村剩余劳动力转移就业的“补偿效应”。所以资本深化对农村剩余劳动力转移就业的总效应要取决于上述两种效应的对比。

期望工资水平（expw）方面，大量的理论与实证研究均表明，城乡收入差距是农村剩余劳动力向城市转移的重要因素，但由于城市年鉴并不能获取城乡收入差距的相关数据，因此用期望工资作为替代指标。考虑到城镇失业率构成了农村剩余劳动力向城市转移就业的机会成本（非货币成本），所以消除掉机会成本因素的影响，定义期望工资水平（expw）为“城市职工实际平均工资×（1－失业率）”。

7.4 实证结果及分析

7.4.1 变量统计性描述和Spearman相关性检验

表7－2和表7－3分别给出了变量的统计性描述和Spearman相关性检验的结果，相关分析均使用State10.1完成。从表7－2来看，中国各地市在FDI流入量方面存在着显著差异（lnafdi的标准差高达3.3590），这在一定程度上反映了FDI的区域分布特征。从另一个核心解释变量——财政分权来看，地市财政收入分权和财政支出分权的平均值分别为1.1918和1.6269，这表明地市政府普遍承担着较重的支出责任但拥有的财政收入份额较为有限，财权和事权呈现出明显的不匹配状态。另外，各地市政府在财政收入分权和财政支出分权方面也存在较为突出的差异（两者标准差分别为0.3839和0.6265）。从其他控制变量来看，各地市工业化水平（indus）、资本深化程度（lndeep）和期望工资水平（lnexpw）均已达到较高水平，但整体产业结构（stru）并未出现较大幅度的升级反而出现小幅度下降。从表7－3来看，各解

表 7-2　变量的统计性描述

	labor	lnafdi	fdr	fde	indus	stru	lndeep	lnexpw
平均数	3.7035	1.5842	1.1918	1.6269	0.8509	-0.0048	12.1809	9.9983
最大值	227.5362	6.5207	4.0782	10.1166	0.9993	0.5562	15.1496	11.7574
最小值	-491.5455	-11.9030	0.3188	0.1760	0.0000	-0.8958	10.3768	8.8052
标准差	13.8917	3.3590	0.3839	0.6265	0.0907	0.0983	0.5977	0.3144
方差	192.9797	11.2828	0.1474	0.3925	0.0082	0.0097	0.3573	0.0988
峰度	-23.7846	-2.7356	2.7661	4.6601	-0.8629	-1.4365	0.5615	0.0025
偏度	979.8753	11.5712	16.2179	43.5437	6.8233	29.3341	4.0219	3.8073
变异系数	19.7469	2.1202	0.4305	0.5559	0.1065	-20.5842	0.0491	0.0314
标准误差	0.3710	0.0855	0.0098	0.0161	0.0023	0.0025	0.0153	0.0080

注：labor 的最大值 227.5362 为 2010 年的郑州市，最小值 -491.5455 为 2005 年的东莞市，但两个极端值的出现并不会影响整体 2256 个观测样本的估计结果。

表 7－3　变量间的 spearman 相关性检验

	labor	$labor_{-1}$	lnafdi	fdr	fde	fdr^2	fde^2	indus	stru	lndeep	lnexpw
labor	1.0000										
$labor_{-1}$	0.8979	1.0000									
lnafdi	0.3483	0.3510	1.0000								
fdr	0.1588	-0.1606	0.1822	1.0000							
fde	0.0772	-0.0792	-0.3700	0.2108	1.0000						
fdr^2	-0.1588	-0.1606	0.1822	1.0000	0.2108	1.0000					
fde^2	-0.0772	-0.0792	-0.3700	0.2108	1.0000	0.2108	1.0000				
indus	0.1495	-0.1468	0.4978	0.4277	-0.4500	0.4277	-0.4500	1.0000			
stru	-0.0095	-0.0090	-0.0694	-0.0845	0.1541	-0.0845	0.1541	-0.2371	1.0000		
lndeep	0.2758	-0.2775	-0.1758	0.3374	0.0958	0.3374	0.0958	0.1889	-0.0194	1.0000	
lnexpw	0.0549	-0.0517	0.3421	0.3856	-0.1382	0.3856	-0.1382	0.5685	-0.1102	0.3993	1.0000

释变量与农村剩余劳动力之间的相关关系与前面理论预期基本一致，但更严谨的结论有待于进一步的实证检验与分析。

7.4.2　全国总体样本的基本估计结果：检验倒“U”型曲线假说

表 7－4 报告了全国总体样本的基本估计结果。外商直接投资（afdi）对农村剩余劳动力转移有着显著的正向促进作用，这与许和连等（2012）的研究结论相一致。改革开放以来，中国廉价的劳动力和巨大的国内消费市场吸引了大批外资企业在中国投资建厂。FDI 的大量流入为制造业（特别是劳动密集型制造业）带来了充裕的资金和较为先进的技术，促进了制造业的发展和出口规模的扩大，从而为农村剩余劳动力向城市的转移就业提供了大量机会，FDI 也因而成为中国城镇化建设和二元经济结构转型不可忽视的重要力量。就财政分权而言，财政收入分权（fdr）和财政支出分权（fde）对农村剩余劳动力转移就业均有着显著的促进作用，但财政收入分权对农村剩余劳动力转移的促进作用要大于财政支出分权。究其原因在于，财政收入分权水平的提高可以极大提高地市政府为农村剩余劳动力提供定居所需要的公共服务的能力，而财政支出分权程度的提高虽然可以有效改善地市级政府公共产品的供给效率，但也在很大程度上加剧了其财政困难程度，两者正负作用的相互抵消降低了地市政府公共服务的供给能力，从而不利于农村剩余劳动力向城市的转移就业。

在引入财政分权的二次项之后，财政收入和支出分权的二次项系数均显著为负，这说明财政分权对农村剩余劳动力转移的影响效应存在明显的倒“U”型曲线特征（见图 7－3）。倒“U”型曲线背后的政治和经济逻辑在于“晋升锦标赛”（周黎安，2007）和“诸侯经济”（严冀等，2003）下的竞争压力对不同发展阶段的地区并不一样，不同压力来源可能诱发地市政府选择不同的财政支出结构。在“上收税权和下放责任”的财税体制安排下，地市政府的财政收入比

表 7-4 基本估计结果

	解释变量为财政收入分权（fdr）				解释变量为财政支出分权（fde）			
	模型①	模型②	模型③	模型④	模型⑤	模型⑥	模型⑦	模型⑧
$labor_{-1}$	0.2843*** (0.0245)	0.1597*** (0.0279)	0.1616*** (0.0279)	-0.0213 (0.0152)	0.3355*** (0.0307)	0.2606 (0.0257)	0.2607 (0.0262)	0.0220 (0.0150)
lnafdi	0.4214** (0.1772)	0.2892* (0.1588)	0.3413*** (0.1575)	0.1757** (0.0774)	0.2838 (0.1788)	0.1522 (0.1410)	0.1113* (0.0435)	0.2523*** (0.0639)
fdr	9.3073*** (2.3511)	8.9536*** (2.1606)	8.5505*** (2.1999)	4.9959*** (0.8889)				
fdr^2	-2.9054*** (0.6479)	-2.2939*** (0.6226)	-2.1913*** (0.6432)	-1.1054*** (0.2421)				
fde					0.5394* (0.1756)	2.8822** (1.5444)	3.2031** (1.5835)	2.6035*** (0.6530)
fde^2					-0.1270** (0.0617)	-0.4017** (0.2302)	-0.4791*** (0.2342)	-0.3998*** (0.0903)
indus		27.2872*** (9.5000)	29.4551*** (9.9445)	15.1812*** (1.0711)		22.8525*** (5.9976)	23.5798*** (5.9943)	23.5952*** (1.3471)
stru			5.3107* (3.2216)	3.9837** (1.9975)			8.5461*** (2.6583)	6.0406*** (1.9811)

续表

	解释变量为财政收入分权（fdr）				解释变量为财政支出分权（fde）			
	模型①	模型②	模型③	模型④	模型⑤	模型⑥	模型⑦	模型⑧
lndeep				1.4639 *** （0.5032）				1.6134 *** （0.4987）
lnexpw				9.5342 *** （1.1975）				6.5299 *** （1.1733）
Wald Test	624.46	637.99	585.13	973.04	685.95	1039.00	959.05	1218.03
Hansen Test	144.92	130.91	130.15	88.22	124.52	141.58	140.24	97.47
RMSE 值	0.2069	0.2270	0.2265	0.3207	0.2660	0.5123	0.3791	0.2967
AR（1）检验	0.389	0.391	0.375	0.003	0.696	0.359	0.344	0.002
AR（2）检验				0.235				0.330
最优分权度	1.6017	1.9516	1.9510	2.2598	2.1236	3.5875	3.3428	3.2560
Obs	2256	2256	2256	2256	2256	2256	2256	2256

注：（1）*** 、** 和 * 分别表示 1%、5% 和 10% 的显著性水平，括号内为稳健性标准误，表中数据为基于 GMM 两步法的估计结果。（2）模型①～④是引入解释变量 fdr 的估计结果，模型⑤～⑧是引入解释变量 fde 的估计结果。（3）Hansen 检验的零假设是选取的工具变量不存在过度识别。AR（1）和 AR（2）检验的结果为残差项自相关性检验的 P 值。若残差项存在一阶自相关而不存在二阶自相关，则 GMM 估计是有效的。（4）令 $\partial(labor)/\partial(fd)=0$，则可得出最优的财政收入分权和财政支出分权度。

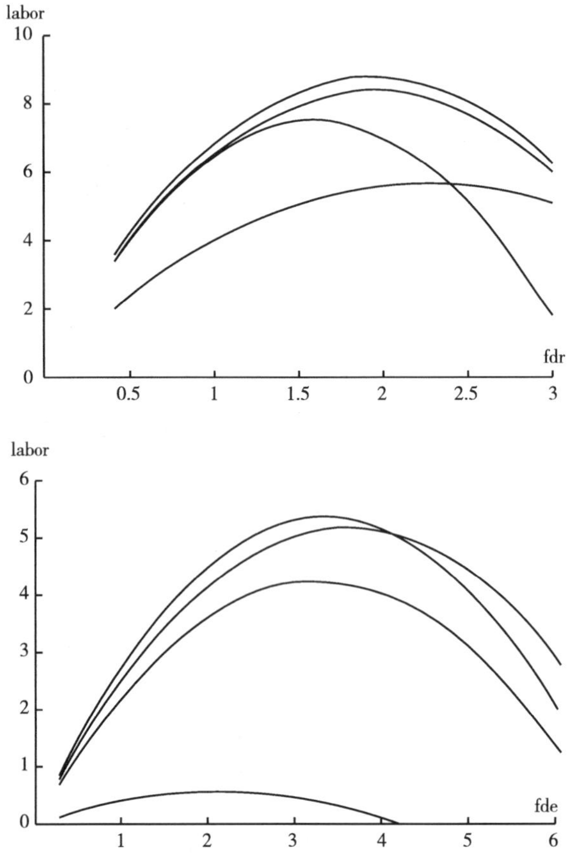

图 7－3　全国财政收入和支出分权与农村剩余劳动力转移间的曲线模拟图

重有很大程度的下降，但其支出责任并没有得到相应的降低，反而承担了更多基础教育、医疗卫生和社会保障等具有外溢性公共品的供给责任，财权和事权的严重不匹配也扭曲了地市政府的财政收入和支出政策。而且，地市政府财政支出缺口的增加和融资手段的缺乏使其在面临财政困难时寄望于上级政府的转移支付，若转移支付不能有效填补其财政支出缺口，地市政府或采取设置“进入门槛”或歧视性的就业政策阻碍农村剩余劳动力向城市的迁移，或不提供或减少提供法规和政策规定的公共服务（Zhang et al.，1998），借此减轻自身财政支出压力。或将财政支出负担转嫁给辖区居民，这将意味着诸如教育、医疗卫生和社会保障等具有外溢性的公共服务很难得到有效提高。另外，在沉重的财政压力下，地市政府在经济发展的角色也逐渐由“援助之手”转向了“攫取之手”，其往往选择利用自身的行政权力通过一些非正式的途径筹集资金，如向辖区企业征收名目繁多的税费或过度依赖“土地财政”，这将导致企业经营负担的增加，从而不利于其经营规模的扩大和增加对劳动力的需求，并对农村剩余劳动力转移产生不利影响。

就其他控制变量而言，工业化水平（indus）的提高对农村剩余劳动力转移具有显著的正向影响，这与改革开放以来城镇化进程的历史经验相吻合。产业结构升级（stru）对农村剩余劳动力转移具有显著的正向促进作用，这与经济发展方式转变的内在要求相一致。配第—克拉克定理也指出，一国劳动力在三次产业间分布的变化趋势是从第一产业转移至第二产业，然后再从第二产业向第三产业转移。第二、第三产业就业比重的不断提高不仅是中国加快农村剩余劳动力转移的现实需要，也是产业结构升级的必然要求。随着第三产业的快速发展，它将与第一、第二产业结合得更加紧密，并增加两大产业对相关服务的需求，从而利用第三产业较强的就业吸纳能力加快农村剩余劳动力转移。资本深化（deep）方面，虽然资本深化过程伴随着就业增长率的降低，但并意味着就业量的绝对减少，资本深化仅表明资本的增长率快于劳动力的增长速度。新古典经济增长理论认为，由于资本和劳动的匹配关系，资本的积累也会增加对劳动力的需求数量，而中国经济增长与城镇化的快速推进印证了这一结论。期望工资水平（expw）方面，由于因生存压力而产生的“生存理性选择”仍是农村剩余劳动力向城市转移的最根本动因（许和连等，2012），而较高的期望工资水平意味着较高的迁移收益和在城市获得更高的劳动报酬，足以弥补有形无形的转移成本，所以对农村剩余劳动力向城市的迁移决策具有至关重要的正向促进作用。

7.4.3 分地区样本估计结果：倒“U”型曲线假说的区域差异检验

根据农村剩余劳动力转移的路径特征以及区域劳动力市场发育的现状，将整体样本分为东部地区和中西部地区①进行进一步的详细考察，表7-5报告了全国分地区样本的估计结果。外商直接投资（afdi）对农村剩余劳动力转移具有显著的正向影响，但中西部地区FDI对农村剩余劳动力转移的促进作用要明显大于东部地区。究其原因在于，现阶段中西部地区拥有明显的劳动力成本优势，吸引的大多为成本导向型的劳动密集型FDI，因而具有较强的就业吸纳能力。而东部地区FDI在经历了长期的产业集聚之后，正在逐步由劳动密集型向资本技术密集型产业优化升级，对农村剩余劳动力的就业吸纳能力大幅降低。

财政分权方面，东部地区财政收入分权（fdr）和支出分权（fde）对农村剩余劳动力转移的促进作用要大于中西部地区，其最优财政收入和支出分权度也要大于中西部地区。这主要包括三个方面的原因：首先，从财政自给能力来看，东部地区地市政府具有很强的自主发展能力，将财政收支权力更多下放有助于增强地市政府的财政自给能力，从而极大提高其为农村剩余劳动力在城市定居提供足够公共服务的能力。而中西部地区地市政府财政收支能力较差且财政依赖性较强，行政管理费占据其财政支出的较大比重，是典型的“吃饭财政”，财政分权并不能显著提高其财政自给能力和公共服务供给能力。其次，从地市政府间的财政竞争来看，东部地区地市政府财政实力雄厚且区域合作较为广泛深入，同级政府之间财政竞争效率损失相

① 东部地区包括北京、天津、河北、辽宁、山东、江苏、浙江、上海、福建、广东、广西和海南共12个省市（自治区）中的112个地市，中西部地区包括黑龙江、吉林、河南、安徽、湖北、湖南、江西、内蒙古、山西、陕西、甘肃、宁夏、四川、重庆、贵州、云南、青海和新疆共18个省市（自治区）中的170个地市。

表 7－5　分地区的估计结果

	东部地区的估计结果				中西部地区的估计结果			
	解释变量为 fdr		解释变量为 fde		解释变量为 fdr		解释变量为 fde	
	模型①	模型②	模型③	模型④	模型⑤	模型⑥	模型⑦	模型⑧
$labor_{-1}$	0. 0715 *** (0. 0326)	0. 0025 (0. 0082)	0. 0353 (0. 0285)	0. 0154 *** (0. 0052)	0. 1076 *** (0. 0181)	0. 1813 *** (0. 0224)	0. 1087 *** (0. 0150)	0. 1514 *** (0. 0204)
lnafdi	0. 3269 *** (0. 0531)	0. 7314 *** (0. 2498)	0. 2348 *** (0. 0481)	0. 1261 *** (0. 0383)	0. 8718 *** (0. 2318)	0. 3381 *** (0. 1789)	0. 7806 *** (0. 2293)	0. 3302 *** (0. 1948)
fdr	26. 3018 *** (3. 8731)	3. 5525 *** (0. 6407)			13. 2254 *** (1. 5142)	9. 0823 *** (1. 6110)		
fdr^2	－4. 0294 *** (0. 5821)	－0. 6389 *** (0. 1633)			－3. 8786 *** (0. 4315)	－2. 2851 *** (0. 5235)		
fde			5. 1759 *** (1. 9872)	3. 1266 *** (0. 5685)			5. 4938 *** (1. 1087)	0. 6411 (0. 4775)
fde^2			－0. 8818 *** (0. 1865)	－0. 4894 *** (0. 0926)			－0. 8551 *** (0. 1848)	－0. 1110 (0. 0835)
indus	38. 9973 *** (10. 4636)	3. 6166 (2. 7683)	63. 4651 *** (10. 8185)	0. 7381 (1. 7940)	70. 6918 *** (12. 5845)	21. 0859 * (11. 4532)	67. 8923 *** (9. 8748)	17. 8826 *** (11. 8047)

续表

	东部地区的估计结果				中西部地区的估计结果			
	解释变量为 fdr		解释变量为 fde		解释变量为 fdr		解释变量为 fde	
	模型①	模型②	模型③	模型④	模型⑤	模型⑥	模型⑦	模型⑧
stru	12. 3543 (14. 4309)	-14. 4306 *** (2. 1389)	-10. 1463 *** (3. 7593)	2. 7300 (4. 9249)	5. 7114 *** (2. 1072)	5. 5913 *** (2. 5571)	1. 4394 (0. 9208)	4. 2479 *** (1. 4015)
lndeep		10. 6745 *** (1. 1469)		6. 3877 *** (1. 5238)		0. 3689 (0. 7376)		-0. 1417 (0. 6954)
lnexpw		11. 2557 *** (1. 3331)		15. 7317 (2. 3306)		7. 2208 *** (1. 2717)		7. 7896 *** (1. 0818)
Wald Test	298. 76	1031. 76	223. 62	1321. 83	2343. 24	1604. 50	3314. 21	1873. 24
Hansen Test	63. 54	57. 02	57. 33	49. 59	60. 05	66. 16	65. 61	44. 80
AR（1）检验	0. 001	0. 030	0. 269	0. 018	0. 003	0. 024	0. 003	0. 026
AR（2）检验	0. 366	0. 425		0. 196	0. 293	0. 351	0. 291	0. 277
最优分权度	3. 2637	2. 7802	2. 9348	3. 1943	1. 7049	1. 9873	3. 2124	—
Obs	896	896	896	896	1360	1360	1360	1360

注：“—”表示值不存在，其他同表 7 - 4。

对较小。而中西部地区地市政府的财政实力和财政政策协调能力均要弱于东部地区，同级政府之间财政竞争效率损失相对较大。最后，从转移支付的角度来看，虽然中西部地区地市政府的财政支出缺口要远大于东部地区，但中国分税制改革以后的财政转移支付更多地流向东部地区，这显然不利于中西部地区公共服务供给能力的提高和农村剩余劳动力向城市的迁移定居。

在引入财政分权的二次项之后，财政收入和支出分权的二次项系数显著为负，这说明东部和中西部地区财政分权对农村剩余劳动力转移的影响效应亦存在明显的倒“U”型曲线特征（见图7-4）。从其他控制变量来看，中西部地区工业化水平（indus）的提高对农村剩余劳动转移的促进作用要大于东部地区，这主要是因为中国农村非熟练剩余劳动力仍然占据较大比重，而中西部地区较低的工业化发展阶段注定了对非熟练农村剩余劳动力的大量需求。产业结构升级（stru）方面，东部地区产业结构升级对农村剩余劳动力的转移就业具有显著的负向影响，而中西部地区则具有显著的正向影响。这是因为东部地区已经处于由劳动密集型向资本技术密集型优化升级的高级阶段，不可避免地产生资本、技术对非熟练农村剩余劳动力的“就业挤出”效应。而中西部地区的产业结构升级在很大程度上仍表现为

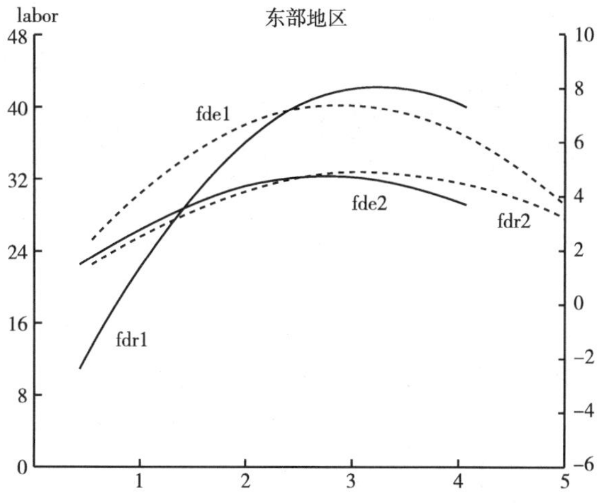

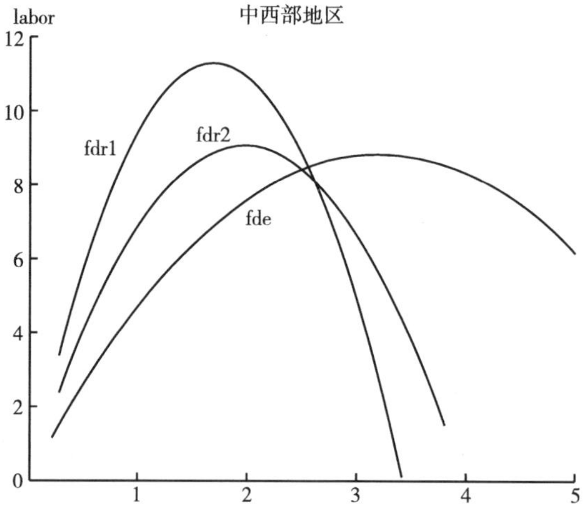

图 7－4　分地区财政收入和支出分权与农村剩余劳动力转移间的曲线模拟图

非农产业规模和比重增加的初级阶段，所以其对农村剩余劳动力转移就业具有显著的正向促进作用。

资本深化（deep）方面，东部地区资本深化所来的“就业补偿效应”要大于其“就业挤出效应”，因而对农村剩余劳动力转移的总体效应为正，而中西部地区资本深化对农村剩余劳动力转移的影响效应并不显著。期望工资（expw）方面，东部地区期望工资水平的提高对农村剩余劳动力转移的促进作用要远大于中西部地区，这在一定程度上解释了 20 世纪 90 年代出现的“孔雀东南飞”现象中所包含的经济诱因。同时，中国二元经济体制下的劳动力无限供给特征尚未完全消失，东部地区工业产业集聚效应的深化已使中西部地区的农村剩余劳动力形成持续跨区域转移的“路径依赖”，大批农村剩余劳动力呈现出从中西部地区到东部地区流动的单一方向，而且这种区域流动特征已得到大量理论与实践经验的证实。

7.4.4　分时段样本估计结果：倒“U”型曲线假说的跨时差异检验

表 7－6 报告了全国分时段样本的估计结果。从表 7－6 中可以看

表 7－6　　分时段的估计结果

	2003～2006 年的估计结果				2007～2010 年的估计结果			
	解释变量为 fdr		解释变量为 fde		解释变量为 fdr		解释变量为 fde	
	模型①	模型②	模型③	模型④	模型⑤	模型⑥	模型⑦	模型⑧
$labor_{-1}$	0.2212*** (0.0588)	0.0981* (0.0516)	0.2557*** (0.0642)	0.0713 (0.0513)	0.1489 (0.0972)	0.2465*** (0.0322)	0.2709*** (0.0426)	0.2682*** (0.0458)
lnafdi	0.2153 (0.1456)	0.2136** (0.0751)	0.1343** (0.0496)	0.1660*** (0.0317)	0.0391 (0.1108)	0.1448** (0.0723)	0.2599** (0.1315)	0.0629 (0.1614)
fdr	5.8689*** (1.9799)	10.9296*** (3.0577)			42.5806** (19.4531)	13.1149*** (2.8696)		
fdr^2	－2.2751*** (0.7256)	－3.8206*** (0.9687)			－8.4279* (9.0601)	－3.5740*** (1.0812)		
fde			22.0239*** (4.8618)	21.8123 (10.1063)			4.3466*** (1.7907)	4.3969*** (2.0983)
fde^2			－3.3414*** (0.7997)	－2.9889 (1.6121)			－0.7939*** (0.1626)	－0.8171*** (0.2447)
indus	7.9780** (2.4099)	2.5095 (1.8945)	2.1466* (1.3173)	1.5634 (5.6443)	9.1846*** (3.1639)	7.8821 (8.8595)	16.1982 (15.0519)	24.6815*** (2.7048)

续表

	2003～2006 年的估计结果				2007～2010 年的估计结果			
	解释变量为 fdr		解释变量为 fde		解释变量为 fdr		解释变量为 fde	
	模型①	模型②	模型③	模型④	模型⑤	模型⑥	模型⑦	模型⑧
stru	11.5958* (6.1079)	6.2795* (4.3913)	1.9474 (4.2020)	6.0725** (2.6927)	-2.7552 (2.7102)	-1.2325* (0.7533)	-1.7498** (0.8515)	-0.6159** (0.3272)
lndeep	3.7566*** (1.3901)		10.1791*** (1.6458)		-0.0439 (0.9606)		1.0330*** (0.1525)	
lnexpw		9.8089*** (1.8469)		8.6161*** (2.2264)		12.7871 (2.2502)		12.1132*** (3.3668)
Wald Test	138.39	305.76	147.84	134.94	60.26	424.87	186.74	212.11
Hansen Test	36.96	19.39	44.08	8.39	13.16	42.41	30.88	6.89
AR（1）检验	0.467	0.072	0.616	0.003	0.033	0.004	0.001	0.002
AR（2）检验		0.358		0.136	0.116	0.137	0.646	0.142
最优分权度	1.2898	1.4304	3.2956	—	2.5262	1.8348	2.7375	2.6906
Obs	1128	1128	1128	1128	1128	1128	1128	1128

注："—"表示值不存在，其他同表 7-4。

出，外商直接投资（afdi）在各时段对农村剩余劳动力转移均具有显著的正向促进作用。财政分权方面，随着财政分权体制改革的不断推进，财政收入分权（fdr）对农村剩余劳动力转移的促进作用大幅加强，而财政支出分权（fde）的促进作用却大幅降低，这蕴藏着丰富的政策含义。在“财权和事权相匹配”的指导原则下，适当增加地市政府的财政收入分权而降低其财政支出分权，不仅有利于建立和完善公共财政体制，而且有利于提高地市政府公共产品的供给能力和促进农村剩余劳动力向城市的迁移定居。在引入财政分权的二次项之后，财政收入和财政支出分权的二次项系数均显著为负，这说明财政分权对农村剩余劳动力向城市迁移的影响效应在各时段均存在明显的倒“U”型曲线特征（见图7－5）。

但值得注意的是，2003～2006年最优财政支出和最优收入分权之间的“缺口”较大（最优财政支出分权为3.2956，最优财政收入分权在1.2898～1.4304之间），财权和事权的严重不匹配造成地市政府普遍存在着财政自给能力不足的问题。所以中央在2005年实施“三奖一补”政策，主要目的就在于完善省级以下政府财政和预算管理体制，缓解省级以下政府财政困难的局面。而2007～2010年，中央进一步完善了公共财政体制建设，在此期间地市级政府的财政收入

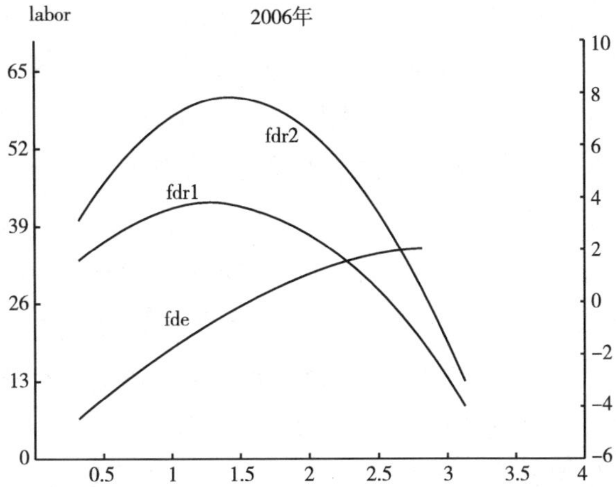

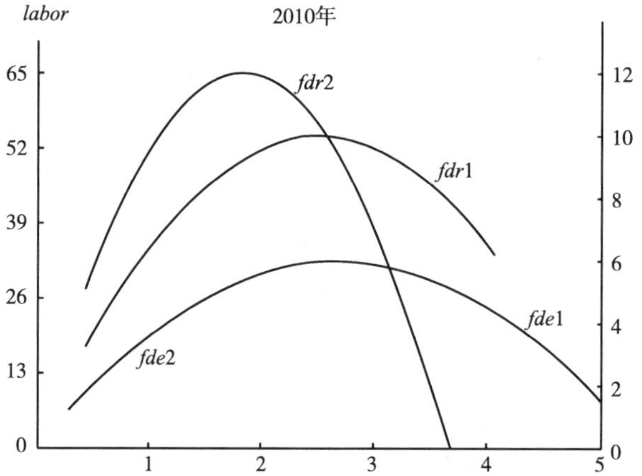

图 7－5　分时段财政收入和支出分权与农村剩余劳动力转移间的曲线模拟图

分权程度大幅提高，这使最优财政支出分权和最优财政收入分权之间的"缺口"也显著减小（最优财政支出分权在 2.6906～2.7375 之间，最优财政收入分权在 1.8348～2.5262 之间），这说明随着中国经济社会的不断向前发展，"财权和事权相匹配"已逐渐成为社会经济发展的必然要求，从而在增加地市政府财政自给能力的基础上快速推进农村剩余劳动力向城市迁移定居的进程。

从其他控制变量来看，工业化水平（indus）对农村剩余劳动力转移的促进作用逐步提高，这可能是由于中国就业结构正逐渐由"二、一、三"结构向"三、二、一"结构转变，农村剩余劳动力由第一、第二产业转移至就业吸纳能力更强的第三产业就业，从而大幅提高了工业化对农村剩余劳动力转移就业的促进作用。但值得注意的是，产业结构升级（stru）对农村剩余劳动力转移的影响效应却存在截然不同的跨时差异。2003～2006 年，产业结构升级对农村剩余劳动力转移具有显著的正向影响，但这一效应在 2007～2010 年却显著为负。这可能是由于，2003～2006 年的产业结构升级主要体现在"产业结构的合理化"，即在现有技术基础上实现三次产业比例的协调，具体表现在第一产业比重下降和第二、第三产业比重上升，非农产业规模的扩大极大促进了农村剩余劳动力的转移就业。

而 2007 ~ 2010 年，产业结构升级已由“产业结构的合理化”演变为“产业结构的高度化”，表现在由劳动密集型产业占优势比重逐渐向资本、技术知识密集型产业占优势比重演进，但资本、技术的大量使用往往形成对农村剩余劳动力的“就业挤出”效应，从而对其转移就业产生不利影响。资本深化（deep）方面，其对农村剩余劳动力转移的总体促进作用逐渐降低，这主要是由于随着资本、技术密集型产业比重的大幅提高，资本深化所带来的“就业挤出效应”在一定程度上抵消了“就业补偿效应”。从期望工资水平（expw）来看，其对农村剩余劳动力向城市的转移就业仍具有持续稳健的正向影响效应，而且这种效应随着时间的推移出现一定程度的提高。

7.4.5　“适度财政分权指数”构建：确定适度财政收入和支出分权度

本章将最优财政收入和支出分权的拟合值视为可以使农村剩余劳动力转移量最大化的财政分权度，同时将省级与地市政府之间现有财政收入和财政支出分权度视为实际分权度，两者的残差便可作为财政分权适度与否的衡量指标。参照龚锋等（2009）的研究思路，本章通过设定特定临界值构建“多值”离散型的“适度财政分权指数”来确定适度的财政收入和支出分权度。考虑到导致实际值与拟合值发生偏差的原因是多方面的，或受抽样误差和遗漏变量的影响，或受随机冲击等引致的“正常”偏差，所以本章仅将绝对值足够大的残差项看作财政分权不足或财政分权过度，这样做可将遗漏变量和随机冲击等不可控因素的影响予以综合考虑，因而具有一定合理性。在临界值的设定方面，本章选择回归方程的均方根误（RMSE）作为临界值，这是因为如果残差的绝对值大于 RMSE，则可在预定的显著水平上认定拟合值对实际值的偏差是显著的。在此基础上，本章构建如下的“适度财政分权指数”：

$$AFD_{i,t}^{gap}=\begin{cases}1,\text{若}\left|FD_{i,t}-FD_{i,t}^{*}\right|\geqslant RMSE,\text{且}(FD_{i,t}-FD_{i,t}^{*})<0 & \text{(分权不足)}\\0,\text{若}\left|FD_{i,t}-FD_{i,t}^{*}\right|<RMSE & \text{(适度分权)}\\-1,\text{若}\left|FD_{i,t}-FD_{i,t}^{*}\right|\geqslant RMSE,\text{且}(FD_{i,t}-FD_{i,t}^{*})>0 & \text{(分权过度)}\end{cases} \quad (7.11)$$

$$RMSE=\sqrt{\frac{\sum_{i=1}^{n}(FD_{i,t}-FD_{i,t}^{*})^{2}}{n}} \quad (7.12)$$

其中，$AFD_{i,t}^{gap}$表示适度财政分权指数，其具体值的设定是任意的，只起分类作用而并不代表实际值，设定为0、1、2或1、2、3等均是无差异的。$FD_{i,t}$表示实际财政收入或支出分权度，$FD_{i,t}^{*}$表示财政收入或支出分权度的拟合值，RMSE表示回归方程的均方根误，n表示样本数。根据表7-4中的估计结果，将模型①~④和模型⑤~⑧中的最优分权度和RMSE值分别求算术平均值，可得最优财政收入分权度为1.9410，相应回归方程均方根误（RMSE）为0.2453，最优财政支出分权度为3.0775，相应回归方程均方根误（RMSE）为0.3635。根据式（7.11）中关于“适度财政分权指数”的界定，本章对中国2003~2010年地级以上282个城市财政收入和财政支出分权不足、适度分权以及分权过度的比例进行了统计。

从财政收入分权和财政支出分权的核密度图来看（见图7-6），地市级政府财政收入分权和财政支出分权度均有一定程度的提高，具体表现在两者核密度曲线持续不断地向右偏移。由于财政收入分权的提高程度要明显大于财政支出分权，从而有利于“财权和事权相匹配”的公共财政体制的建立和完善。从各年财政收入分权状态来看，财政收入分权不足的比例在2007年出现明显下降（由67.38%降至58.51%），并在此后3年间有小幅度的回升，总体来看呈下降趋势；财政收入适度分权的比例在2005年出现较大幅度的提升（由21.28%降至25.18%），在此后几年间呈现先下降后上升的趋势，总体来看呈上升趋势；财政收入过度分权的比例在 2004 年出现快速上涨，并在 2007 年达到阶段性的高点（20.21%）后迅速下降，最终与 2003 年的初始状态基本持平。

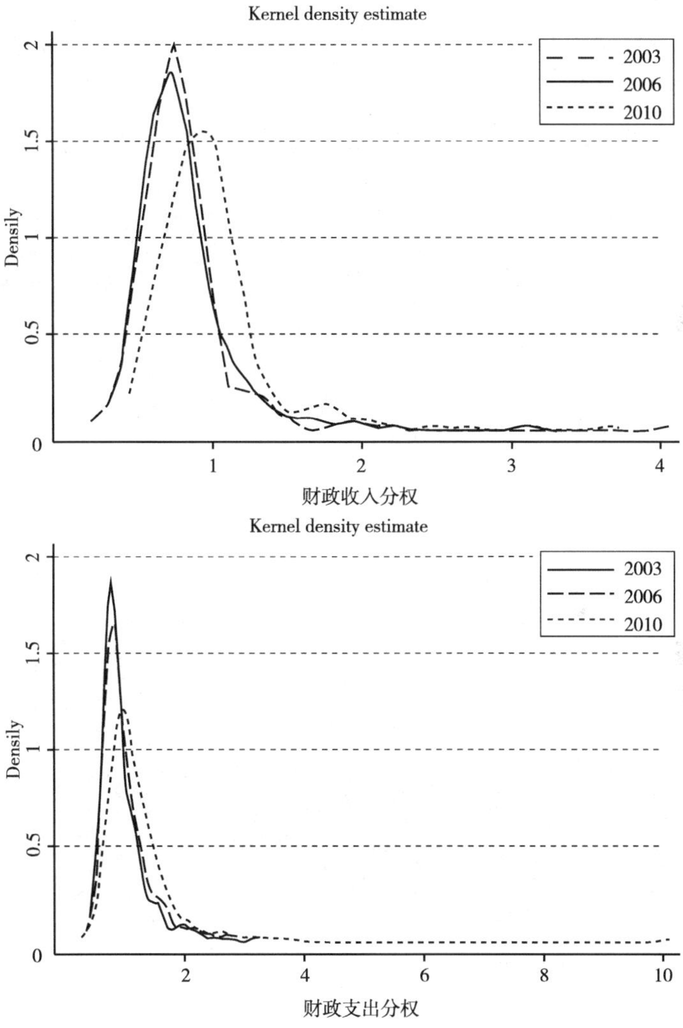

图 7-6　全国地市级政府财政收入分权和财政支出分权的核密度图

从各年度财政支出分权的状态来看，财政支出分权不足的比例在 2003 年和 2006 年达到阶段性的高点（69.50%），但总体看来呈缓慢下降趋势；财政支出适度分权的比例在一定区间内反复波动，总体来看呈现小幅度的上升；财政支出过度分权的比例在2007年达到阶段性的高点（19.50%），总体来看呈现小幅度的上升趋势。虽然各年份财政收入和支出分权状态的比例呈现一定程度的波动，但根据财政分权不足、适度分权以及分权过度比例的计算结果（见表7-7）可以发现，财政收入和支出分权不足的比例基本稳定在58%~70%的区间，适度分权的比例稳定在19%~25%的区间，过度分权的比例稳定在9%~21%的区间。分权不足的比例仍占绝大多数表明省级以下的分税制改革很不彻底，继续扩大财政收入和支出分权度并将其控制在适度分权的合理区间，将是未来中国省级以下财政分权体制改革的重点领域和公共财政体系建设的关键所在。

表7-7　财政分权不足、适度分权以及分权过度比例　单位:%

年份	分权状态	收入分权	支出分权	年份	分权状态	收入分权	支出分权
2003	分权不足	67.73	69.50	2007	分权不足	58.51	60.29
	适度分权	21.28	20.57		适度分权	21.28	20.21
	过度分权	10.99	9.93		过度分权	20.21	19.50
2004	分权不足	63.12	65.25	2008	分权不足	59.92	61.7
	适度分权	21.63	19.86		适度分权	22.70	21.28
	过度分权	15.25	14.89		过度分权	17.38	17.02
2005	分权不足	61.70	64.18	2009	分权不足	65.95	67.73
	适度分权	25.18	20.57		适度分权	23.41	21.28
	过度分权	13.12	15.25		过度分权	10.64	10.99
2006	分权不足	67.38	69.50	2010	分权不足	64.89	67.38
	适度分权	21.63	20.57		适度分权	24.47	21.63
	过度分权	10.99	9.93		过度分权	10.64	10.99

7.5 本章小结

外商直接投资能促进农村剩余劳动力向城市的转移就业吗？财政

分权能在不同阶段、不同地区有效促进农村剩余劳动力向城市的迁移定居吗？财政分权对农村剩余劳动力转移的影响效应存在显著的倒“U”型曲线特征吗？对上述问题的回答构成本章研究的主题。本章以 2003～2010 年中国 282 个地级以上城市的面板数据为基础，运用动态面板数据模型和系统广义矩估计（GMM）实证考察了 FDI、财政分权对农村剩余劳动力转移的影响效应。在此基础上，通过设定特定临界值构建“多值”离散型的“适度财政分权指数”，并对财政分权不足、适度分权以及分权过度的比例进行了统计。研究结果发现，FDI 对农村剩余劳动力转移具有持续显著的正向影响，财政分权对农村剩余劳动力的影响效应具有明显的倒“U”型曲线特征。分地区样本的估计结果表明，中西部地区 FDI 对农村剩余劳动力转移的促进作用要明显大于东部地区，但其财政收入和支出分权对农村剩余劳动力向城市转移的促进作用要明显小于东部地区。分时段样本的估计结果表明，财政收入分权对农村剩余劳动力转移的促进作用随时间推移而增加，但财政支出分权的影响效应呈相反趋势。对财政分权状态的统计分析发现，分权不足的比例仍占绝大多数，表明省级以下的分税制改革很不彻底，其已成为困扰地市政府财政自给能力提高的主要障碍。而且，财权和事权的严重不匹配在很大程度上造成了中国地市级政府缺乏为农村剩余劳动力在城市定居提供所需公共服务的能力，这对农村剩余劳动力向城市的转移形成负向影响。

最后，本章创造性地提出“农村剩余劳动力转移就业与定居的二分法”的崭新思路，即第一步借助 FDI 企业、内资民营企业等市场力量实现农村剩余劳动力向城市的转移就业，迅速完成“半城市化”；第二步则在财政分权体制变革力量下，提高地市政府的财政自给能力并为农村剩余劳动力在城市定居提供足够的医疗卫生、子女教育以及社会保障等公共服务，最终实现真正的“农民工市民化”。这为现阶段中国快速推进城镇化和扩大内需，进而实现经济发展方式的转变提供了具有现实可操作性的战略政策选择。

外商直接投资与农村剩余劳动力转移

Chapter 8

第8章　FDI、城市化与劳动力市场的非均衡化发展

8.1 引言

区域间农村剩余劳动力转移速度的差异不仅直接影响劳动力市场的协调发展，还会带来严重的社会问题和阻碍未来经济的持续增长。因此，如何有效减小区域间农村剩余劳动力转移速度的差异和建立规范统一的全国劳动力市场将是今后深化改革的头等大事之一。有鉴于此，消除劳动力区域间自由流动障碍的必要性渐成共识，户籍制度改革的呼声愈来愈高。但户籍制度改革刚刚开始便陷入困境，这是因为户籍制度实际上并不是简单的人口登记制度，其核心是户口上所附着的巨大福利差异。在改变户籍登记归类方式或者放宽农村剩余劳动力落户条件之后，现行的城市财政体制和公共服务体制却无法应对加大了的负担。此时，一个自然而然的逻辑就是求助于政府的政策支持。但事实证明，越富裕的地区可能越容易得到政府的转移支付（马拴友，2003），所以户籍制度很快陷入“改革悖论”，郑州户籍新政无疾而终便是对此现象的现实解说。由此可见，现行户籍制度改革在短期内作用有限，这使劳动力市场的发展陷入困局：一方面，农村剩余劳动力转移速度的差异加剧了区域劳动力市场发展的不平衡性；另一方面，政府旨在解决劳动力市场不平衡性的相关改革短期内似乎又缺乏相应效果。

如何解决当前劳动力市场所面临的困局？借鉴新古典增长理论关于经济增长收敛的研究，是否可以寄希望于这样的一种假想：当经济发展达到一定程度时，对劳动力的强烈需求将自动冲破阻碍劳动力自由流动的“藩篱”，区域间农村剩余劳动力转移实现稳态收敛，劳动力市场发展的不平衡性将自行消除，规范统一的全国劳动力市场也将最终形成。对农村剩余劳动力转移的收敛性进行深入研究，不仅有助于寻找影响区域劳动力市场非均衡性的根本原因，也可以为建立和完善统一规范的劳动力市场提供科学依据和政策性建议。同时，大量的理论与实践均证明，在开放经济背景下，农村剩余劳动力向非农产业的转移就业及就业空间分布的不平衡性，均与 FDI 流入及其在中国区域分布的巨大差异有着十分密切的关系（朱金生，2005；赵德昭，2014）。有鉴于此，本章首先从农村剩余劳动力转移的收敛性出发，剖析影响区域劳动力市场非均衡性的根本原因。然后以 FDI、城市化与劳动力市场的非均衡化发展为主线，重点研究从“民工潮”到“民工荒”再到“农村空心化”的动态演变趋势及深层次诱因。

8.2　农村剩余劳动力转移的收敛性分析

8.2.1　问题的提出

1978 年党的十一届三中全会以来，中国进入改革开放的历史时期，改革首先从农村开始。在此后的几年间，中央逐步废除了存续 20 多年的人民公社集体经营制度，取而代之的是家庭联产承包责任制，这极大提高了农业劳动生产率，农村开始出现剩余劳动力（郭熙保，2002）。由于长期实行城乡分治而建立的“一个体制，三个制度”①，中国农村积压了大量的剩余劳动力亟须转移。农村剩余劳动力向农村非农产业和城市转移，不仅关系到工业化和城市化能否顺利实现，而且关系到“三农”问题的根本解决（黄乾，2007）。因此，如何有效加快农村剩余劳动力向城市非农产业部门的转移就业成为近年来学者研究的焦点问题。改革开放以来，在中国经济增长取得举世瞩目成就的同时，社会发展也出现了一系列问题，其中关键问题之一就是劳动力市场发展的不平衡性（或称劳动力市场扭曲）。农村剩余

① “一个体制，三个制度”是指计划经济体制和人民公社制度、农产品统购统销制度、城乡隔离的户籍制度。

劳动力作为中国劳动力市场的重要组成部分，其转移的区域平衡性对劳动力市场的健康发展具有至关重要的影响。外商直接投资（FDI）流入量、先天资源禀赋、农村剩余劳动力流动政策以及地方政府发展思路等因素都会造成区域间农村剩余劳动力转移速度的差异，结果形成在剩余劳动力转移方面的“贫困陷阱”，即欠发达地区对劳动力需求较少、转移较慢，而发达地区对劳动力需求旺盛、转移速度较快。此种格局一旦出现，则欠发达地区将陷入“转移贫困”的恶性循环而难以实现对发达地区的赶超。

国外研究劳动力收敛性的代表性文献如研究国家间的人口迁移，建立劳动力迁移与增长的布劳恩模型（Barro and Sala - i - Martin，1992）。或研究国内区域间的劳动力转移，建立将国内劳动力迁移和劳动力市场一体化相联系的分析框架（Boyer and Hatton，1997）和提出劳动力市场一体化标准（Robertson，2000）。或从传统农业部门和现代工业部门的关系变迁出发，建立劳动力从传统农业部门向现代工业部门转移的一般均衡模型（Daveri，1999），亦有学者从劳动力供需角度出发，建立劳动力迁移的静态均衡模型（Carrington，1996）和动态均衡模型（Borjas，2001）等。国内的相关研究大多遵循上述逻辑框架进行，如从区域间劳动力转移的差异出发，认为中西部地区迁出人口呈现进一步向东部地带集中的趋势（王桂新等，2003）。虽然福建省整体劳动力分布的地区差距不存在 β - 收敛，但却存在明显的俱乐部收敛特征（张望，2009）。或从城乡劳动力转移的角度出发，认为中国城乡劳动力市场的非均衡化趋势将会进一步扩大，但在2040年前后将呈现收敛，并最终实现城乡劳动力市场的基本均衡（张务伟，2011）。或从部门间劳动力迁移的视角出发，利用动态演化博弈模型得出中国农村劳动力转移的动态过程渐进稳定收敛到均衡点的结论（刘德海等，2004）。或从三大产业内部劳动力分布的差异出发，认为东部与中、西部三大产业劳动力分布差异将进一步扩大，而东、中、西部三大产业劳动力分布的差异呈逐步缩小态势（郭艳，

2004）。

为了更好地把握区域间农村剩余劳动力转移差距变化的动因和特点，针对中国二元经济结构转型的特殊背景，依据布劳恩模型（1993）的人口迁移理论，本章提出一个二元经济结构下农村剩余劳动力转移的收敛性分析框架，并通过实证研究证实中国区域间农村剩余劳动力转移存在两种收敛趋势：第一种是绝对 β－收敛，第二种是条件 β－收敛。

8.2.2　二元经济条件下农村剩余劳动力转移的收敛机制

中国二元经济结构的显著特征是农村劳动力市场与城市劳动力市场的并存（杨文兵，2009）。已有相关文献大都以刘易斯—费景汉—拉尼斯模型为基础，研究农村剩余劳动力如何在市场收益均衡的驱动下实现向城市现代工业部门的转移。但对于中国这样具有典型刘易斯意义的转型经济体而言，大规模的农村剩余劳动力转移必然会带来就业结构的巨大变化，而二元经济结构转化的同步性将直接影响到区域间农村剩余劳动力转移差距的收敛或者发散格局，进而影响全国劳动力市场的健康均衡发展。但中国的二元经济结构不是沿着一条平滑轨道在持续转化，而是表现出波动、迂回、反复甚至强化的趋势（高帆，2007），这使新古典经济增长框架下的收敛机制作用往往难以发挥。如资本边际报酬递减规律对于中国的二元经济可能并不适用（沈坤荣，2006），这是因为虽然农村剩余劳动力已向城市大范围转移，但传统部门的就业比例仍旧较高，农业部门劳动生产率的提高将持续释放出大量的剩余劳动力。理论上，工业部门的劳动力供给就可能超过因资本存量增加而引致的劳动力需求。在一定时期内，资本边际收益因源源不断的劳动力供给而不再递减，但劳动力的边际收益仍然呈现递减趋势。另外，由于劳动力市场的二元分割和地方政府实施的劳动力保护政策，劳动生产率收敛机制也难以发挥作用，这也可能导致剩余劳动力转移呈加速发散的趋势。

但另一个不容忽视的事实是，中国是世界上最大的转型经济体，政府在劳动力资源配置方面具有很强的影响力。出于国家竞争力和地区公平发展的考虑，政府可能会选择直接替代市场配置资源来保持一定的经济控制力，这就使农村剩余劳动力转移具有一种制度上而不是技术上的收敛机制。既然同时存在收敛和发散的机制，那么农村剩余劳动力转移最终呈现收敛还是发散趋势，将取决于两种力量的对比。本章依据布劳恩（1993）模型的基本思想建立“农村剩余劳动力转移收敛的理论模型”来验证稳态收敛的存在性，模型的基本假定如下：

（1）劳动力市场被分割为城市和农村两个市场，城市劳动力的增量主要来源于农村转移至城市的剩余劳动力；

（2）城市和农村内部均为完全竞争的市场环境，所有经济体均符合不变规模报酬的柯布—道格拉斯生产函数；

（3）城市和农村享有相同的真实利率，工资差距是剩余劳动力向城市转移的唯一原因；

（4）技术进步为外生的劳动力增进型技术进步，且真实利率水平大于技术进步速度；

（5）城市的公共服务（或者土地供给）是稀缺资源，在一定时期内是有限供给的；

（6）忽略农村剩余劳动力向城市转移过程中由于运输及其相关开支等形成的固定成本，转移成本（放弃农村工作带来的机会成本）为转移速度的增函数，以产出为单位的成本与劳动力在农村获得的工资成比例。

为了使理论模型的推导过程不失一般性而又使分析尽可能简化，本章以不变规模报酬的 C－D 函数为基础（即 $\beta=1-\alpha$），进一步推导和分析农村剩余劳动力转移的收敛性。因为一个比较符合中国的现实情况是资本边际收益因充足的剩余劳动力而不再递减，但劳动力边际收益仍然呈递减趋势，最终的结果是两者总报酬保持不变，但此时无法根据理论或经验研究判断农村剩余劳动力转移是呈现收敛趋势还是发散趋势，因而这是符合一般现实的假设。

$$Y = AK^{\alpha} \cdot (\hat{L})^{1-\alpha} \tag{8.1}$$

其中，$\hat{L}$ 为有效劳动力投入且满足 $\hat{L} = Le^{xt}$，$x \geq 0$ 代表外生劳动力增进型技术进步速度，A 代表技术水平。一般而言，由于城市的技术水平高于农村，因此资本和劳动的回报率要高于农村，农村剩余劳动力向城市转移是经济发展的必然结果。虽然一个不可忽略的因素是公共服务（或者土地供给），但该产品在一定时期内是有限供给的，其人均占有量将随着农村剩余劳动力不断涌入城市而逐渐降低。考虑到城乡二元户籍制度的存在，在城市就业的农村剩余劳动力很难享受到附着在户籍制度和土地制度等方面的福利待遇，所以这些制度因素造成的收入（福利）差异并不在剩余劳动力转移激励的考虑范围之内，农村剩余劳动力的转移决策主要取决于城乡资本和劳动力回报率不同而造成的收入差异。用 $\hat{k}$ 表示人均资本，r 表示真实利率水平，δ 代表资本折旧率，则资本的租金价格为 $r+\delta$。在完全竞争条件下，城市工资率等于劳动力的私人边际产品价值，资本的边际产品价值等于租金价格：

$$w_c = (1-\alpha) \cdot A\hat{k}^{\alpha} \cdot e^{xt} \tag{8.2}$$

$$\alpha A \cdot (\hat{k})^{\alpha-1} = r + \delta \tag{8.3}$$

由于农村剩余劳动力自身拥有的资本很少，资本回报几乎为零（可以忽略不计），则收入差距主要来源于劳动力要素回报率的差异。但农村剩余劳动力从农村向城市的转移在收入方面也存在风险，这个风险可以用获得工作机会的概率来表示。用 $u(t)$ 表示城市经济部门的失业率，则农村剩余劳动力在城市找到工作的概率为 $1-u(t)$，w_v 为农村单一的制度性工资收入，则在 t 时从农村剩余劳动力转移至城市的收益 $B(t)$ 就是收入差距的现值：

$$B(t)=\int^{\infty}[(1-u(v))\cdot w(v)-w_v]\cdot e^{-r\cdot(v-t)}dv \quad (8.4)$$

定义$B(\hat{t})=B(t)\cdot e^{-xt}$，$\hat{w}_v=w_v\cdot e^{-xt}$，则$B(\hat{t})$对时间求微分可以得到：

$$B(\dot{\hat{t}})=-[(1-u(t))\cdot\hat{w}(t)-\hat{w}_v]+(r-x)\cdot B(\hat{t}) \quad (8.5)$$

$1-u(t)$的经济含义在于，虽然城市部门工资相对高于农村工资水平，但如果就职概率偏低，理性的农村剩余劳动力也会放弃向城市转移。失业率$u(t)$的重要含义还在于，虽然较高的失业率提高了少量已经进入城市就业的农村剩余劳动力的转移收益，但它却阻碍了大量农村剩余劳动力继续进入城市就业，这是典型的“个人理性”与“集体理性”的冲突，可见政府采取措施将城市失业率控制在一个合理区间是十分必要的。城市预期工资收入、限制性的劳动力流动政策与此效应基本相同。在确定了收益函数后，还要确定转移成本函数C，因为均衡状态必然要求转移收益等于转移成本。用$M(t)$表示在t时的农村剩余劳动力转移量，$L(t)$则表示在t时的农村剩余劳动力数量，则$M(t)/L(t)$代表农村剩余劳动力的转移速度。

由于在一定时期内城市内部新增的工作岗位十分有限，随着农村剩余劳动力转移量的增大，其在城市新找到一份工作的难度增加，因此转移成本为转移速度的增函数（满足$\mu'>0$），在转移的均衡状态必然满足：

$$\hat{B}(t)=C=\mu[M(t)/L(t)]\cdot\hat{w}_v \quad (8.6)$$

对式（8.6）求逆函数，可得农村剩余劳动力转移速度r_M的函数为（$\varphi'>0$）：

$$r_M=M(t)/L(t)=\varphi[\hat{B}(t)/\hat{w}_v] \quad (8.7)$$

通过在稳态值附近线性化的方式来确定向稳态收敛的速度，易知收敛速度与$\varphi'(0)$正相关（罗伯特·J. 巴罗，2000），而$\varphi'(0)$代表转移速度对相对收益$\hat{B}(t)/\hat{w}_v$的弹性。由此可见，农村剩余劳动力初始转移规模 M(t) 越大的省份，其转移成本 C 上升得越快，即 $\mu'(0)$ 越大。由于 $\varphi'(0)=1/\mu'(0)$，因此转移速度对相对转移收益的弹性越小，即 $\varphi'(0)$ 越小，从而农村剩余劳动力转移的收敛速度就越缓慢。反之，农村剩余劳动力转移的收敛速度就越快。

综上所述，农村剩余劳动力转移在理论上可实现稳态收敛。绝对 β－收敛意味着区域间劳动力市场发展的不平衡性问题将自行消除，无须政府干预。而条件 β－收敛与区域结构性因素的差别密切相关，这主要包括外商直接投资、对外贸易和人力资本积累等，这为政府实施恰当的区域政策消除差距留有一定的空间。考虑到"刘易斯拐点"的出现是以二元劳动力市场结构转化速度放慢为代价的（沈坤荣，2006），目前似乎又面临两难选择：要么牺牲公平，容忍区域间劳动力市场发展差距的扩大；要么牺牲转移速度，抑制区域间劳动力市场发展的差距。不过问题的关键在于，要走出上述困境必须要消除农村剩余劳动力跨地区转移的"藩篱"。随着政府财力的大大增强，此时户籍制度改革便有了帕累托改进的性质，至少可以用卡尔多改进的方式推动，由此看来政府的适当干预是十分必要的。

8.2.3 农村剩余劳动力转移收敛假说的存在性检验

（1）计量检验方法及数据来源。

本章借鉴和参考经济收敛的相关概念，主要研究农村剩余劳动力的绝对 β－收敛和条件 β－收敛现象。定义农村剩余劳动力的绝对 β－收敛是指每一个省区市的农村剩余劳动力转移都会达到完全相同的稳态转移速度（或转移量），用转移量增长率 $g_{i,t}$ 对常数项 $\alpha_{i,t}$ 和初始劳动力转移量 $Lnlabor_{i,0}$ 进行回归 $g_{i,t}=\alpha_{i,t}+\beta Lnlabor_{i,0}+\varepsilon_{i,t}$，初始劳动力转移量 $Lnlabor_{i,0}$ 的回归系数 β 显著为负就表明存在绝对 β－收敛。条件 β－收敛是在考虑了每一个省区市各自不同的特征和条件后，回归系数 β 显著为负就表明存在条件 β－收敛，它表示每一个省区市的劳动力转移量都在朝各自的稳态水平趋近，这个稳态水平依赖于经济体自身的特征，因此即使存在条件收敛也并不意味着各省区市之间的剩余劳动力稳态转移速度（或转移量）会完全相同。

简而言之，绝对 β－收敛表明所有省区市剩余劳动力转移的稳态转移速度（或转移量）最终都会相同，条件收敛表明各省区市之间剩余劳动力转移速度（或转移量）的差异会持久存在。鉴于数据的可得性和连贯性，在研究中剔除香港特别行政区、澳门特别行政区、台湾省、西藏自治区、海南省和重庆市，研究对象为中国其余 28 个省区市。labor 为进入城市的农村剩余劳动力转移量，参照刘志忠等（2007）的做法，用城市中采掘、制造和建筑三个产业的职工人数减去相应的国有职工人数来表示，各项数据来源于 1998～2010 年《中国统计年鉴》各期。

（2）农村剩余劳动力转移的绝对 β－收敛假说的存在性检验。

剩余劳动力转移的绝对 β－收敛速度 λ 是指初始劳动力转移量较小的省区市追赶劳动力转移量较大的省区市的速度，收敛速度用百分比来表示。一个直观的方法是转换为半程收敛时间，即减少实际水平与稳态水平之间差距的一半所需要的年数（用 T/2 表示），计算公式为 $T/2=\log(2)/\lambda\approx 0.69/\lambda$[①]，如 1% 的收敛速度对应的半程收敛时间是 69 年，如果收敛速度保持 1% 不变，69 年后实际水平与稳态水平之间的差距是当前实际水平与稳态水平之间差距的一半。检验剩余劳动力转移绝对 β－收敛的等式为：

$$(\mathrm{Lnlabor}_{i,t}-\mathrm{Lnlabor}_{i,0})/(t-0)=\alpha_{i,t}+\beta_{labor}\times \mathrm{Lnlabor}_{i,0}+\varepsilon_{i,t} \tag{8.8}$$

其中，$labor_{i,t}$和 $labor_{i,0}$ 分别对应于观测时间段的期末值和期初值，除以时间段的长度将其换算成每年的平均增长速度，收敛速度 λ 根据以下公式计算而得（$\tau=13$）：

① 参见罗伯特·J. 巴罗. 经济增长［M］. 中国社会科学出版社。

$$\beta_{labor} = -\frac{(1-e^{-\lambda\tau})}{\tau} \tag{8.9}$$

表 8－1 报告了绝对 β－收敛检验的回归结果，分地区来看①，三大地区内部农村剩余劳动力的转移均不存在显著绝对 β－收敛，东部和中部有收敛趋势，西部地区具有发散趋势。但在全国范围内，导致收敛的力量要大于导致发散的力量，最终中国农村剩余劳动力转移实现稳态收敛，收敛速度为每年 1.18%，半程收敛时间为 59 年。综合分析来看，农村剩余劳动力作为“理性人”对“效益”的追求是全国范围内农村剩余劳动力转移实现绝对 β－收敛的主要原因。“理性人”假设的基本内涵是“行动者不同的行动会产生不同的效益，而其行动原则就是最大限度地获取效益”（Coleman，1990），但这种“效益”并不只局限于狭窄的经济领域，还包括社会、政治、文化和情感等众多内容。根据农村剩余劳动力转移目标的不同，可将转移理性行为分为生存理性（满足基本生存需要）、经济理性（追求利益最大化）和社会理性（追求满意和合理化原则）三类。而随着社会经济的发展和人口流动的普遍化与快速化，其选择转移的动机已逐渐从生存理性向社会理性跃迁（文军，2001）。

表 8－1　农村剩余劳动力转移的绝对 β－收敛检验

	全国	东部	中部	西部
α	0.087*** (0.024)	0.038 (0.099)	0.152 (0.102)	0.044* (0.024)
β_{labor}	−0.011** (0.006)	−0.001 (0.020)	−0.028 (0.023)	0.005 (0.007)
收敛速度 λ（%）	1.180	—	—	—

① 东中西部的划分如下：东部包括辽宁、吉林、黑龙江、北京、天津、河北、山东、江苏、浙江、上海、福建、广东和海南 13 个省市（自治区）；中部包括山西、河南、湖北、湖南、安徽和江西 6 省；西部包括内蒙古、重庆、新疆、青海、甘肃、宁夏、陕西、云南、贵州、四川、广西、西藏 12 个省市（自治区）。

续表

	全国	东部	中部	西部
T/2（年）	59	—	—	—
$Adj-R^2$	0.128	-0.125	0.174	0.067
s. e. e	0.027	0.033	0.026	0.018
F-统计值	3.822**	0.139	1.477	0.505

注：*** 表示在 1% 的显著性水平下显著，** 表示在 5% 的显著性水平下显著，* 表示在 10% 的显著性水平下显著，括号内为标准误，“—”表示结果值不存在或不显著。

首先，因生存压力而产生的“生存理性选择”仍是农村剩余劳动力向城市转移的最根本动因。经验研究表明，农村剩余劳动力初始转移量较小的农村往往人地关系紧张、生存压力较大，其外出就业的动机较为强烈，生存理性选择就显得相对主动和具体（文军，2001）。由于向城市转移的愿望十分强烈，农村剩余劳动力倾向于参加各种技术培训和通过“干中学”实现自己的人力资本积累，以突破由于人力资本素质构成的跨区域流动障碍。此时，剩余劳动力转移较慢的省区市将形成对转移速度较快省区市的“赶超效应”，从而加快实现全国范围内剩余劳动力转移的绝对 β-收敛。

其次，目的在于获得较高劳动报酬的“经济理性选择”是剩余劳动力向城市转移的关键因素，是在综合衡量迁出地和迁入地成本、效益之后作出的理性抉择。城乡收入差距作为农村剩余劳动力向城市转移的重要“拉力”，可以使农村剩余劳动力在城市获得更高的劳动报酬，足以弥补有形无形的转移成本。同时，农村剩余劳动力在城市就业也可以有效降低对农村单一传统收入来源过于依赖造成的收入风险和突破家庭经济拓展的资金瓶颈。由经济理性选择形成的“民工潮”是中国历史上重要的人口迁徙，其结果是实现了区域间农村剩余劳动力转移的稳态收敛和降低了区域间劳动力市场发展的不平衡性。

最后，因自身发展需要的“社会理性选择”是农村剩余劳动力（特别是新生代农民工）理性选择的高级形式，它与个人发展意愿、价值观念、对资源信息的控制分布以及外出行动的后果等有着密切的关系。即使农村剩余劳动力感受到在城市暂时仍处于相对贫困①和相对剥夺的地位，但他们仍然会选择留在城市，这是因为城市的现代文明、生活方式等现代化生活图景远比农村更具吸引力，城市拥有更多的发展机会和实现自己人生价值的平台。随着社会经济的极大发展，社会理性选择将比生存理性和经济理性选择体现得更为强烈，成为农村剩余劳动力向城市转移的主导诱因。东部和中部农村剩余劳动力转移呈收敛趋势与上述原因大致相同，而西部呈发散趋势则可以归因于特有的亚历史文化因素，结果造成愈是贫穷的地区或农村剩余劳动力积压较多的地区，其向外转移人数反而愈少的现象（黄平，1997）。

（3）农村剩余劳动力转移的条件 β－收敛假说的存在性检验。

本章以中国 28 个省区市的数据资料为样本进行分析，计量模型采取固定效应模型②。运用 Panel Data 固定效应进行条件收敛检验是一种新的、不需要额外加入控制变量的检验方法，它能够设定截面和时间固定效应，考虑不同个体的不同稳态值和个体自身稳态值随时间变化而变化等因素，因此加入额外的控制变量是多余的。它的最大优点是可以避免遗漏解释变量，并且避开对解释变量的选择问题（Miller and Upadhyay，2002）。检验农村剩余劳动力转移条件 β－收敛的等式为：

$$d(Lnlabor_{i,t}) = Lnlabor_{i,t} - Lnlabor_{i,t-1} = \alpha_{i,t} + \beta_{labor} * Lnlabor_{i,t-1} + \varepsilon_{i,t} \tag{8.10}$$

其中，$labor_{i,t}$表示第 i 年期末 t 省区市农村剩余劳动力转移量，$labor_{i,t-1}$表示第 i 年期初 t 省区市农村剩余劳动力转移量，采用截面时间固定效应对参数进行估计，收敛速度 λ 用如下等式计算（τ＝13）：

① 依照“相对贫困假说”理论，农村剩余劳动力是否迁移至城市就业定居不仅取决于城乡劳动力的预期收入差距，还取决于在家乡感受到的“相对贫困”以及迁移至城市之后在当地感受到的“相对贫困”程度，因为这直接关系到农村剩余劳动力社会经济地位的变化。

② 如果研究者仅以样本自身效应为条件进行研究，宜采用固定效应模型；如果欲以样本对总体效应进行推论，则宜采用随机效应模型（易丹辉．数据分析与 Eviews 应用［M］．中国人民大学出版社）。

$$\beta_{labor} = -(1 - e^{-\lambda\tau}) \quad (8.11)$$

表 8-2 报告了条件 β-收敛检验的回归结果，全国范围内、东部和西部农村剩余劳动力转移均在 1% 的显著性水平下实现收敛，这说明“俱乐部收敛”现象在农村剩余劳动力转移过程中并不存在。全国范围内农村剩余劳动力转移的收敛速度为 2.657%，收敛半衰期为 26 年；东部地区收敛速度为 1.695%，收敛半衰期为 41 年；西部地区收敛速度为 4.065%，收敛半衰期为 17 年。中部地区虽具有收敛趋势，但并不显著。依照 1978 年年底农村开始出现剩余劳动力（郭熙保，2002）的论断，中国在 2004 年进入农村剩余劳动力转移的后半程（半程收敛时间为 26 年），这在一定程度上解释了中国自 2004 年开始出现的结构性“民工荒”现象。

表 8-2　　农村剩余劳动力转移的条件 β-收敛检验

	全国	东部	中部	西部
α	1.209*** (0.166)	0.939*** (0.256)	0.151 (0.138)	1.377*** (0.296)
β_{labor}	-0.273*** (0.039)	-0.184*** (0.052)	-0.027 (0.031)	-0.386*** (0.087)
收敛速度 λ（%）	2.657	1.695	—	4.065
T/2（年）	26	41	—	17
Adj-R^2	0.332	0.315	0.231	0.407
s.e.e	0.060	0.091	0.055	0.079
F 检验	$F_1=7.54>F_{0.05}(27, 297)=1.52$ 拒绝原假设	$F_2=8.53>F_{0.05}(11, 121)=1.87$ 拒绝原假设	$F_3=6.54>F_{0.05}(5, 55)=2.38$ 拒绝原假设	$F_4=12.05>F_{0.05}(9, 99)=1.98$ 拒绝原假设
时间固定效应	是	是	是	是
省份固定效应	是	是	是	是
F-统计值	5.263***	3.602***	2.604***	4.671***
Obs	364	156	78	130

注：*** 表示在 1% 的显著性水平下显著，** 表示在 5% 的显著性水平下显著，* 表示在 10% 的显著性水平下显著，括号内为标准误，“—”表示结果值不存在或不显著。

农村剩余劳动力转移实现条件 β－收敛与 FDI 产业的梯度转移、劳动力市场区域外部性和政府实施的诱导性政策密切相关。首先，外商直接投资（FDI）产业的梯度转移是造成农村剩余劳动力转移实现条件 β－收敛的主要原因。劳动密集型 FDI 产业由于具有吸纳就业能力强和就业门槛低的特点，从而成为吸收中国农村剩余劳动力的主要力量。随着中国经济结构的战略性调整，东中西部工业化“区域落差”蕴藏的能量加速释放，FDI 产业梯度转移的浪潮已悄然形成。随着东部沿海地区将劳动密集型 FDI 产业逐步向内地转移，中西部地区的农村剩余劳动力得到大量的工作机会，这将极大提升该地区农村剩余劳动力向城市转移的速度。在 FDI 产业实现有序“梯度转移”的过程中，区域间劳动力要素分配差异和劳动力市场发展的不平衡性将会逐步消除，最终实现全国范围内农村剩余劳动力转移的条件 β－收敛，这有利于全国统一劳动力市场的建立和完善。

其次，区域外部性较好解释了东部和西部地区农村剩余劳动力转移实现条件 β－收敛的现象。在存在区域外部性假设的前提下，当某地区经济受外生冲击带来经济增长时，本地区的经济增长会通过传导机制影响其他区域的经济增长，这将导致区域内各地区经济发展呈现出收敛特点。由于中国劳动力流动的区域流向特征与收入差距的特征是完全对应的（李晶等，2006），因此本章认为劳动力市场亦存在区域外部性，则影响农村剩余劳动力转移的地理和空间因素通过特定传导机制影响该区域内其他地区劳动力市场的均衡特征和剩余劳动力的转移速度，从而加快地区内部剩余劳动力转移的收敛进程。

最后，政府实施的诱导性政策通过外商直接投资、国际贸易等传导机制调节区域劳动力资源的配置格局。要消除地区间农村剩余劳动力转移速度和劳动力市场发展存在的差异，落后地区实施赶超战略在所难免。实证检验结果表明，西部农村剩余劳动力的转移速度（4.065%）要明显高于东部（1.695%），这印证了落后地区“赶超效应”的存在。政府推行的中部崛起、西部大开发、边疆对外开放（主要是新疆）等反梯度发展战略①正是希望通过实施诱导性政策，在市场机制的引导下提升该地区的对外开放水平和要素报酬预期，通过 FDI 产业转移和对外贸易的发展加快农村剩余劳动力向城市转移的进程，最终实现农村剩余劳动力转移的条件 β－收敛和区域间劳动力市场的平衡发展。

（4）各省市条件 β－收敛假说的存在性检验及收敛速度的空间区域分布。

为了更加准确全面地了解各省区市农村剩余劳动力的收敛性及收敛速度，有必要对各省区市数据进行计量检验。模型仍采用条件 β－收敛检验的收敛等式（收敛速度 λ 的计算方法同上），只是在数据处理上采取时间固定效应而不控制截面固定效应，即各省区市劳动力转移的收敛性只随时间变化而忽略个体之间的截面差异，计量结果如表 8－3 所示。

表 8－3　各省区市农村剩余劳动力转移的条件 β－收敛检验

省区市	α	β_{labor}	λ（%）	T/2（年）	省区市	α	β_{labor}	λ（%）	T/2（年）
北京	2.260*** (0.479)	-0.502*** (0.108)	5.801	12	山东	1.579*** (0.527)	-0.278*** (0.097)	2.717	26
天津	5.024*** (1.341)	-1.201*** (0.321)	—	—	河南	3.019*** (0.855)	-0.576*** (0.166)	7.149	10
河北	1.438** (0.727)	-0.308* (0.157)	3.064	23	湖北	2.552*** (0.644)	-0.542*** (0.138)	6.509	11
山西	1.366*** (0.471)	-0.299*** (0.109)	2.962	23	湖南	0.798** (0.389)	-0.178** (0.092)	1.632	42
内蒙古	5.003*** (1.405)	-1.246*** (0.350)	—	—	广东	2.293*** (0.876)	-0.397*** (0.154)	4.209	16

① 反梯度发展战略是相对于梯度发展战略（由东部沿海逐步向中西部发展的战略）而言的，它支持欠发达地区利用后发优势实现对发达地区的赶超。

续表

省区市	α	β_{labor}	λ（%）	T/2（年）	省区市	α	β_{labor}	λ（%）	T/2（年）
辽　宁	1.228 * (0.705)	-0.250 * (0.140)	2.394	29	广　西	1.474 *** (0.542)	-0.374 *** (0.143)	3.906	18
吉　林	1.226 (0.895)	-0.295 (0.213)	—	—	四　川	1.275 * (0.686)	-0.255 * (0.142)	2.454	28
黑龙江	3.281 *** (1.007)	-0.681 *** (0.209)	9.517	24	贵　州	1.281 *** (0.350)	-0.341 *** (0.099)	3.470	20
上　海	1.210 (1.404)	-0.270 (0.317)	—	—	云　南	0.494 (0.366)	-0.113 (0.101)	—	—
江　苏	2.185 ** (1.066)	-0.404 ** (0.199)	4.315	16	陕　西	1.013 *** (0.394)	-0.237 ** (0.100)	2.259	31
浙　江	0.646 (0.439)	-0.110 (0.086)	—	—	甘　肃	1.185 *** (0.323)	-0.339 *** (0.096)	3.449	20
安　徽	3.708 *** ① (1.453)	-0.821 *** (0.323)	14.317	5	青　海	0.392 * (0.218)	-0.199 * (0.126)	1.852	37
福　建	1.793 *** (0.554)	-0.344 *** (0.110)	3.515	20	宁　夏	1.424 *** (0.297)	-0.547 *** (0.117)	6.604	10
江　西	0.786 (0.509)	-0.187 (0.129)	—	—	新　疆	1.595 *** (0.386)	-0.449 *** (0.113)	4.965	14
Adj - R^2	0.502								
s. e. e	0.091								
F 检验	$F_5=21.36>F_{0.05}$（11，324），拒绝原假设，所以采用时间固定效应模型。								
时间固定效应	是								
省份固定效应	否								
F - 统计值	4.109 ***								

注：*** 表示在 1% 的显著性水平下显著，** 表示在 5% 的显著性水平下显著，* 表示在 10% 的显著性水平下显著，括号内为标准误，“—”表示结果值不存在或不显著。

从表 8 - 3 可以看出，安徽农村剩余劳动力转移的收敛速度最快，高达 14.317%；湖南农村剩余劳动力转移速度最慢，仅为 1.632%。东部地区劳动力转移的收敛速度在 2.394% ~9.517% 之间，极差值

① 安徽农村剩余劳动力转移系数的 P 值为 0.011，接近 1% 的显著性水平。

率为3.975，收敛半程时间在12～29年之间；中部地区劳动力转移的收敛速度在1.632%～14.317%之间，极差值率为8.773，在三大地区之间极差值率最大，收敛半程时间在5～42年之间；西部地区劳动力转移的收敛速度在1.852%～6.604%之间，极差值率为3.566，在三大地区之间极差值率最小，收敛半程时间在10～37年之间。

而从中国各省区市农村剩余劳动力转移的空间区域分布格局来看（见表8－4），农村剩余劳动力转移收敛速度较快的省区市主要集中在东部和中部地区。收敛速度在4%以上的省市东部有黑龙江（9.517%）、北京（5.801%）、江苏（4.315%）和广东（4.209%）4个省市，中部有安徽（14.317%）、河南（7.149%）和湖北（6.509%）3个省份，西部仅有宁夏（6.604%）和新疆（4.965%）2个自治区。值得注意的是，虽然收敛速度在4%以上的省区市数量在空间上从东部、中部到西部依次递减，但由于东部地区各省区市之间农村剩余劳动力转移速度的差异较大，东部地区整体农村剩余劳动力转移的收敛速度（1.695%）仍远远落后于西部地区农村剩余劳动力转移的收敛速度（4.065%）。

表8－4　中国各省区市农村剩余劳动力转移收敛速度的空间区域分布

区　域	各省区市农村剩余劳动力转移的收敛速度
东　部	辽宁（2.394%）、吉林（—）、黑龙江（9.517%）、北京（5.801%）、天津（—）、河北（3.064%）、山东（2.717%）、江苏（4.315%）、浙江（—）、上海（—）、福建（3.515%）、广东（4.209%）
中　部	山西（2.962%）、河南（7.149%）、湖北（6.509%）、湖南（1.632%）、安徽（14.317%）、江西（—）
西　部	内蒙古（—）、新疆（4.965%）、青海（1.852%）、甘肃（3.449%）、宁夏（6.604%）、陕西（2.259%）、云南（—）、贵州（3.470%）、四川（2.454%）、广西（3.906%）

注：括号内为全国各省区市农村剩余劳动力转移的收敛速度，“—”表示结果值不存在或不显著。

农村剩余劳动力转移收敛速度出现上述空间分布格局的原因是多

方面的。首先，地区对外开放水平对农村剩余劳动力转移收敛速度有着至关重要的影响，代表性省区是新疆和湖南。截至2010年9月，新疆共建设17个国家一类口岸和12个二类口岸，同100多个国家和地区建立经贸关系，逐步形成沿边开放的大口岸格局，这极大促进了新疆对外贸易和出口产业的发展，加速了剩余劳动力转移的收敛进程。与之相对应，湖南则是因为对外开放程度过低导致农村剩余劳动力转移速度较慢。同时，虽然沿海地区是中国对外开放和市场化改革最早的地区，但工业化对农村剩余劳动力的吸纳作用已大幅降低，所以剩余劳动力转移收敛的整体速度放缓。

其次，政府特定产业政策的实施将对剩余劳动力转移的收敛速度产生重大影响。历史经验表明，落后的中西部地区政府往往倾向于实施以赶超为目的的产业政策，此时对农村剩余劳动力就业吸纳能力较弱的资本技术密集型产业将得到保护，加上政府对生产剩余的行政控制使大量劳动密集型产业因资金投入不足而发展缓慢，结果造成严重的失业问题（林毅夫等，2003）。上述格局一旦形成，为了维系赶超战略和防止出现严重的社会危机，政府往往又实行歧视性的劳动力流动政策（如城乡二元户籍制度），借此限制农村剩余劳动力由农村向城市转移的进程，这就造成中西部地区大部分省区市农村剩余劳动力转移的收敛速度较慢。

最后，地理距离也是影响农村剩余劳动力转移收敛速度的重要因素。一般认为地理距离越远，转移成本越高，所以地理距离通过转移成本机制对农村剩余劳动力的转移决策产生重大影响。从农村剩余劳动力转移收敛速度的空间分布格局来看，中国正逐步形成以北京（5.801%）、河南（7.149%）、湖北（6.509%）和广西（3.906%）为中轴线（分界线）的转移格局。中轴线上的省份由于毗邻东部沿海地区，向东部地区跨区域转移的成本较低，农村剩余劳动力转移的收敛速度较快。而在中轴线以左的广大内陆地区（新疆除外），由于远离东部沿海地区，农村剩余劳动力跨区域转移的成本较高，东部地区收入差距形成的“转移拉力”不能充分体现，因而农村剩余劳动力转移的收敛速度较低。

（5）全国范围内农村剩余劳动力转移呈现趋同现象的描述性分析。

图 8－1 描述了中国各省区市农村剩余劳动力收敛速度与其初始转移量（1997 年）呈现负相关，这与绝对收敛计量模型的分析结果一致（β_{labor}为－0.011，收敛速度为每年 1.18%，收敛的半衰期为 59 年），说明在全国范围内农村剩余劳动力转移呈现趋同现象。散点图显示中国农村剩余劳动力转移的趋同现象具有以下两个显著的特点。

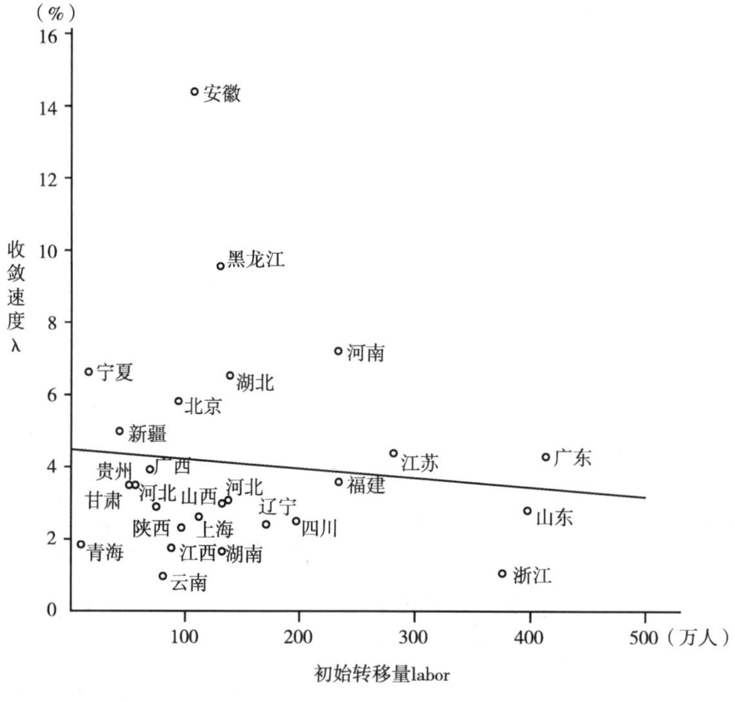

图 8－1　全国范围内各省区市农村剩余劳动力转移呈现趋同现象

第一，东部沿海（主要是江苏、广东、山东和浙江）仍然是剩余劳动力转移量最大的地区。这是因为东部沿海是中国改革开放和工业化进程速度最快的地区，在人力资本、财力、基础设施、科技基础和生产效率上具有比较优势，其活动能力也强于内陆各省区市（Jia，1998），加上吸引的大量劳动密集型 FDI 具有较强的就业吸纳能力，因而东部地区大多数省区市的农村剩余劳动力转移量较大。除了对外开放的因素外，另一个不可忽略的因素是劳动力的非同质性（刘夏明等，2004）。东部地区的农村剩余劳动力主要是技术性劳动力，对于技术性劳动力而言，不管是就近转移还是跨区域转移都较为容易，因而东部地区农村剩余劳动力的转移量比较大。而内陆地区的非技术性劳动力较多，跨区域转移难度较大，农村剩余劳动力转移量相对较小。

第二，农村剩余劳动力初始转移量较小的地区具有较高的收敛速度，代表性的地区是黑龙江和安徽。黑龙江作为中国重要的农业生产基地，近年来通过实现农业机械化、加大基础农业科技投入等手段解放了大批农业劳动生产力，农村剩余劳动力向城市转移的步伐大大加快。而安徽农村剩余劳动力转移的收敛速度较快的原因，除了上述因素外，还应归因于积极承接产业转移、劳动力回流现象较少，以及江苏、上海、浙江等毗邻地区劳动力市场外部性的积极影响。

8.3　外资产业转移、城市化与劳动力市场的非均衡化发展

改革开放 40 年来，外商直接投资的大量流入和城市化的快速推进在很大程度上缓解了农村剩余劳动力转移就业的压力，并在很大程度上导致经济社会转型期的一个特殊阶层——农民工①的产生。虽然外商直接投资对中国劳动力市场转型和发育的积极作用毋庸置疑，但其在区域间投资产业类型和投资额的巨大差异也对区域劳动力市场的

① “农民工”指的是转移至城市非农产业部门就业的农村剩余劳动力，因而“农民工”和“农村剩余劳动力”在书中被认为是近乎等同的概念。

均衡化发展产生了不利影响。加之中国是一个幅员辽阔的“不均质大国”，区域间城市化进程的差异和转型经济的特殊性使劳动力市场较之其他市场更为复杂，劳动力市场发展的不平衡性也较为明显。在经历了20世纪80年代中后期规模巨大的“民工潮”之后，中国于2004年起一直面临着区域性和结构性的“民工荒”，近年来各地区“农村空心化”现象亦开始悄然出现，这成为中国区域和城乡间劳动力市场非均衡化发展的缩影。

上述现象的产生不仅不利于全国规范统一劳动力市场的最终建立，而且在很大程度上已影响到国家粮食安全、社会经济持续发展和国家长治久安。因此，2010年中央“一号文件”明确锁定城乡统筹，其核心问题之一正在于城乡劳动力市场的协调发展。党的十八大报告亦指出，城乡发展一体化是解决“三农”问题的根本途径，应以推进城镇化为重点着力解决制约经济持续健康发展的重大结构性问题。而在2013年中央经济工作会议的总体指导方针下，以农民工市民化为内涵的“高质量城镇化”正在稳步向前推进。这就要求必须抓住外资产业梯度转移的战略机遇，加大户籍制度、农村土地制度等方面的改革力度，最终实现区域间劳动力市场的健康协调可持续发展。

8.3.1 外资产业集聚、家庭联产承包责任制与民工潮

中国二元经济结构的显著特征是农村与城市劳动力市场的并存，由于“三农”问题的本质在于贫困和较低的全要素生产率（Lewis，1954），因而解决该问题的根本途径在于促进农村剩余劳动力向城市的转移就业（程名望等，2007）。在研究农村剩余劳动力向城市的迁移决策时，刘易斯—费景汉—拉尼斯模型作为经典的分析框架被广泛运用，该模型研究农村剩余劳动力如何在经济利益的驱动下实现向城市现代工业部门的转移。但对于中国这样具有典型刘易斯意义的转型经济体而言，大规模农村剩余劳动力转移必然会带来就业结构的巨大

变化，而二元经济结构转化的同步性将对区域劳动力市场的均衡发展具有至关重要的影响。改革开放以来，中国通过吸引外资迅速成为世界制造业的加工生产基地，外资的持续流入极大缓解了农村剩余劳动力转移就业的压力（赵德昭等，2012）。这主要是因为，中国积极承接国际产业转移并大力发展“体外循环”和“飞地效应”特征突出的加工贸易，从而决定外资在制造业的集中具有典型的劳动密集型特征。在技术条件一定的情况下，外资带来的资本市场扩张必然要求增加相应劳动力以满足企业再生产的需要，从而引起就业规模的扩大。

20 世纪 80 年代中后期，东部沿海地区率先进行产业结构的开放式调整，并通过“三来一补”等大力发展劳动密集型制造业，这为中西部地区低素质农村剩余劳动力向东部沿海地区大规模转移提供了重要契机。90 年代以来，众多外资企业在东部沿海地区投资建厂形成了产业集聚和规模经济效应（杨云彦，2003），大规模单向流动的“民工潮”逐渐形成，从而导致区域就业的不平衡和劳动力市场的非均衡化发展（丁翠翠等，2014）。作为中国历史上最大规模的人口迁徙运动，“民工潮”的出现虽然有国家政策因素推动的影响，但深层次的原因则在于外商直接投资大量涌入所产生的“劳动追逐资本”的现象。这是因为，东部沿海地区具有便利的交通优势和政策扶持，吸引了大量成本导向型的外商直接投资企业，其在制造业的产业集聚具有典型的劳动密集型特征。根据马歇尔产业集聚效应的阐释，外资产业在东部沿海的集聚所带来共享的劳动力市场也必将创造更多的就业机会，因而对农村剩余劳动力向城市的转移就业形成巨大的“拉力”。

同时，乡镇企业的兴起和东部沿海地区改革开放的不断推进，使外资企业和民营内资企业不断发展壮大，农村剩余劳动力对吸纳主体的选择性越来越多，其向城市非农产业转移就业的积极性大幅提高，而外资产业在东部沿海集聚带来工资升高的潜在可能性也极大激发了中西部地区农村剩余劳动力跨区域转移就业的积极性。在二元经济体制下劳动力无限供给特征尚未完全消失之前，东部沿海地区外资产业集聚效应的深化将促使中西部地区农村剩余劳动力形成持续跨区域转移的“路径依赖”特征。而根据第五次全国人口普查信息推算，全国总迁移人口为13116万人。其中，省内迁移为9724万人，跨省迁移为3392万人。在省内迁移人口中，52%为农村到城市的移民；在跨省迁移人口中，78%为农村到城市的移民，全国大约有7600万农村劳动力处于流动状态中（姚上海，2005），这充分体现了“离土不离乡，进厂不进城”的“候鸟型民工潮”的特点。

在此阶段，家庭联产承包责任制改革这一关键制度变革，对农村剩余劳动力向城市非农产业转移就业所产生的巨大“推力”作用不容忽视。在计划经济时期，“大锅饭”式的人民公社制度严重束缚了农民生产经营的积极性，农业生产技术水平的低下也使大量农民只能长期沉淀在土地上，很难产生大规模的剩余劳动力。1978年党的十一届三中全会以来，中国进入改革开放的新时期，改革首先从农村开始。在此后的几年间，中央逐步废除了存续20多年的人民公社集体经营制度，取而代之的是家庭联产承包责任制（许和连等，2012）。农村普遍实行家庭联产承包责任制充分发挥了集体优越性和个人积极性，既能适应分散的小规模经营，也能适应相对集中的适度规模经营，这极大调动了农民的生产积极性和提高了农业劳动生产率，规模巨大的农村剩余劳动力开始出现。

但一个随之而来的问题是，家庭联产承包责任制使农民拥有了自主土地经营权和解放了农业劳动生产力，原本地少人多的矛盾更加突出。在人地关系紧张和生存压力较大的中西部农村地区，农村剩余劳动力为了解决自身的生存问题，其外出就业的动机较为强烈，生存理性选择就显得相对主动和具体（文军，2001）。与之相对应，经济较为发达的城市和东部沿海地区非农经济的迅猛发展产生了大量的用工需求。在就业机会和市场经济利益的驱动下，农村剩余劳动力有着强烈的非农化和城镇化意愿，户籍制度和城市就业制度的初步改革也使农民流向城市就业的可能性大大增加。因此，大批农村剩余劳动力开始离开土地走向工厂，从农村向城市非农产业转移就业的“民工潮”愈演愈烈。据有关部门分析统计，1978～1992 年全国农村劳动力从事非农产业的人数已从 2182 万人增加到 1 亿人，平均每年转移 700 万人左右，占同期农村新增劳动力的 70%（徐斌，1994）。从制度变革的角度来看，“民工潮”反映了中国社会结构性的流动，是从计划经济向市场经济转型中的一种历史进步现象（余欣荣，1994）。但在户籍制度、就业制度和社会保障制度改革等在短期内难以实现的情况下，“农民工市民化”的完全实现尚需时日，从而出现了中国 20 世纪 80 年代中后期规模巨大的“候鸟型民工潮”现象。

综上所述，东部沿海地区于 20 世纪 80 年代中后期出现的“民工潮”现象与 1978 年中国实施改革开放战略密不可分，并主要由以下两方面的因素共同推动：一是乡镇企业兴起和东部沿海地区率先实行对外开放，吸引了大量劳动密集型 FDI 企业在东部沿海地区集聚，其对农村剩余劳动力向城市非农产业和跨区域转移就业形成了一股巨大的“拉力”。二是家庭联产承包责任制改革带来农业生产率的大幅提高并释放出大量的剩余劳动力，这对其向城市非农产业转移就业形成了一股巨大的“推力”。在经济因素和制度变革因素的共同推动下，以“民工潮”形式出现的“社会结构性”大流动已是不可阻挡的社会历史潮流，它与工业化和城市化进程紧密相连，将成为推动社会经济发展不可忽视的重要力量。

8.3.2　外资产业梯度转移、农民工回流与沿海民工荒

2004 年，正当国内大多数城市为避免“民工潮”给社会治安所带来的巨大压力而纷纷出台就业限制政策时，东部沿海地区却出现了“民工荒”并逐渐演化成为一种常态，这使中国面临着内地“农村剩余劳动力积压”与沿海“城市民工荒”共存的尴尬局面。2005 年，

"民工荒"现象进一步加剧，波及面从珠江三角洲蔓延到长江三角洲、华北沿海地区，甚至在劳务输出大省湖南、江西等地企业也都同样面临着"招工难"的问题。2008年年末和2009年年初，上千万农民工因金融危机导致的企业关闭潮返乡，但这一现象随后逐渐得以扭转。在2010年，"民工荒"问题再度显现。来自珠三角的调查显示，2010年全年企业普遍招工比较困难，2011年春节前数月就出现了较为明显的"民工荒"现象（辛灵，2010）。从范围上来看，四川、湖北和安徽等传统劳务输出大省也逐渐出现"民工荒"。安徽省人力资源和社会保障厅公布的数据显示，截至2010年年底安徽缺工超过50人的企业达2300余家，缺工总数达25万人（成展鹏，2011）。但总体而言，"民工荒"主要发生在中国相对发达的东部沿海地区，内陆地区的民工短缺现象并不普遍存在。从行业结构上来看，发生"民工荒"的主要是劳动密集型加工制造业，而资本密集型和技术密集型行业基本未出现民工短缺。

众多研究文献对"民工荒"出现的原因进行了深入探讨，基本的分析思路是从劳动力供给角度出发进行的劳动力转移成本—收益分析。上述文献较为一致的分析结论是，与农村剩余劳动力日益增加的期望工资水平相比，企业工资水平较低是"民工荒"产生的主要原因。但旨在提高农民工权益和缓解"民工荒"问题的农民工最低工资保障制度，对沿海地区劳动密集型制造业的产业结构升级和产业梯度转移形成了"倒逼推动机制"，却并未真正解决企业"招工难"的问题。由此可见，工资收益未达预期仅是"民工荒"问题产生的一部分原因，并不构成农民工出现区域性短缺的主要原因。从宏观层面上来看，劳动密集型外资产业向中西部地区的梯度转移并由此引发的大规模"农民工回流"现象，才是构成沿海地区频繁出现"民工荒"的主要诱因。

具体来看，中国东部沿海地区经济在经历多年的飞速发展之后，劳动力和原材料价格上升、土地资源日趋紧张以及环境容量接近饱和，使该地区传统制造业和劳动密集型产业逐渐丧失了比较优势。同时，东部沿海地区迫切需要进行“腾笼换鸟”以加快产业结构的优化升级，重点发展先进制造业、外包服务业、高技术产业以及信息产业等，应对日益激烈的国际竞争和抢占国际经济制高点。在此情况下，东部沿海地区的劳动密集型外资产业选择向中西部地区梯度转移，并通过主业带动型转移、产业集群式转移、产业链延伸型转移和市场扩张型转移维系了低成本竞争优势。从产业承接地来看，中西部地区丰富的低成本农村剩余劳动力储备使其成为国际和东部沿海地区产业转移的重点区域。而且，近年来国家陆续实施了中部崛起战略和边疆对外开放（主要是新疆）等“反梯度发展战略”，中西部地区承接产业转移的规模和速度逐渐加快。以中部地区的安徽省为例，2005 ~ 2008 年安徽省利用省外资金年均增长 53.9%，资金来源地主要集中在长三角、珠三角、京津冀等东部沿海经济区，其中长三角地区占利用省外资金的 55.7%（叶迎，2010）。随着外资产业梯度转移进程的加快，中西部地区所需低素质农村剩余劳动力的人数迅速增加，并导致大量原本在东部地区就业的低素质农民工回流至中西部地区。加之农民工信息来源渠道的匮乏和对劳动力市场供求缺乏准确判断，原本归乡心切的第一代农民工在“风险厌恶”（Catherine et al.，2000）和“乡土情结”（Lucas，2003）的影响下争相回流，这进一步加剧了东部沿海地区的“民工荒”。

一个不容忽视的问题是，农民工向中西部的回流也受到经济周期波动等不可抗力因素的影响。2008 年，受到全球金融危机的影响，大约 2000 万农民工因失去工作或者还没有找到工作而返乡，这是受到经济周期波动影响而产生的被迫回流（Bastia，2011）。国家人口计生委的统计数据显示，截至 2008 年 12 月 20 日全国返乡农民工 1361.8 万人，占农村外出务工人员总数的 9% 左右（国家人口计生委流动人口服务管理司，2009）。如果考虑暂时性回流或者往复式流动的农民工，那么回流劳动力的规模会更大。国家统计局2009年的调查数据显示，春节前返乡农民工大致为7000万左右，约占外出农民工总量的35%。而让沿海用工企业始料未及的是，随着金融危机的阴霾逐渐散去，劳动密集型制造业的用工需求强劲反弹，但返乡农民工却并未全部返回东部地区就业，这使得“民工荒”问题更加严重。

造成此种现象的深层次原因在于，首先，农民工在东部和中西部地区就业净收益的差距逐步缩小，选择就地就业和返乡创业成为新的趋势。中西部地区承接东部沿海地区外资产业转移力度的不断增加，以及中央政府不断加大对中西部基础设施和重大项目的投资力度，均为农村剩余劳动力向城市转移就业提供了大量就业岗位。而东部和中西部农民工工资差距逐步缩小的趋势也使大部分仍处于“生存理性选择”的中西部农村剩余劳动力倾向于选择就近转移就业（许和连等，2012）。据统计，2011年在东部地区务工的农民工月均收入为2053元，而在中部和西部地区务工的农民工月均收入分别为2006元和1990元，东部和中西部农民工月均收入相差仅为47元和63元（国家统计局农村司，2012）。如果把异地转移交通成本以及生活成本的差距计算在内，东部和中西部农民工就业收入的净差距已经相差不大。其次，国家各项支农惠农政策的贯彻落实极大提高了农民收入和提高了农民福利水平，部分农民工选择从城市回流至农村务农。在农民收入方面，农产品价格回升、税费改革深化和农民增收政策的出台均大幅提高了农民工返乡务农的积极性。在福利改善方面，粮食、农资、良种及农机等“四项补贴”的落实带来农民转移性收入的提高，“新农合”及“新农保”政策的出台和逐步完善均显著提升了农民的幸福感，包容性增长的内涵在新农村建设中得以逐步显现。在社会地位方面，由于进城农民工长期以来无法享受到城市户口所附着的教育、医疗卫生和社会保障等福利，权利与义务不对等、身份与地位的不一致使其面临着被城市“边缘化”的风险。为了降低相对贫困程度，此时农民工往往倾向于做出回流决策（Stark et al.，1991）。

8.3.3 快速城市化、农民工转型与农村空心化

改革开放以来，中国快速城市化和人口非农化进程导致大量农村青壮年劳动力流入城市，这无疑加快了农村空心化的发展并致使空心村问题日趋严峻（刘彦随等，2010）。农村空心化现象虽在世界范围内具有普遍性，但由于中国农村长期以来遭遇城乡二元结构背景下的矛盾激化与问题积淀，当前以人口空心化和村庄空心化为主要特征的“农村空心化”问题远比其他国家更为复杂和严重（Garcia et al.，2007；White et al.，2009）。农村“空心化”是在中国快速城市化阶段性规律作用下城乡关系演进的必然产物，也是在城乡统筹阶段要素双向流动失衡情况下产生的复杂社会经济现象（周祝平，2008）。对应于快速推进的城市化，农村人口和农村青壮年人口比例迅速下降，大多数农村地区只剩下妇女、儿童和老人等，而城市则在大量农村青壮年人口迁入后呈现出年轻化的趋势，极大缓解了其人口老龄化问题。

就人口流动的流向和原因而言，城市化无疑成为“农村空心化”的主要诱因，城市较高的经济收入、较高的福利水平、更多的就业机会和更高的社会地位等成为农村青壮年劳动力向城市迁移的“理性”选择，这与 Carr 等（2009）的研究结论相吻合。2006 年，国务院发展研究中心在 17 个省（市、区）2749 个村庄的调查结果表明，超过 70% 的农村已没有可以进城打工的青壮年劳动力，仅有 25% 左右的农村还有 40 岁以下的劳动力。而从中国村民委员会数量的变化趋势来看，2006～2011 年村委会数量分别为 62.4 万、61.3 万、60.4 万、59.9 万、59.5 万和 59.0 万，全国平均每年减少 5600 多个村民委员会，这说明中国这个曾以农业文明兴盛的广袤大地上平均每天有 16 个行政村正在消失，城市化速度之快和农村空心化程度可想而知。而且，现阶段留守在农村进行农业生产的主要是 60 岁左右的劳动力，

5～10年后上述劳动力已无法开展正常农业生产活动，而新一代青壮年劳动力却不愿回乡务农，则由农村空心化引致的“三农”问题将会更加严重，并在很大程度上影响农村社会经济稳定、国家粮食安全和社会长治久安。在此背景下，深入剖析“农村空心化”产生的深层次原因并找出符合现实国情的应对策略，将具有重大的现实意义和丰富的政策性含义。

从就业诱因来看，由于外商直接投资企业和内资民营企业在城市积聚引发城乡间迁移的“民工潮”，以农村人口急速下降为主要特征的“农村空心化”在特定发展阶段自然不可避免。但应该看到，中国在经济转型期特有的民工潮具有“农忙时回家务农，农闲时进城打工”的典型特点，农民工在务工的同时可以兼顾农业生产，因此并不能构成“农村空心化”的根本原因。近年来，随着市场化进程的加快和城市化的迅速推进，农民工开始成为寻求一种理性“现代化空间置换”的行动主体，农民工转型的意愿也越发强烈（江立华，2009）。与此同时，国家政策体系和社会话语体系也在悄然发生变化，城乡统筹发展战略的提出和一系列相关政策的出台，均为农民工创造了前所未有的大转型机遇。在农民工快速大规模转型的情况下，农村实际从事农业生产活动的劳动力急剧减少，“农村空心化”现象的出现已成为必然。虽然国家通过取消农业税、提高种粮补贴和扩大银行农村贷款业务等措施，在一定程度上提高了农业比较收益和农民留在农村从事农业生产的积极性，但若由此带来的收入增长速度滞后于其向城市非农产业转移就业收入的增加速度，则理性的农民仍然会选择积极融入城市化浪潮并完成其在身份、职业和地位等方面的转型。由此可见，单一政策措施在解决“农村空心化”方面的作用较为有限，必须通过农村土地制度、户籍制度和社会保障制度等诸多制度维度的长期变革和协同作用方能实现。

从现阶段社会经济发展的实际情况来看，快速城市化及由此导致的农民工转型已成为造成中国“农村空心化”的主要原因。首先，农民工由亦工亦农向全职非农的转型，意味着农民工“候鸟型”的迁移模式将逐渐成为历史，取而代之的是农民工职业类型的彻底转变，即由传统农民转型为现代化产业工人，这是中国完全实现工业化的现实需要，是农民工从涉农到苦力型农民工再到技能型产业工人转变的过程，也反映了素质较高的第二代农民工逐渐取代素质较低的第一代农民工的过程。而且，快速工业化以及产业结构优化升级的需要也促使农民工完成职业类型的转变，这将导致农村青壮年劳动力的急剧减少并加快“农村空心化”的形成。

其次，农民工由谋求生存向谋求发展的转型反映其外出就业动因的重大变化，同时也体现了两代农民工的代际差异。对于第一代农民工而言，因生存压力而产生的“生存理性选择”是其外出就业的主要动因（文军，2001）。这是因为随着农村耕地面积递减、人地关系紧张及农村相对“剩余”劳动力数量增多，其在农村的生存压力逐渐增大，为谋求生存而实现外出就业成为不得不考虑的首要因素，生存理性选择得以充分体现。对于第二代农民工而言，虽然父辈们的努力已使他们的生存压力大幅降低，但其向城市就业和定居的意愿反而更加强烈。这是因为城市的现代文明、生活方式等现代化生活图景远比农村更具吸引力，城市拥有更多发展机会和实现自己人生价值的平台。因此，即使第二代农民工在城市缺乏认同感或因此失去部分生存安全保障，他们也宁愿“蚁居”在城市寻求更多发展机会而不愿回乡务农，这使得其向农村的“人口逆流”概率大幅降低并进一步加剧了“农村空心化”程度。

最后，农民工由城乡流动向城市融合的转型是实现“农民工市民化”的必然要求和关键所在。2010 年中央“一号文件”明确锁定城乡统筹，而 2013 年的中央经济工作会议则重点强调以农民工市民化为内涵的“高质量城镇化”，这是农民工转型的背景也是一个结构性的诱发因素。城乡一体化的发展、公共资源在城乡间的平衡配置以及生产要素在城乡间的自由流动为农民工转型创造了良好的制度环境，而且这种破除城乡二元体制的努力为“农民工”向“市民”转型提供了体制和政策上的支持。同时，国家提出让农民工逐渐融入企业、融入社区和融入学校的指导方针，不仅可以提高农民工就业质量以实现包容性增长，而且可以逐步实现农民工在劳动报酬、医疗卫生和社会保障等方面与城镇居民享有同等待遇，最终真正实现农民工市民化。在未来相当长一段时期内，农民向城市的单向迁移仍将占据主导地位，而由城市向农村的人口逆流规模则相对有限。倘若农村的各项制度变革较为滞后或不能吸引农民留在农村，则新农村建设、城乡一体化和农业产业化进程会受到较大阻碍，“农村空心化”问题及其带来的负面效应将愈发显现。

8.4 本章小结

农村剩余劳动力向城市转移为经济发展提供了充足的廉价劳动力，使中国经济长期以来充分享受了“人口红利”。农村剩余劳动力作为劳动力市场的重要组成部分，其转移收敛与否直接关系到中国劳动力市场的平衡协调发展。为此，本章提出一个二元经济结构下农村剩余劳动力转移收敛性的分析框架，在一个新的视角下分析农村剩余劳动力转移和劳动力市场发展的平衡性问题，实证研究结果表明：全国范围内剩余劳动力转移存在显著的绝对β－收敛，三大区域均不存在绝对β－收敛；全国范围内、东部以及西部地区剩余劳动力转移存在显著的条件β－收敛，农村剩余劳动力转移的“俱乐部收敛”现象并不存在。而且，三大区域之间及各省区市之间农村剩余劳动力转移的收敛速度存在显著差异。

同时，外商直接投资和城市化在促进中国二元劳动力市场转型方面起着不可忽视的重要作用，但外资的区域分布差异和快速城市化在很大程度上导致了劳动力市场的非均衡化发展。与以往研究不同的是，本章以外商直接投资、城市化与劳动力市场的非均衡化发展为主线，重点研究从“民工潮”到“民工荒”再到“农村空心化”的动态演变趋势及深层次诱因。研究结果显示，外资产业在东部沿海的产业集聚和家庭联产承包责任制改革导致了“民工潮”现象的产生，外资产业向中西部地区的梯度转移并由此引发的农民工回流导致了东部沿海地区接连出现“民工荒”，而快速城市化下的农民工转型成为中国出现“农村空心化”的主要原因。

以上结论对于中国在未来实现劳动力市场的健康均衡发展至关重要，并为有效解决劳动力市场的非均衡化问题提供了极具操作性的政策选择。第一，利用外资产业梯度转移的战略机遇，加快解决区域间劳动力市场发展的不平衡性。中西部地区应积极抓住东部沿海地区劳动密集型外资产业梯度转移的战略机遇，通过主动承接产业转移加快农村剩余劳动力转移和推动劳动力市场发育，而东部地区在缓解“民工荒”的同时亦可完成产业结构的优化升级。通过外资产业的梯度转移，区域间劳动力市场发展的不平衡性将逐渐消除，最终建立全国规范统一的劳动力市场。第二，实施大中小城市协调发展的均衡城镇化发展战略，努力实现区域内劳动力市场发展的不平衡性。新型城镇化对城市（特别是中小城镇）劳动力市场的可持续发展至关重要，通过差异化的政策引导农村剩余劳动力转移人口在不同层级城镇之间的合理分布，不仅可以达到劳动力市场发育与新型城镇化协调发展的目标，还可以形成区域内部劳动力市场均衡发展的良好局面。第三，推动户籍制度和农村土地制度改革，形成一系列有利于缩小城乡间劳动力市场发展差距的制度安排。户籍制度改革原则上可实现城乡居民的双向自由流动，农村和城市居民享有均等的基本公共服务，因而可以在劳动力市场机制的调节下实现农村和城市劳动力市场的均衡发展。同时，以方便土地流转、交易和抵押为目标进行农村土地制度改革，将隐性失业人员从土地中完全解放出来，加快农村劳动力市场发育和城乡间的劳动力自由流动，最终形成城乡一体化的劳动力市场。

第9章 主要结论及政策建议

9.1 本书主要的研究结论

本书利用中国1996～2011年的省际面板数据和2003～2010年282个地级以上城市的面板数据，就外商直接投资对农村剩余劳动力转移的影响效应从理论和实证角度进行了深入研究，并旨在回答和解决以下几个主要问题：FDI对农村剩余劳动力转移的理论影响机制和主要影响渠道是什么？FDI能促进农村剩余劳动力向城市的转移就业吗？FDI集聚影响了农村剩余劳动力转移的空间分布吗？如何利用FDI产业转移实现新型城镇化推进的“大国雁阵模式”？如何利用FDI和财政分权体制改革的双重合力解决“半城市化”问题？针对上述问题，本书进行了系统深入的理论与实证研究，并得出以下主要研究结论。

在理论分析方面，本书借鉴大推动理论构建了一个简单的理论模型，来详细阐释FDI对中国农村剩余劳动力转移的理论传导机制。理论研究结果发现，FDI对农村剩余劳动力转移的影响主要通过提供就业机会和支付更高的工资溢价两种渠道产生。就提供就业机会而言，FDI作为流入中国的一种重要外部资本要素，农村剩余劳动力则是中国改革开放以来人口空间流动和就业增长的主要力量，两者在生产要素层面上表现为资本和劳动力要素互相匹配的过程，而在空间流动层面上表现为劳动力追逐资本流动和就业机会的过程。由于流入发展中国家的主要是成本节约和资源寻求型FDI，其在流入初期并未给东道国企业带来很多的技术外溢而主要是带来资本市场的迅速扩张，这就为平均教育素质较低的农村剩余劳动力提供了大量的转移就业机会。就支付更高的工资溢价而言，由于FDI企业不仅可以支付农村剩余劳动力在城乡间的工资溢价，而且其比大多数内资企业具备更强的技术手段和更高的工资水平，因而FDI企业通过支付工资溢价对农村剩余劳动力城乡间迁移的重要影响已毋庸置疑。加之中国具有明显的大国转型经济体特征，充足廉价的农村剩余劳动力吸引了大量 FDI 流入，而且其巨大的消费市场潜力也足以保证 FDI 企业具备足够的工资溢价支付能力。同时，本书通过对 FDI 影响农村剩余劳动力转移过程中的门槛效应、空间关联和第三方效应等方面的理论研究，基本上均支持上述理论机制和影响渠道的分析。

在理论研究的基础上，本书对 FDI 影响农村剩余劳动力转移过程中的非线性门槛特征进行了实证研究。门槛效果自抽样检验结果显示，实际外商直接投资存量和城乡实际收入差距的双门槛效应在 5% 的显著水平下均显著。以实际外商直接投资存量为门槛变量的估计结果表明，FDI 对农村剩余劳动力转移的影响显著存在于 FDI 的双门槛效应，FDI 与农村剩余劳动力之间存在着显著的非线性关系。在 FDI 流入的不同阶段，其对农村剩余劳动力转移的影响存在显著差异。随着门槛值的不断增加，FDI 对农村剩余劳动力转移的正向影响效应呈现逐渐递减的趋势。以城乡实际收入差距为门槛变量的估计结果表明，FDI 对农村剩余劳动力转移的影响显著存在于城乡收入差距的双门槛效应，其对农村剩余劳动力转移的正向影响效应随着城乡收入差距的变大而逐渐降低。同时，劳动力市场灵活性、城乡实际收入差距和非农产业占 GDP 的比重对农村剩余劳动力转移均有着显著的正向促进作用，人力资本的影响效应在两种门槛条件下存在差异，而城镇失业率的影响效应并不显著。而不同分组变量下各省份空间分布的统计分析结果表明，FDI 与农村剩余劳动力转移在地域空间分布上基本保持一致，外商直接投资量和农村剩余劳动力转移量最小的 5 个省份均来自西部地区，而最大的 11 个省份中有 7 个省份来自发达的东部沿海地区。而且，FDI 对农村剩余劳动力转移的影响存在明显的分阶段非线性关系和“门槛效应”特征。

由于在研究中国这样一个幅员辽阔、地区差异明显且人口众多的“不均质大国”的劳动力流动问题时，若不考虑省域之间的空间联系将不可避免造成研究结论的偏差，因此本书对 FDI 对农村剩余劳动力转移空间集聚的影响效应进行了实证检验。空间自相关检验结果发现，FDI 集聚和农村剩余劳动力转移空间分布在整体上体现出显著的空间正相关关系，其各自在农村剩余劳动力转移量较大、外商直接投资存量较高的省份具有显著的地理集聚趋势。全国样本的实证结果分析发现，各省份农村剩余劳动力转移存在明显的空间依赖特征，周边省份对本省存在正向的空间溢出效应，农村剩余劳动力转移的空间集聚具有明显的“马太效应”特征。FDI 对农村剩余劳动力转移具有持续显著的正向影响，劳动力市场灵活性、城乡工资差距和非农产业发展对农村剩余劳动力转移均具有正向的促进作用，但城镇失业率则具有显著的负向影响。分地区样本的实证结果表明，东部和中西部地区农村剩余劳动力转移均存在明显的空间集聚和空间溢出效应，但中西部地区农村剩余劳动力转移的空间集聚效应要强于东部地区。而且，东部地区 FDI 对农村剩余劳动力转移的促进作用要大于中西部地区，但上述地区城乡工资差距和非农产业发展对农村剩余劳动力转移的影响效应却截然相反。

为了进一步详细刻画相邻省份重要解释变量的变动对本省农村剩余劳动力转移的影响效应，本书在运用探索性空间数据分析方法对研究时段内农村剩余劳动力在各省份的集聚格局和时空跃迁进行详细分析的基础上，建立空间计量模型实证分析了 FDI 对农村剩余劳动力转移集聚的影响及其“第三方效应”。探索性空间数据分析结果发现，FDI 与农村剩余劳动力转移的空间形态呈现出从沿海到内陆依次递减的阶梯状分布，在地理空间上则形成以东部沿海地区为集聚中心的“核心—外围”格局，空间近邻效应十分明显。从两者空间集聚的类型和区域分布来看，FDI 高值集聚区是农村剩余劳动力转移的高值集聚区（主要是东部沿海地区），FDI 低值集聚区一般也是农村剩余劳动力转移的低值集聚区（主要是西部边疆地区），两者在空间集聚类型和区域分布上基本保持一致。时空跃迁分析结果表明，农村剩余劳动力转移的区域分布具有高凝固性和高集聚性特征。由于 FDI 依然偏好于在东部沿海地区投资，这导致农村剩余劳动力形成从中西部向东部地区持续跨区域转移的“路径依赖”。空间计量检验结果表明，由于 FDI 产业集聚和本地市场效应形成的累积循环机制，农村剩余劳动力转移存在高—高集聚和低—低集聚的“马太效应”。分地区样本的实证结果表明，“第三方效应”显著存在，但其对农村剩余劳动力转移空间集聚的影响效应和作用机制略有差异。分时段样本的实证结果表明，FDI 影响农村剩余劳动力转移空间集聚的“第三方效应”在时间上持续存在，并呈现逐渐增强的趋势。

同时，本书从二元劳动力市场分割的现状出发，在系统构建包含 FDI、农业技术进步和农村剩余劳动力转移在内的理论分析框架的基础上，利用 1996 ~2009 年中国 28 个省级单位的面板数据进行实证检验。全国层面的研究表明，FDI 形成的“拉力”和农业技术进步形成的“推力”对农村剩余劳动力转移就业均具有显著的正向影响。城乡实际收入差距和非农产业规模也是影响农村剩余劳动力转移决策极为重要的正向“拉力”。“其他中间力量”作用方向较为复杂，如劳动力市场灵活性具有显著的正向影响，而城镇失业率则具有显著的负向影响。分地区层面的研究表明，东部地区 FDI 对农村剩余劳动力转移就业的“拉力”要远远高于中西部地区，但农业技术进步形成的“推力”要明显低于中西部地区。城乡收入差距对中西部地区农村剩余劳动力转移就业具有显著的正向影响，但对东部地区则具有显著的负向影响。东部和中西部地区城镇失业率对农村剩余劳动力转移就业的影响效应均不显著。

考虑到转型经济体中政府的地位凸显以及财政体制改革在现阶段农村剩余劳动力向城市迁移中的重要作用，本书在研究 FDI 对农村剩余劳动力转移的影响效应时加入了财政分权变量。实证研究结果发现，FDI 对农村剩余劳动力转移具有持续显著的正向影响，财政分权对农村剩余劳动力的影响效应具有明显的倒“U”型曲线特征。分地区样本的估计结果表明，中西部地区 FDI 对农村剩余劳动力转移的促进作用要明显大于东部地区，但其财政收入和支出分权对农村剩余劳动力向城市转移的促进作用要明显小于东部地区。分时段样本的估计结果表明，财政收入分权对农村剩余劳动力转移的促进作用随时间推移而增加，但财政支出分权的影响效应呈相反趋势。进一步地通过设定特定临界值构建“多值”离散型的“适度财政分权指数”，并对财政分权不足、适度分权以及分权过度的比例进行了统计。分权不足的比例仍占绝大多数表明省级以下的分税制改革很不彻底，其已成为困扰地市政府财政自给能力提高的主要障碍。而且，财权和事权的严重不匹配造成了地市级政府缺乏为农村剩余劳动力在城市定居提供所需公共服务的能力，这对农村剩余劳动力向城市的转移形成负向影响。

值得注意的是，农村剩余劳动力作为劳动力市场的重要组成部分，其转移收敛与否直接关系到中国劳动力市场的平衡协调发展。为此，本书提出一个二元经济结构下农村剩余劳动力转移收敛性的分析框架，在一个新的视角下分析农村剩余劳动力转移和劳动力市场发展的平衡性问题，实证研究结果表明：全国范围内剩余劳动力转移存在显著的绝对 β－收敛，三大区域均不存在绝对 β－收敛；全国范围内、东部以及西部地区剩余劳动力转移存在显著的条件 β－收敛，农村剩余劳动力转移的“俱乐部收敛”现象并不存在。而且，三大区域之间及各省区市之间农村剩余劳动力转移的收敛速度存在显著差异。同时，外商直接投资和城市化在促进中国二元劳动力市场转型方面起着不可忽视的重要作用，但外资的区域分布差异和快速城市化在很大程度上导致了劳动力市场的非均衡化发展。与以往研究不同的是，本书以外商直接投资、城市化与劳动力市场的非均衡化发展为主线，重点研究从“民工潮”到“民工荒”再到“农村空心化”的动态演变趋势及深层次诱因。研究结果显示，外资产业在东部沿海的产业集聚和家庭联产承包责任制改革导致了“民工潮”现象的产生，外资产业向中西部地区的梯度转移并由此引发的农民工回流导致了东部沿海地区接连出现“民工荒”，而快速城市化下的农民工转型成为中国出现“农村空心化”的主要原因。

9.2　政策建议

基于本书的主要研究结论，立足于中国经济转型的宏观背景并结合产业政策调整的战略导向，后续的相关改革应着重从以下几个方面展开。

（1）利用区域差异化引资模式保持农村剩余劳动力就业的稳定性。

大量事实证明，各地引资模式的选择应充分考虑自身所处的不同经济发展阶段。在产业结构优化升级浪潮的推动下，为了加快培育具有国际竞争力的产业以抢占国际经济制高点和实现对发达地区的“赶超效应”，地方政府往往有超越自身发展阶段而片面追求发展资本、技术密集型产业的倾向，但这只会造成高科技产业竞争力尚未形成而劳动密集型产业比较优势又过早丧失的被动局面，其结果必然造成用工需求的大幅降低，从而阻碍农村剩余劳动力向城市的转移就业。所以外资类型的选择必须考虑当地经济发展的实际状况。就全国范围内而言，中西部地区农村积压了大量的农村剩余劳动力亟须转移，应以本地资源禀赋优势和主体功能定位为依托，重点引进或主动承接东部沿海地区的劳动密集型外资产业的转移，从而使西部地区成为中国继续维系劳动密集型产业比较优势和竞争力、吸纳农村剩余劳动力转移的重点区域。而对于发达的东部沿海地区而言，可将产业关联度不高的劳动密集型外资产业向中西部转移，同时把握国家产业政策调整和国际产业转移的战略契机，重点引进资本、技术密集型外资产业推进产业结构的优化升级，从而使东部成为引领中国实现经济转型和产业结构调整的重点区域。在此情况下，中国劳动密集型产业的生产规模和引资竞争优势得以维系，这对稳定和加快农村剩余劳动力向城市非农产业的转移就业大有裨益。

（2）开展区域引资的良性合作以引导 FDI 在区域间的合理分布。

由于各省份 FDI 和农村剩余劳动力转移均存在显著的空间相关性，两者呈现出以东部沿海地区为集聚中心的“核心—外围”分布格局，空间近邻效应十分明显。因此，各大经济区域的地方政府可以充分发挥其正向的空间集聚和空间溢出效应，并着眼于国家经济发展的战略大局来引导 FDI 在区域间的合理分布。具体而言，各地区政府应在引资方面加强跨区域合作，逐渐降低行政区划局限性对 FDI 流入的负面影响，经济较为发达的地区应实施有利于“富邻”的引资政策，充分发挥自身作为区域经济增长极的引导和扩散作用，形成引资和农村剩余劳动力转移双赢甚至多赢的局面。同时，考虑到 FDI 区域分布的空间异质性和局部相互作用模式的差异，统筹区域发展的引资政策必须有适度的政策梯度，防止 FDI 和农村剩余劳动力转移集聚呈现“过密”与“过疏”的问题，加快实现区域经济协调发展和劳动力市场一体化。而按照社会经济发展的现状来看，邓小平同志提出的“两个大局”战略设计中的第一个大局已基本实现，解决劳动力市场不平衡性和实现新型城镇化的健康均衡发展关键在于第二个大局。考虑到 FDI 区域分布的空间异质性和局部相互作用模式的差异，为避免引资优惠政策过分差异化以及效率公平难以兼顾，建议在三大区域间给予不同程度的引资优惠政策，而在其区域内实行引资政策的横向均衡制度来解决上述问题。

（3）利用 FDI 产业的梯度转移解决区域劳动力市场发展的不平衡性。

目前，中国区域间劳动力市场发展的不平衡性现象较为突出。东部沿海地区由于具有雄厚的工业基础和大规模的外资产业集聚，农村剩余劳动力转移相对充分，劳动力市场的发展相对完善。而中西部地区由于工业基础比较薄弱，工业化进程和城镇化进程均相对滞后，农村剩余劳动力转移就业的任务依然艰巨，劳动力市场发育水平尚未成熟。针对中国而言，在未来相当长的一段时间内，农村剩余劳动力的跨区域流动必将与外资产业的梯度转移紧密联系在一起。所以利用外资产业的梯度转移以及随之引起的农村剩余劳动力流动，可以较好地解决区域劳动力市场发展的不平衡性。随着中国经济转型和经济结构的战略性调整，工业化“区域落差”蕴藏的能量加速释放，一股产业梯度转移的浪潮已悄然形成。具体而言，东部地区引资总量已经跨越集中度门槛并在一定程度上呈现“过度集聚”特征，资本净收益率下降趋势明显。因此，政府应及时将东部沿海地区的普惠制调整为特惠制，并鼓励劳动密集型FDI产业向周边和中西部地区转移。中西部地区应注重FDI产业集聚环境的营造，主动吸收和承接东部沿海地区的产业转移，努力跨越最低集中度门槛并由此实现自我累积的良性循环，加快农村剩余劳动力转移的进程和推动区域劳动力市场的健康发育。通过外资产业的梯度转移，地区间农村剩余劳动力转移的差异将逐渐消失，区域间劳动力市场发展的不平衡性也将得以消除，最终建立全国规范统一的劳动力市场。

（4）准确界定财权和事权并建立规范性的转移支付制度框架。

财权与事权不匹配的财政体制已不符合新型城镇化建设的要求，这造成了大部分农村剩余劳动力只能在城市就业而不能在城市真正定居下来，“半城市化”现象和土地财政等一系列问题日益凸显。随着“营改增”的逐步推进，解决上述问题的迫切性正在进一步上升。在划分地方政府财权方面，合理划分财源和建立地方税收体系至关重要。在政府间财力配置上，省级财政应占较大比重并保持一定程度的调控能力。在地方税体系的构建上，应改变目前各级政府“当家税种”不明确、不统一和缺少层次性的现状，清楚划分省以下各级政府的主体税种和形成一定的层次性。同时，应提高市县政府对共享税的分享比例，使财力向下倾斜和调动基层政府推动“农民工市民化”

的积极性。在划分地方政府事权方面，应准确界定各级政府在农民工市民化中的财政支出责任，未来可以将部分适合更高一级政府承担的事权和支出责任上移，以强化省级政府在义务教育等基本公共服务领域的支出责任。而县级政府的支出责任应大致等同于其财政的一般性公共支出领域，即与城镇基础设施建设、居民公共服务、人员经费和公用经费等密切相关的各项必要支出。同时，为了激励地方政府更多地将财政资金用于提高居民公共服务水平等方面，应通过建立制度化、规范化和具有导向性的财政转移支付制度。在省级政府的辖区范围内，应积极探索市县之间的横向转移支付模式，即由发展较好的市县对发展较差的市县进行转移支付援助。对于市场经济行为而导致的财力转移，也应建立横向转移支付进行利益补偿（如税收补偿和生态补偿等）。

（5）统筹有利于农村剩余劳动力转移就业和定居的多维度制度安排。

农村剩余劳动力转移就业不仅受到FDI集聚或梯度转移的影响，还受到劳动力市场灵活性、城乡收入差距、非农产业发展和城镇失业率等因素的影响。一方面，政府应避免简单使用“最低工资制度”等规制杠杆形成对劳动力价格的过度干预，从而使劳动力供求关系可以通过价格信号得到正确反映，降低农村剩余劳动力转移就业的机会成本。而且，政府应重点在中西部落后地区加强转移就业信息指导和采取积极灵活的就业促进政策，最大限度地减少结构性和摩擦性失业，提高农村剩余劳动力转移就业的积极性。更为重要的是，应加快推动土地与户籍制度的联动改革，即通过土地使用权的交易使放弃宅基地使用权的农民有条件地取得城市户籍并获取相应土地补偿，城市获得建设用地指标而农村通过宅基地复耕的方式增加相应农业用地保有量，这是现阶段加快农村剩余劳动力迁移和推进新型城镇化的有效路径。另一方面，增强城镇的包容性以推动农民工尽快融入城镇，这是提高中国城镇化建设内涵和质量的基本要求。这就要求做到，完善农民工基本养老保险、基本医疗、子女教育等制度体系，逐步扩大农民工与当地居民享受同等公共服务的项目和范围，最终消除制约农民工融入城镇的体制性障碍。同时，以城镇社区为主要载体营造良好的社会氛围和融洽的邻里关系，提高城镇对农民工的接纳度。另外，还要加强维护和保障农民工劳动权益，实行城乡劳动者“同工同酬”并健全劳资纠纷调解机制，并按照“属地化管理、市民化服务”的原则向农民工提供与城镇居民同等的计生管理和服务。

参考文献

［1］蔡昉，王德文，曲玥. 中国产业升级的大国雁阵模型分析［J］. 经济研究，2009（9）：4－14.

［2］蔡昉，王德文. 外商直接投资与就业——一个人力资本分析框架［J］. 财经论丛，2004（1）：1－14.

［3］蔡昉，都阳，王美艳. 户籍制度与劳动力市场保护［J］. 经济研究，2001（12）：41－49.

［4］蔡昉，都阳，王美艳. 劳动力流动的政治经济学［M］. 上海：上海人民出版社，2003.

［5］蔡昉，王美艳. "未富先老"与劳动力短缺［J］. 开放导报，2006（1）：31－35.

［6］蔡昉. 城乡收入差距与制度变革的临界点［J］. 中国社会科学，2003（5）：16－25.

［7］蔡昉. 刘易斯转折点与公共政策方向的转变——关于中国社会保障的若干特征性事实［J］. 中国社会科学，2010（6）：125－137.

［8］蔡昉. 农村劳动力剩余及其相关事实的重新考察——一个反事实的应用［J］. 中国农村经济，2007（10）：4－12.

［9］蔡昉. 中国经济增长如何转向全要素生产率驱动型［J］. 中国社会科学，2013（1）：56－71.

［10］蔡昉. 中国人口流动方式与途径［M］. 社会科学文献出版社，2001.

［11］曾铮. "不均质"大国的理论框架及其经济学界定［J］.

中国工业经济，2008 (6)：25 –34.

[12] 陈弋，Sylvie Demurger，Martin Fournier. 中国企业的工资差异和所有制结构 [J]. 世界经济文汇，2005 (6)：11 –31.

[13] 陈宗胜，黎德福. 内生农业技术进步的二元经济增长模型——对“东亚奇迹”和中国经济的再解释 [J]. 经济研究，2004 (11)：16 –27.

[14] 成展鹏. 安徽缺工人数达 25 万节后打响“抢工”大战 [N]. 中国新闻网，2011 –2 –13.

[15] 程名望，史清华. 经济增长、产业结构与农村劳动力转移——基于中国 1978—2004 年数据的实证分析 [J]. 经济学家，2007 (5)：49 –54.

[16] 丁翠翠，郭庆然. 外商直接投资对我国就业影响的动态效应与区域差异——基于动态面板数据模型的 GMM 估计 [J]. 经济经纬，2014，31 (1)：62 –67.

[17] 范子英，张军. 财政分权与中国经济增长的效率——基于非期望产出模型的分析 [J]. 管理世界，2009 (7)：15 –25.

[18] 高帆. 中国各省区二元经济结构转化的同步性：一个实证研究 [J]. 管理世界，2007 (9)：27 –36.

[19] 高培勇.“十二五”时期财税改革面临空前挑战 [J]. 财贸经济，2010 (11)：5 –6.

[20] 龚锋，卢洪友. 公共支出结构、偏好匹配与财政分权 [J]. 管理世界，2009 (1)：10 –21.

[21] 谷成. 中国财政分权的轨迹变迁及其演进特征 [J]. 中国经济史研究，2009 (2)：43 –51.

[22] 郭剑雄. 人力资本、生育率与城乡收入差距的收敛 [J]. 中国社会科学，2005 (3)：27 –37.

[23] 郭克莎. 外商直接投资对我国产业结构的影响研究 [J]. 管理世界，2000 (2)：34 –45.

[24] 郭熙保. 农业剩余劳动及其转移问题：理论思考与中国的经验 [J]. 世界经济, 2002 (12): 25 - 32.

[25] 郭艳. 90 年代中国劳动力就业结构区域分布及变动模式研究 [J]. 市场与人口分析, 2004, 10 (3): 6 - 12.

[26] 国家人口计生委流动人口服务管理司. 提前返乡流动人口调查报告 [J]. 人口研究, 2009, 33 (2): 1 - 3.

[27] 国务院研究室课题组. 中国农民工调研报告 [R]. 北京: 中国言实出版社, 2006.

[28] 何江, 张馨之. 中国区域经济增长及其收敛性：空间面板数据分析 [J]. 南方经济, 2006 (5): 44 - 52.

[29] 何兴强, 王利霞. 中国 FDI 区位分布的空间效应研究 [J]. 经济研究, 2008 (11): 137 - 150.

[30] 贺胜兵, 杨文虎. FDI 对我国进出口贸易的非线性效应研究——基于面板平滑转换模型 [J]. 数量经济技术经济研究, 2008 (10): 44 - 55.

[31] 贺宇. 农村劳动力转移中的利益冲突：一个社会博弈的视角 [J]. 学术研究, 2008 (4): 71 - 80.

[32] 胡峰. 跨国公司并购我国上市公司问题研究 [J]. 改革, 2002 (6): 41 - 46.

[33] 黄华民. 外商直接投资与我国实质经济关系的实证分析 [J]. 南开经济研究, 2005 (5): 46 - 51.

[34] 黄平主编. 寻求生存——当代农村外出人口的社会学研究 [M]. 云南人民出版社, 1997: 45 - 69.

[35] 黄乾. 农村劳动力转移就业问题性质的根本转变与社会政策选择 [J]. 人口研究, 2007, 31 (4): 70 - 76.

[36] 霍倩佳, 罗良文. 外商直接投资的就业效应分析 [J]. 理论月刊, 2005 (1): 53 - 55.

[37] 江立华. 城乡一体化背景下的农民工转型：一个新议题

[J]. 社会科学研究，2009（6）：85－90.

[38] 江霈，冷静. 劳动力流动替代资本流动的辨析与展望[J]. 财经科学，2008（12）：105－113.

[39] 金碧，陈仲常. 中国外商直接投资就业效应传导渠道研究[J]. 人口与经济，2007（1）：36－40.

[40] 金太军，汪波. 经济转型与中国中央——地方关系制度变迁[J]. 管理世界，2003（6）：43－51.

[41] 李海舰. 利用外商直接投资成效分析[J]. 中国外资，2000（3）：27－30.

[42] 李晶，汤琼峰. 中国劳动力流动与区域经济收敛的实证研究[J]. 经济评论，2006（3）：65－70.

[43] 李强. 影响中国城乡流动人口的推力与拉力因素分析[J]. 中国社会科学，2003（1）：125－136.

[44] 李迅雷. 跨国公司与发展中国家经济的调整[J]. 世界经济文汇，1991（4）：14－18.

[45] 林毅夫，刘明兴. 中国的经济增长收敛与收入分配[J]. 世界经济，2003（8）：3－14.

[46] 凌海生. 外商直接投资对我国就业效应的分析[J]. 华东经济管理，2005，19（10）：34－37.

[47] 刘德海，崔文田，闫化海. 我国农村劳动力转移的长期预测分析[J]. 系统工程，2004，22（7）：56－60.

[48] 刘宏，李述晟. FDI 对我国经济增长、就业影响研究——基于 VAR 模型[J]. 国际贸易问题，2013（4）：105－114.

[49] 刘辉群，卢进勇. 国际直接投资的就业结构效应研究——基于东道国视角[J]. 国际贸易问题，2009（9）：74－79.

[50] 刘建民，贺彩银. 外资对农业剩余劳动力部门间转移的实证研究[J]. 求索，2007（12）：35－36.

[51] 刘维林，胡晓鹏. 论跨国公司的就业效应[J]. 世界经济

研究，2005（12）：64－68.

［52］刘夏明，魏英琪，李国平．收敛还是发散？——中国区域经济发展争论的文献综述［J］．经济研究，2004（7）：70－81.

［53］刘修岩，殷醒民，贺小海．市场潜能与制造业空间集聚：基于中国地级城市面板数据的经验研究［J］．世界经济，2007（11）：56－63.

［54］刘彦随，刘玉．中国农村空心化问题研究的进展与展望［J］．地理研究，2010，29（1）：35－42.

［55］刘志忠，贺彩银，王耀中．基于拉尼斯——费模型的民营部门出口贸易对农业剩余劳动力转移影响的实证分析［J］．中国农村经济，2007（10）：40－45.

［56］罗伯特·J. 巴罗．经济增长［M］．中国社会科学出版社，2000：270－293.

［57］罗良文，刘辉．外商直接投资的就业效应分析［J］．华中农业大学学报：社会科学版，2003（4）：13－17.

［58］罗长远．FDI与国内资本：挤出还是挤入［J］．经济学（季刊），2007，6（2）：381－400.

［59］马述忠，吕淼．外商直接投资与农业产业安全——基于国内投资与就业挤出效应视角的实证研究［J］．国际贸易问题，2012（4）：125－136.

［60］马拴友，于红霞．转移支付与地区经济收敛［J］．经济研究，2003（3）：26－33.

［61］毛日昇．出口、外商直接投资与中国制造业就业［J］．经济研究，2009（11）：105－117.

［62］蒙景阳．农业技术进步与农村剩余劳动力就地转移——以福建省建瓯市东峰镇桂林村为例［J］．台湾农业探索，2008（3）：55－57.

［63］牟俊霖．外商投资对中国就业影响的实证分析［J］．经济

与管理，2007（4）：33－37.

［64］邱晓明. 外商直接投资的就业效应变迁分析［J］. 中国软科学，2004（3）：55－58.

［65］曲玥，蔡昉，张晓波. “飞雁模式”发生了吗？——对1998—2008年中国制造业的分析［J］. 经济学（季刊），2013，12（3）：757－776.

［66］任志成. 外国直接投资与中国二元就业结构转型［J］. 对外经济贸易大学学报，2006（3）：67－71.

［67］桑百川. 外商直接投资企业对我国的就业贡献［J］. 开放导报，1999（4）：31－32.

［68］沈坤荣，张璟. 中国农村公共支出及其绩效分析——基于农民收入增长和城乡收入差距的经验研究［J］. 管理世界，2007（1）：30－40.

［69］沈坤荣，唐文健. 大规模劳动力转移条件下的经济收敛性分析. 中国社会科学，2006（5）：46－57.

［70］孙红玲. 候鸟型农民工问题的财政体制求解［J］. 中国工业经济，2011（1）：15－26.

［71］孙军. 地区市场潜能、出口开放与我国工业集聚效应研究［J］. 数量经济技术经济研究，2009（7）：47－60.

［72］孙宁华，堵溢，洪永淼. 劳动力市场扭曲、效率差异与城乡收入差距［J］. 管理世界，2009（9）：44－52.

［73］孙倩，桑百川. 外商直接投资在我国产生的就业效应分析［J］. 企业活力，2005（7）：22－23.

［74］田素华. 外资对上海就业效应的实证分析［J］. 财经研究，2004（3）：122－132.

［75］万欣荣，史卫，方小军. 外国直接投资的就业效应实证分析［J］. 南开管理评论，2005，8（2）：100－106.

［76］王德文，蔡昉，张国庆. 农村迁移劳动力就业与工资决定：

教育与培训的重要性［J］. 经济学（季刊），2008，7（4）：1131－1148.

［77］王根军. 中国失业问题现状及外商直接投资的就业增长效应分析［J］. 云南财贸学院学报（社会科学版），2004，19（2）：19－20.

［78］王桂新，刘建波. 90年代后期我国省际人口迁移区域模式研究. 市场与人口分析，2003，9（4）：1－9.

［79］王剑，张会清. 外国直接投资对中国就业效应的实证研究［J］. 世界经济研究，2005（9）：13－19.

［80］王剑. 外国直接投资对中国就业效应的测算［J］. 统计研究，2005（3）：29－32.

［81］王燕飞，曾国平. FDI、就业结构及产业结构变迁［J］. 世界经济研究，2006（7）：51－57.

［82］王业强，魏后凯. 产业特征、空间竞争与制造业地理集中——来自中国的经验证据［J］. 管理世界，2007（4）：68－77.

［83］王永钦，张晏，章元，陈钊，陆铭. 中国的大国发展道路——论分权式改革的得失［J］. 经济研究，2007（1）：4－16.

［84］魏浩，王宸. 中国对外贸易空间集聚效应及其影响因素分析［J］. 数量经济技术经济研究，2011（11）：66－82.

［85］文军. 从生存理性到社会理性选择：当代中国农民外出就业动因的社会学分析［J］. 社会学研究，2001（6）：19－30.

［86］吴忠民. 转型经济下中国的城市失业及劳动力流动［J］. 经济学（季刊），2003，2（4）：857－874.

［87］小岛清. 周宝廉译. 对外贸易论［M］. 天津：南开大学出版社，1987：67－69.

［88］辛永容，陈圻，肖俊哲. FDI对中国制造业劳动力成本优势的影响研究——基于劳动生产率视角的分析［J］. 科学学研究，2009，27（1）：76－86.

［89］熊焰. 跨国公司对华 FDI 就业效应研究［J］. 中南民族大学学报（自然科学版），2004（12）：106 – 109.

［90］徐斌. 市场经济条件下农业剩余劳动力转移的主要途径［J］. 农村经济，1994（8）：10 – 11.

［91］徐涛. 外部性与国内就业主渠道［J］. 河北经贸大学学报，2005（3）：19 – 24.

［92］徐现祥，周吉梅，舒元. 中国省区三次产业资本存量估计［J］. 统计研究，2007，24（5）：6 – 13.

［93］许和连，亓朋，李海峥. 外商直接投资、劳动力市场与工资溢出效应［J］. 管理世界，2009（9）：53 – 68.

［94］许和连，赵德昭. 农村剩余劳动力转移的收敛性分析［J］. 农业技术经济，2012（2）：109 – 121.

［95］许和连，赵德昭. 外商投资梯度转移促劳动力市场一体化［N］. 中国社会科学报，2012 – 02 – 06.

［96］许和连，赵德昭. 外商直接投资、劳动力异质性与农村剩余劳动力转移——基于新古典一般均衡拓展模型的分析［J］. 财贸经济，2013（1）：82 – 92.

［97］严冀，陆铭. 分权与区域经济发展：面向一个最优分权程度的理论［J］. 世界经济文汇，2003（3）：55 – 66.

［98］颜伟，刘冬荣. 外商直接投资加剧我国经济结构失衡的实证分析［J］. 管理世界，2010（5）：167 – 168.

［99］杨海生，聂海峰，徐现祥. 我国 FDI 区位选择中的“第三方效应”——基于空间面板数据的实证研究［J］. 数量经济技术经济研究，2010（4）：122 – 147.

［100］杨文兵. 城市化过程中人口转移的特征及动力机制：浙江案例. 世界经济，2009（6）：88 – 95.

［101］杨云彦，徐映梅，向书坚. 就业替代与劳动力流动：一个新的分析框架［J］. 经济研究，2003（8）：70 – 75.

[102] 杨云彦. 中国人口迁移的规模测算与强度分析 [J]. 中国社会科学, 2003 (6): 97 - 107.

[103] 姚上海. 从"民工潮"到"民工荒"——农民工劳动力要素价格扭曲现象剖析 [J]. 中南民族大学学报 (人文社会科学版), 2005, 25 (5): 110 - 113.

[104] 叶迎. 产业转移与"民工荒" [J]. 改革与战略, 2010, 26 (6): 51 - 53.

[105] 易苗, 周申. 经济开放对国内劳动力流动影响的新经济地理学解析 [J]. 现代财经: 天津财经学院学报, 2011 (3): 6 - 14.

[106] 余欣荣. "民工潮"的走向与对策 [J]. 中国农村经济, 1994 (11): 64 - 65.

[107] 张二震, 任志成. FDI 与中国就业结构的演进 [J]. 经济理论与经济管理, 2005 (5): 5 - 10.

[108] 张恒龙, 陈宪. 财政竞争对地方公共支出结构的影响——以中国的招商引资竞争为例 [J]. 经济社会体制比较, 2006 (6): 57 - 64.

[109] 张军, 周黎安编. 为增长而竞争: 中国增长的政治经济学 [M]. 上海: 上海人民出版社, 2008.

[110] 张军, 吴桂英, 张吉鹏. 中国省际物质资本存量估算: 1952—2000 [J]. 经济研究, 2004 (10): 35 - 44.

[111] 张望. 劳动力分布的地区差距及其收敛性分析——以福建省为例 [J]. 统计与信息论坛, 2009, 24 (2): 40 - 45.

[112] 张务伟. 中国城乡劳动力市场非均衡问题研究 [D]. 山东农业大学博士论文, 2011.

[113] 赵德昭, 许和连. FDI、农业技术进步与农村剩余劳动力转移——基于"合力模型"的理论与实证研究 [J]. 科学学研究, 2012, 30 (9): 1342 - 1353.

[114] 赵德昭, 许和连. FDI 流入影响了农村剩余劳动力转移的

收敛性吗——来自中国282个地级城市的经验证据［J］. 山西财经大学学报，2013（6）：21－31.

［115］赵德昭，许和连. 外商直接投资、适度财政分权与农村剩余劳动力转移——基于经济因素和体制变革的双重合力视角［J］. 金融研究，2013（5）：194－206.

［116］赵德昭. FDI，第三方效应与农村剩余劳动力转移的空间集聚——基于中国省际面板数据的空间计量检验［J］. 南开经济研究，2014（6）：105－124.

［117］赵德昭. FDI对农村剩余劳动力转移的影响：集聚抑或是扩散？［J］. 财贸经济，2018（1）：118－131.

［118］赵德昭. FDI影响我国农村剩余劳动力转移效应的实证研究［D］：湖南大学硕士学位论文. 长沙：湖南大学，2010：3－4.

［119］赵德昭. 外商直接投资，城市化与劳动力市场的非均衡化发展［J］. 经济学家，2014（10）：86－93.

［120］赵景华. 跨国公司在华子公司成长与发展的战略角色及演变趋势［J］. 中国工业经济，2001（12）：61－66.

［121］赵伟，李芬. 异质性劳动力流动与区域收入差距：新经济地理学模型的扩展分析［J］. 中国人口科学，2007（1）：27－35.

［122］赵文哲. 财政分权与前沿技术进步、技术效率关系研究［J］. 管理世界，2008（7）：34－44.

［123］郑江淮，王成思，Shunfeng Song. 工业化升级中的农村要素流动和收入保障［J］. 中国农村观察，2007（6）：2－13.

［124］郑月明，董登新. 外商直接投资对我国就业的区域差异与动态效应——基于动态面板数据模型的分析［J］. 数量经济技术经济研究，2008（5）：104－113.

［125］钟辉. FDI对中国就业影响的动态分析［J］. 世界经济研究，2005（12）：11－15.

［126］周黎安. 中国地方官员的晋升锦标赛模式研究［J］. 经济

研究，2007（7）：36－50.

［127］周申，漆鑫. 经济开放、劳动市场与二元经济结构转化［J］. 财经科学，2009（11）：47－55.

［128］周祝平. 中国农村人口空心化及其挑战［J］. 人口研究，2008，32（2）：45－52.

［129］朱金生. FDI与区域就业转移：一个新的分析框架［J］. 国际贸易问题，2005（6）：114－119.

［130］朱彤，漆鑫，张亮. 金融扭曲导致FDI大量流入我国吗？——来自我国省级面板数据的证据［J］. 南开经济研究，2010（4）：33－47.

［131］祝华军，田志宏，张东山. 我国农业科技发展的导向性分析［J］. 科学学研究，2003，21（5）：506－509.

［132］Alfred Kleinknecht. Is Labour Market Flexibility Harmful to Innovation?［J］. Cambridge Journal of Economics，1998，22（3）：387－396.

［133］Andersen P. S.，Hainant P. Foreign Direct Investment and Employment in the Industrial Countries［J］. BIS Working Paper No. 61，1998.

［134］Anderson J. E.，Wincoop E. Gravity with Gravitas：A Solution to the Border Puzzle［J］. American Economic Review，2003，93（1）：170－192.

［135］Andreas Waldkircha，Peter Nunnenkamp，Jose Eduardo Alatorre Bremont. Employment Effects of FDI in Mexico's Non－Maquiladora Manufacturing［J］. Journal of Development Studies，2009，45（7）：1165－1183.

［136］Anselin. Spatial Econometrics：Methods and Models［M］. Dordrecht：Kluwer Academic Publishers，1988.

［137］Azariadisa C.，Christopher A. P. Unemployment Dynamics

with International Capital Mobility [J]. European Economic Review, 2007, 51 (1): 27 -48.

[138] Bagoulla C., Nicolas Péridy. Market Access and the Other Determinants of North - South Manufacturing Location Choice: An Application to the Euro - Mediterranean Area [J]. Economic Systems, 2011, 35 (4): 537 -561.

[139] Baltagi B. H., Peter Egger, Michael Pfaffermayr. Estimating models of complex FDI: Are there third - country effects? [J]. Journal of Econometrics, 2007, 140 (1): 260 -281.

[140] Barro, R. Government Spending in a Simple Model of Endogenous Growth [J]. Journal of Political Economy, 1990 (98): 103 -125.

[141] Barro, R. J., Sala - i - Martin, X. Convergence [J]. Journal of Political Economy, 1992, 100 (2): 223 -251.

[142] Bastia, T. Should I Stay or Should I Go? Return Migration in Times of Crises [J]. Journal of International Development, 2011, 23 (4): 583 -595.

[143] Baum, C. F. An Introduction to Modern Econometrics Using Stata [M]. College Station (USA): Stata Press, 2006.

[144] Besley, Timothy, and Stephen Coate. Centralized versus Decentralized Provision of Local Public Goods: A Political Economy Approach [J]. Journal of Public Economics, 2003, 87 (12): 2611 -2637.

[145] Blonigen B. A., Davies, R. B., Head, K. Estimating the Knowledge - capital Model of the Multinational Enterprise: Comment [J]. American Economic Review, 2003, 93 (3): 980 -994.

[146] Blonigen B. A., Ronald B. Davies, Glen R. Waddell, Helen T. Naughton. FDI in Space: Spatial Autoregressive Relationships in Foreign Direct Investment [J]. European Economic Review, 2007, 51 (5): 1303 -1325.

[147] Bond, S. Dynamic Panel Data Models: A Guide to Micro Data Methods and Practice [J]. Portuguese Economic Journal, 2002 (1): 141-162.

[148] Borenszteina E., J. De Gregorio, J-W. Lee. How Does Foreign Direct Investment Affect Economic Growth? [J]. Journal of International Economics, 1998, 45 (1): 115-135.

[149] Borjas, G. J. Does Immigration Grease the Wheels of the Labor Market? [J]. Brookings Papers on Economic Activity, 2001: 69-119.

[150] Boyer, G. R., Hatton, T. J. Migration and Labor Market Integration in Late Nineteenth century England and Wales [J]. The Economic History Review, 1997 (50): 697-734.

[151] Brainard, L. S. An Empirical Assessment of the Proximity-Concentration Trade-off between Multinational Sales and Trade [J]. American Economic Review, 1997, 87 (4): 520-544.

[152] Bridge G. Global Production Networks and the Extractive Sector: Governing Resource-based Development [J]. Journal of Economic Geography, 2008, 8 (3): 389-419.

[153] Brooks R., Tao, Ran. China's Labor Market Performance and Challenges [J]. IMF Working Paper No. 03/210, 2003.

[154] Buchanan, J. M. An Economic Theory of Clubs [J]. Economica, 1965, 32 (125): 1-14.

[155] Carr David L., James R. Markusen and Keith E. Maskus. Estimating the Knowledge-Capital Model of the Multinational Enterprise [J]. The American Economic Review, 2001, 91 (3): 693-708.

[156] Carr P. J., Kefalas M. J. The Rural Brain Drain [J]. The Chronicle of Higher Education, 2009 (9): 1-13.

[157] Carrington, W., Detragiache, E., Vishwanath, T.: Equi-

librium Migration with Endogenous Moving Costs [J]. American Economic Review, 1996, 86 (4): 909 -930.

[158] Catherine Y. Co, Ira N. Gang & Myeong - Su Yun. Returns to Returning [J]. Journal of Population Economics, 2000, 13 (1): 57 -79.

[159] Chan, K. W., L. Zhang. The Hukou System and Rural - urban Migration in China: Processes and Changes [J]. China Quarterly, 1999, 16 (2): 818 -855.

[160] Cheng, L. K., Kwan, Y. K. What Are the Determinants of the Location of Foreign Direct Investment? The Chinese Experience [J]. Journal of International Economics, 2000, 51 (2): 379 -400.

[161] Christoph Ernst. The FDI - employment Link in a Globalizing World: The Case of Argentina, Brazil and Mexico [J]. Employment Strategy Papers, 2005: 17.

[162] Coleman, J. S. Foundation of Social Theory [J]. Cambridge: Belknap Press of Harvard University Press, 1990.

[163] Coughlin Cletus C., Eran Segev. Foreign Direct Investment in China: A Spatial Econometric Study [J]. The World Economy, 2000, 23 (1): 1 -23.

[164] Crozet M. Do Migrants Follow Market Potentials: An Estimation of a New Economic Geography Model [J]. Journal of Economic Geography, 2004, 4 (4): 439 -458.

[165] Dabla - Norris, E. and Wade, P. The Challenge of Fiscal Decentralization in Transition Countries [J]. International Monetary Fund Working Paper, 2002: 103.

[166] Daveri, F., Faini, R. Where Do Migrants Go? [J]. Oxford Economic Papers, 1999 (51): 595 -622.

[167] David Williams. Explaining Employment Changes in Foreign

Manufacturing Investment in the UK [J]. International Business Review, 2003, 12 (4): 479 -497.

[168] Davoodi, H. and H. Zou. Fiscal Decentralization and Economic Growth: A Cross - Country Study [J]. Journal of Urban Economics, 1998, 43 (2): 244 -257.

[169] Debaere, Peter, Lee, Hongshik and Lee, Joonhyung. It Matters Where You Go: Outward Foreign Direct Investment and Multinational Employment Growth at Home [J]. Journal of Development Economics, 2010, 91 (2): 301 -309.

[170] Démurger, Sylvie. Infrastructure Development and Economic Growth: An Explanation for Regional Disparities in China? [J]. Journal of Comparative Economics, 2001, 29 (1): 95 -117.

[171] Dong X. Y., Bowles P. Segmentation and Discrimination in China's Emerging Industrial Labor Market [J]. China Economic Review, 2002, 13 (2): 170 -196.

[172] Du Y., Albert Park, Sangui Wang. Migration and rural poverty in China [J]. Journal of Comparative Economics, 2005, 33 (4): 688 -709.

[173] Dunning, John. Industrial Development, Globalization and Multinational Enterprises: New Realities for Developing Countries [J]. Oxford Development Studies, 2000, 28 (2): 142 -167.

[174] Edward M. Graham, Erika Wada. Foreign Direct Investment in China: Effect on Growth and Economic Performance [C]. Experience of Transitional Economies in East Asia, 2001.

[175] Egger, P., Larch, M., Pfaffermayr, M. Multilateral Trade and Investment Liberalization: Effects on Welfare and GDP per Capita Convergence [J]. Economics Letters, 2004, 84 (1): 133 -140.

[176] Eichhorst W., Marx P. Reforming German Labour Market

Institutions: A Dual Path to Flexibility [J]. Journal of European Social Policy February, 2011, 21 (1): 73 -87.

[177] Ekholm K., Forslid R., Markusen J R. Export - Platform Foreign Direct Investment [J]. Journal of the European Economic Association, 2007, 5 (4): 776 -795.

[178] Elhorst J. P. Specification and Estimation of Spatial Panel Data Models [J]. International Regional Science Review, 2003, 26 (3): 244 -268.

[179] Faguet, Jean Paul. Does Decentralization Increase Government Responsiveness to Local Needs? Evidence from Bolivia [J]. Journal of Public of Economics, 2004, 88 (3): 867 - 893.

[180] Fare R, Grosskopf S, Lovell C A K. Production Frontiers [M]. London: Cambridge University Press, 1994.

[181] Feenstra, Hanson. Foreign Direct Investment and Relative Wages: Evidence from Mexico's Maquiladoras [J]. Journal of International Economics 1997, 3 (42): 371 -393.

[182] Florian B. Z., Schwens C., Kabst R. Foreign Direct Investments and Domestic Employment of German SMEs: The Moderating Effect of Owner Management [J]. Journal of Small Business Management, 2013, 51 (4): 1 -26.

[183] Fu, X. L., Balasubramanyam V. N. Exports, Foreign Direct Investment and Employment: the Case of China [C]. FED Working Papers Series, 2005.

[184] Garcia A. I., Ayuga, F. Reuse of Abandoned Buildings and the Rural Landscape: The Situation in Spain [J]. Transactions of the ASABE, 2007, 50 (4): 1383 -1394.

[185] Garretsen H., Jolanda Peeters. FDI and the Relevance of Spatial Linkages: Do Third - country Effects Matter for Dutch FDI? [J].

Review of World Economics, 2009, 145 (2): 319 - 338.

[186] Greenwood Michael J., Gary L. Hunt, Dan S. Rickman and George I. Treyz. Migration, Regional Equilibrium, and the Estimation of Compensating Differentials [J]. The American Economic Review, 1991, 81 (5): 1382 - 1390.

[187] Grossman, G. M., Helpman, E., Szeidl, A. Optimal Integration Strategies for the Multinational Firm [J]. Journal of International Economics, 2006, 70 (1): 216 - 238.

[188] Guido De Blasio, Sabrina Di Addario. Labor Market Pooling [J]. IMF Working Paper, 2002 (2 - 121): 1 - 37.

[189] Gustafsson, Björn, Li, Shi. The Anatomy of Rising Earnings Inequality in Urban China [J]. Journal of Comparative Economics, 2001, 29 (1): 118 - 135.

[190] Hansen Bruce E. Threshold Effects in Non - dynamic Panels: Estimation, Testing, and Inference [J]. Journal of Econometrics, 1999, 93 (2): 345 - 368.

[191] Hansson Pär. Skill Upgrading and Production Transfer within Swedish Multinationals [J]. The Scandinavian Journal of Economics, 2005, 107 (4): 673 - 692.

[192] Harris W F. The Dispiration: A Distinct New Crystal Defect of the Weingarten - volterra Type [J]. Philosophical Magazine, 1970, 22 (179): 949 - 952.

[193] Helpman E. A Simple Theory of International Trade with Multinational Corporations [J]. Journal of Political Economy, 1984, 92 (3): 451 - 471.

[194] Helpman, E., Krugman, P. R. Market Structure and International Trade [M]. MIT Press, Cambridge, MA, 1985.

[195] Hsiao, C. Analysis of Panel Data [M]. Cambridge Universi-

ty Press, 2003.

[196] Hu J. Intersectional Migration of Agricultural Labor and Business Cycles in Developing Countries [J]. Stanford Center for International Development, Working Paper No. 402, 2009.

[197] Inman, Robert P. and Rubinfeld, Daniel L. Rethinking Federalism [J]. Journal of Economic Perspectives, 1997, 11 (4): 43 - 64.

[198] Jia L. Regional Catching up and Productivity Growth in Chinese Reform Period [J]. International Journal of Social Economics, 2013, 25 (6/7/8): 1160 - 1177.

[199] Jin, J., and Zou, Heng - fu. How Does Fiscal Decentralization Affect Aggregate, National, and Subnational Government Size? [J]. Journal of Urban Economics, 2002, 52 (2): 270 - 293.

[200] John C. H. Fei, G and Kuo, S. Growth and the Family Distribution of Income by Factor Components [J]. Quarterly Journal of Economics, 1978, 92 (1): 17 - 53.

[201] Kappeler, Andreas and Timo Vlil. Fiscal Federalism and the Composition of Public Investment in Europe [J]. European Journal of Political Economy, 2008, 24 (3): 562 - 570.

[202] Karlsson S., Lundin N., Sjöholm F., He P. Foreign Firms and Chinese Employment [J]. The World Economy, 2009, 32 (1): 178 - 201.

[203] Karoly Fazekas. Effects of FDI Inflows on Regional Labour Market Differences in Hungary [J]. Économie Internationale, 2005 (2): 83 - 105.

[204] Kim T. J., Gerrit Knaap. The Spatial Dispersion of Economic Activities and Development Trends in China: 1952 - 1985 [J]. The Annals of Regional Science, 2001, 35 (1): 39 - 57.

[205] Koi N. W., Tuck C. T. Foreign Direct Investment and Employment in Manufacturing And Services Sectors [J]. Journal of Economic Studies, 2011, 38 (3): 313 - 330.

[206] Kojima K. The "Flying Geese" Model of Asian Economic Development: Origin, Theoretical Extensions, and Regional Policy Implications [J]. Journal of Asian Economics, 2000, 11 (4): 375 - 401.

[207] Kravis, I. B., Lipsey R. E. The Effect of Multinational Firms Foreign Operations on Domestic Employment [J]. NBER Working Paper, No. 2760, 1993.

[208] Krugman, Paul R. Increasing Returns and Economic Geography [J]. Journal of Political Economy, 1991, 99 (3): 483 - 499.

[209] Kumar K. P. Foreign Direct Investment: Importance, Growth & Employment Opportunities in India [J]. Asian Journal of Research in Business Economics and Management, 2013, 3 (2): 190 - 197.

[210] Ledyaeva S. Determinants of Economic Growth: Empirical Evidence from Russian Regions [J]. The European Journal of Comparative Economics, 2008, 5 (1): 87 - 105.

[211] Ledyaeva S. Spatial Econometric Analysis of Foreign Direct Investment Determinants in Russian Regions [J]. The World Economy, 2009, 32 (4): 643 - 666.

[212] Leonard K. Chenga, Yum K. Kwan. What are the Determinants of the Location of Foreign Direct Investment? The Chinese Experience [J]. Journal of International Economics, 2000, 51 (2): 379 - 400.

[213] Lewis W. Arthur. Unemployment in Developing Countries [J]. The World Today, 1967, 23 (1): 13 - 22.

[214] Lewis, W. A. Economic Development with Unlimited Supply of Labor [J]. The Manchester School of Economic and Social Studies, 1954, 22 (5): 139 - 191.

[215] Li, Hong - bin and Li An - Zhou. Political Turnover and Economic Performance: The Incentive Role of Personnel Control in China [J]. Journal of Public Economics, 2005, 89 (9): 1743 - 1762.

[216] Jie L I, Qiu L D, Sun Q. Interregional Protection: Implications of Fiscal Decentralization and Trade Liberalization [J]. China Economic Review, 2003, 14 (3): 227 - 245. .

[217] Lin P., Zhuomin Liu, Yifan Zhang. Do Chinese Domestic Firms Benefit From FDI Inflow?: Evidence of Horizontal and Vertical Spillovers [J]. China Economic Review, 2009, 20 (4): 677 - 691.

[218] Lin, J. Y., and Z. Liu. Fiscal Decentralization and Economic Growth in China [J]. Economic Development and Cultural Change, 2000, 49 (1): 1 - 23.

[219] Lipsey R. E., E Ramstetter, M Blomström. Outward FDI and Parent Exports and Employment: Japan, the United States, and Sweden [J]. Global Economy Quarterly, 2000, 1 (4): 1524 - 5861.

[220] Lipsey, R., and Sjöholm, F. Foreign Direct Investment, Education and Wages in Indonesian Manufacturing [J]. Journal of Development Economics, 2004, 73 (1): 415 - 422.

[221] Liu L. FDI and Employment by Industry: A Co - Integration Study [J]. Modern Economy, 2012, 3 (1): 16 - 22.

[222] Liu W., Nunnenkamp P. Domestic Repercussions of Different Types of FDI: Firm - Level Evidence for Taiwanese Manufacturing [J]. World Development, 2011, 39 (5): 808 - 823.

[223] Louis Kuijs, Tao Wang. China's Pattern of Growth: Moving to Sustainability and Reducing Inequality [J]. China & World Economy, 2006, 14 (1): 1 - 14.

[224] Lu M., Chen Z. Urbanization, Urban - Biased Policies and Urban - Rural Inequality in China: 1987 - 2001 [J]. Chinese Economy,

2006, 39 (3): 42 -63.

[225] Lucas, Robert E., Jr. On the Mechanics of Economic Development [J]. Journal of Monetary Economics, 1988, 22 (1): 3 -42.

[226] Marika Karanassou, Dennis J. Snower. How Labour Market Flexibility Affects Unemployment: Long - Term Implications of the Chain Reaction Theory [J]. The Economic Journal, 1998, 108 (448): 832 -849.

[227] Matsuyama, Kiminori. Agricultural Productivity, Comparative Advantage and Economic Growth [J]. Journal of Economic Theory, 1992, 58 (2): 317 -334.

[228] Michie J., Sheehan M. Business Strategy, Human Resources, Labour Market Flexibility and Competitive Advantage [J]. The International Journal of Human Resource Management, 2005, 16 (3): 445 -464.

[229] Mickiewicz T., S Radosevic, U Varblane. The Value of Diversity: Foreign Direct Investment and Employment in Central Europe During Economic Recovery [J]. University of Tartu - Faculty of Economics and Business Administration Working Paper Series 2, 2000.

[230] Miller, S. and M. Upadhyay: Total Factor Productivity and the Convergence Hypothesis, Journal of Macroeconomics, 2002 (24): 267 -286.

[231] Mišun J., Tomšk V. Does Foreign Direct Investment Crowd in or Crowd out Domestic Investment? [J]. Eastern European Economics, 2002, 40 (2): 38 -56.

[232] Moffitt, Robert. Policy Interventions, Low - Level Equilibria, and Social Interactions [M]. In Steven N. Durlauf, H. Peyton Young (ed.), Social Dynamics, MIT Press, 2001.

[233] Molnar M., Pain N., Taglioni D. Globalisation and employ-

ment in the OECD [J]. OECD Journal: Economic Studies, 2008 (1): 1-34.

[234] Moran P. Notes on Continuous Stochastic Phenomena [J]. Biometrika, 1950, 37 (1/2): 17-23.

[235] Musgrave, Robert A. The Theory of Public Finance: A Study in Political Economy [M]. New York: Mcgraw-Hill, 1959.

[236] Oates, W. E. Fiscal Federalism [M]. NY: Harcourt Brace Jovanovich, 1972.

[237] Oates, Wallace E. Toward a Second-Generation Theory of Fiscal Federalism [J]. International Tax and Public Finance, 2005, 12 (4): 349-373.

[238] Paluzie E., Jordi Pons, Javier Silvestre, Daniel A. Tirado. Migrants and Market Potential in Spain over the Twentieth Century: A test of the New Economic Geography [J]. Spanish Economic Review, 2009, 11 (4): 243-265.

[239] Parish W. L., Xiaoye Zhe, Fang Li. Nonfarm Work and Marketization of the Chinese Countryside [J]. The China Quarterly, 1995 (143): 697-730.

[240] Paul Flaim. Discouraged Workers: How Strong Are Their Links to the Job Market? [J]. Monthly Labor Review, 1984 (8): 8-11.

[241] Qian, Y., and B. R. Weingast. Federalism as a Commitment to Preserving Market Incentives [J]. Journal of Economic Perspectives, 1997, 11 (4): 83-92.

[242] Radosevic S., Varblane U., Mickiewicz T. Foreign Direct Investment and Its Effect on Employment in Central Europe [J]. Transnational Corporations, 2003, 12 (1): 53-90.

[243] Ranis G, Fei J C H. A Theory of Economic Development

[J]. The American Economic Review, 1961, 51 (4): 533 - 565.

[244] Rey S. J. Spatial Empirics for Economic Growth and Convergence [J]. Geographical Analysis, 2001, 33 (3): 195 - 214.

[245] Rhys Jenkins. Globalization, FDI and Employment in Viet Nam [J]. Transnational Corporations, 2006, 15 (1): 115 - 142.

[246] Robert E. B. Lucas. The Economic Well - Being of Movers and Stayers: Assimilation, Impacts, Links and Proximity [J]. Paper prepared for Conference on African Migration in Comparative Perspective, Johannesburg, South Africa, 4 - 7 June, 2003.

[247] Roberts Kenneth D. China's "Tidal Wave" of Migrant Labor: What Can We Learn from Mexican Undocumented Migration to the United States? [J]. International Migration Review, 1997, 31 (2): 249 - 293.

[248] Robertson, R. Wage Shocks and North American Labor - market Integration. The American Economic Review, 2000 (90): 742 - 764.

[249] Roland, G., Politics, Markets, and Firms: Transition and Economics [M]. MIT Press, Cambridge, MA, 2000.

[250] Roodman, D. How to Do Xtabond2: An Introduction to 'Difference' and 'System' GMM in Stata [J]. Center for Global Development Working Paper 103, 2007.

[251] Rosenstein - Rodan P. N. Problems of Industrialisation of Eastern and South - Eastern Europe [J]. The Economic Journal, 1943, 53 (210/211): 202 - 211.

[252] Salami, A. O., Oyewale, I. O. Impact of Foreign Direct Investment on Employment Generation in Nigeria [J]. International Journal of Economic Development Research and Investment, 2013, 4 (1): 64 - 75.

[253] Santos - Paulino, Amelia U, Guanghua Wan. Special Sec-

tion: FDI, Employment, and Growth in China and India [J]. Review of Development Economics, 2009, 13 (4): 737 - 739.

[254] Shleifer, Andrei and Robert W. Vishny, the Grabbing Hand: Government Pathologies and Their Cures [M]. Harvard University Press, Cambridge, MA, 1998.

[255] Stark O, Taylor J E. Migration Incentives, Migration Types: The Role of Relative Deprivation [J]. The Economic Journal, 1991, 101 (408): 1163 - 1178.

[256] Terry Sicular, Yue Ximing, Björn Gustafsson, Li Shi. The Urban - Rural Income Gap and Inequality in China [J]. Review of Income and Wealth, 2007, 53 (1): 93 - 126.

[257] Tiebout, C. A Pure Theory of Local Expenditures [J]. Journal of Political Economy, 1956, 64 (5): 416 - 424.

[258] Todaro M. P. A Model of Labor Migration and Urban Unemployment in Less Developed Countries [J]. The American Economic Review, 1969, 59 (1): 138 - 148.

[259] Treisman, Danie. Decentralization and the Quality of Government [J]. Manuscript, Department of Political Science, University of California, Los Angeles, 2000.

[260] UNCTAD. World Investment Report 1994: Transnational Corporations, Employment and the Workplace [R]. New York and Geneva, United Nations publication, 1994: 112.

[261] Weingast, Barry R. Second Generation Fiscal Federalism: Implications for Decentralized Democratic Governance and Economic Development [J]. Working Paper, Hoover Institution, and Department of Political Science, Stanford University, 2006.

[262] Wen M. Relocation and Agglomeration of Chinese Industry [J]. Journal of Development Economics, 2004, 73 (1): 329 - 347.

[263] Wheeler D., Mody A. International Investment Location Decisions: The Case of U. S. Firms [J]. Journal of International Economics, 1992, 33 (1-2): 57-76.

[264] White E. M., Morzillo A. T., Alig R. J. Past and Projected Rural Land Conversion in the US at State, Regional, and National Levels [J]. Landscape Urban Planning, 2009, 89 (1/2): 37-48.

[265] Wooldridge, J. Econometric Analysis of Cross Section and Panel Data [M]. Cambridge, MA: MIT Press, 2002.

[266] Xiao Wei Zang. Labor Market Segmentation and Income Inequalityin Urban China [J]. The Sociological Quarterly, 2002, 43 (1): 27-44.

[267] Xiaolan Fu, V. N. Balasubramanyam. Exports, Foreign Direct Investment and Employment: The Case of China [J]. The World Economy, 2005, 28 (4): 607-625.

[268] Xu J. X., Ying Tan. Robust Optimal Design and Convergence Properties Analysis of Iterative Learning Control Approaches [J]. Automatica, 2002, 38 (11): 1867-1880.

[269] Y. Qian. The Process of China's Market Transition (1978-1998): The Evolutionary, Historical, and Comparative Perspectives [J]. Journal of Institutional and Theoretical Economics, 2000 (156): 151-171.

[270] Yasusada Murate. Rural-urban Interdependence and Industrialization [J]. Journal of Development Economics, 2002, 68 (1): 1-34.

[271] Yeaple, S. R. The Complex Integration Strategies of Multinational Firms and Cross Country Dependencies in the Structure of Foreign Direct Investment [J]. Journal of International Economics, 2003, 60 (2): 293-314.

[272] Zanella, Giulio. Discrete Choice with Social Interactions and Endogenous Memberships [J]. Journal of the European Economic Association, 2007, 5 (1): 122 - 153.

[273] Zhang K. H. Does Foreign Direct Investment Promote Economic Growth? Evidence from East Asia and Latin America [J]. Contemporary Economic Policy, 2001, 19 (2): 175 - 185.

[274] Zhang, J., Y. Zhao, A. Park, and X. Song. Economic Returns to Schooling in Urban China: 1988 - 2001 [J]. Journal of Comparative Economics, 2005, 33 (4): 730 - 752.

[275] Zhang, T., and H. Zou. Fiscal Decentralization, Public Spending, and Economic Growth in China [J]. Journal of Public Economics, 1998, 67 (2): 221 - 240.

[276] Zhang, T., and H. Zou. The growth impact of intersectoral and intergovernmental allocation of public expenditure: with applications to China and India [J]. China Economic Review, 2001, 12 (1): 58 - 81.

[277] Zhao Y. H. Earnings Differentials between State and Non - State Enterprises in Urban China [J]. Pacific Economic Review, 2002, 7 (1): 181 - 197.

[278] Zhao Y. H. Leaving the Countryside: Rural - To - Urban Migration Decisions in China [J]. The American Economic Review, 1999, 89 (2): 281 - 286.

[279] Zhao, Yaohui. Labor Mobility and Migration and Returns to Rural Education in China [J]. American Journal of Agricultural Economics, 1997, 79 (4): 1278 - 1287.

[280] Zhuravskaya, Ekaterina, V. Incentives to Provide Local Public Goods: Fiscal Federalism, Russian Style [J]. Journal of Public Economics, 2000, 76 (3): 337 - 368.